2025년 시험대비 행정사 2차

민법 계약법
판례 및 핵심이론

/이동건 편저/

민법 계약법 답안 작성의 노하우를 담다!

● 행정사 2차 핵심이론 단권화
● 중요 판례 사례화를 통한 케이스문제 대비
● 쟁점사안별 목차구성을 통한 약술형 문제 대비
● 철저한 기출문제 분석

dministrative
ttorneys

epasskorea

머리말

행정사 2차 민법 계약법 "판례 및 핵심이론"

2023년 케이스문제는 상당히 까다로왔습니다. 기존의 케이스 문제에서 한발 나아간 느낌이 있었지요. 그런데 2024년 문제는 평이하였습니다. 상가임대차에서 케이스문제가 출제된 것은 처음이어서 다소 의외이었지만 계약갱신의 기본적인 요건을 묻는 문제이어서 누구나 쉽게 풀었을 겁니다. 권리금 회수에 대한 문제는 판례를 아느냐가 관건이었는데 설령 그 판례를 모르더라도 나머지 약술형 문제들이 평범하게 출제되었는지라 무난하게 답안을 작성하였으리라 생각합니다.

2차공부는 단계별 학습을 요합니다. 일단 기본서를 통해서 기본 개념과 흐름을 파악하여야 하고 제도의 취지나 주요내용을 이해하여야 합니다. 이제 그 단계를 지난 여러분들은 심화학습을 통하여 본격적인 내용숙지에 들어가야 합니다. 이 책은 거기에 최적화하여 편집되었습니다. 각 챕터별로 출제가능한 케이스문제와 약술형문제는 모두 제시하였습니다. 특히 행정사 계약법 문제는 적어도 70% 정도는 기출문제와 관련이 있다고 보면 무방할 것입니다. 그래서 챕터별로 관련 기출문제들을 모두 소개하여 일단 핵심문제들을 파악할 수 있게 하였습니다. 그런데 청약이 유인이라든지 제3자를 위한 계약에서의 해제 가능성 여부, 해제와 손해배상의 범위 등등 중요 판례사례임에도 불구하고 아직 출제되지 않은 부분이 있습니다. 이 책에서는 그러한 부분까지 모두 문제로 만들었습니다. 그러니 출제될 만한 부분은 빠짐없이 연습할 수 있다고 보면 됩니다. 게다가 출제가능성이 희박한 현상광고 등 소위 말하는 C급 예상문제도 수록하였으니 2차용 심화학습으로는 손색이 없을 것이라고 생각합니다.

아무쪼록 이 책으로 여러분들이 계약법에 자신감을 가진다면 좋겠습니다. 이제 어느 정도 정리가 되면 그 이후에는 모의고사를 통하여 실전연습을 하는 시간을 가지게 되겠죠. 챕터별로 모의고사를 치르고 마지막 단계에서는 전범위 모의고사를 치러보면서 답안 작성 요령들을 익히게 됩니다. 중요테마들은 모두 포섭이 될 것이고 마지막 1~2주 동안은 그 핵심 사항들을 정리하면 됩니다. 이 책은 그 중간다리 역할을 하는 것입니다. 건투를 빕니다.

2025년 2월
이동건

1. 2024년 기출문제 분석

[문제1] 상가임대차보호법 케이스

임대차는 한번도 빠짐없이 출제되어왔다. 약술형의 문제가 더 많았는데 이번에는 케이스로 출제되었다. 그런데 주택이나 상가임대차보호법의 특별법에서는 케이스 문제가 출제된 바가 없었는데 이번에는 상가임대차보호법에서 출제되었으니 다소 예상을 벗어난 감이 있다. 그러나 계약갱신요구권과 권리금은 기존 약술형으로도 출제된 바 있고 특히 계약갱신요구권은 이번에도 약술형으로 유력하게 예상한 문제이니만큼 당황스런 수준이라고 보기는 힘들다. 권리금은 약술형 정도로 출제될 수 있다고 보았는데 케이스 문제로 출제된 것은 예상밖이다. 그래도 작년의 케이스 문제가 다소 어렵게 출제된 것에 비하면 이번의 케이스 문제는 평범하다고 할 수 있다.

물음1)은 상가임대차계약갱신요구권의 요건과 행사기간을 묻는 문제이다. 이는 21년도에 약술형으로 출제된 바 있고 예상가능한 문제에 속한다. 물음1)은 사례 형태를 띠고는 있지만 가장 기본적인 사항을 묻는 문제이다. 계약갱신요구권의 요건과 임대인의 갱신거절사유를 간략히 쓰고 상가임차인의 계약갱신요구권은 최초의 임대차를 포함하여 전체 임대차 기간이 10년을 초과하지 않는 범위에서만 행사할 수 있다는 것이 핵심이다.

물음2)는 권리금과 관련한 문제이다. 저자 계약법 판례이론 기본서 p166에 있는 판례사례를 암기하였다면 쉽게 풀 수 있는 문제이다. 권리금의 개념과 임차인의 권리금 회수보장 제도 그리고 그 적용의 배제사유를 간단히 쓰고 사안의 경우에 계약갱신요구권을 행사할 수 없는 경우에도 임대인의 권리금회수 보호의무가 인정된다는 판례를 소개하면 된다. 이 판례를 아느냐가 관건이다.

[문제2] 계약체결상의 과실책임 약술형

가장 기본적인 문제이고 예상가능한 문제이다. 평소에 모의고사를 통하여 케이스나 약술형의 문제를 많이 연습했다. 개념, 요건, 효과를 서술한 뒤에 확대적용 문제도 서술하여야 한다. 그 사례를 간단히 소개하고 판례는 불법행위책임으로 규율한다는 점을 언급하면 된다.

[문제3] 타인 권리의 매매 준케이스 문제

매도인의 담보책임은 해마다 유력한 문제로 거론되지만 그 범위가 넓다. 타인 권리의 매매나 수량을 지정한 매매, 물건의 하자가 제일 유력한 문제로 꼽히는데 이번에는 타인 권리의 매매에서 출제하였다. 다만 그것을 케이스화하여 매도인의 건물소유권이전 의무가 불능일 때의 담보책임을 물었을 뿐이다. 따라서 약술형 문제에 가깝다. 결국 570조 담보책임의 내용을 외우고 있느냐가 관건인데 이는 평소에 충분히 연습한 기본적인 문제이다.

출제경향분석

행정사 2차 민법 계약법 "판례 및 핵심이론"

[문제4] 조합채무 준케이스 문제

조합채무는 약술형으로도 출제된 바 있고 케이스 문제는 조합의 탈퇴와 관련하여 21년, 22년에 2번이나 연속하여 출제된 바 있다. 조합에서는 가장 중요한 문제이고 평소에도 충분히 연습한 문제이니만큼 어렵지 않은 문제이다. 케이스의 형태를 띠었지만 역시 약술형 문제에 가깝다. 공동이행방식의 수급체가 조합이라는 판례가 있느니만큼 이것을 서론부분에서 간단하게 소개하면 좀더 득점을 할 수 있을 것이고, 조합채무는 그야말로 기본적인 내용이므로 평소에 연습한 것을 서술하면 된다.

2. 최근 5년간 기출문제 분석

케이스 문제(20점×2문항)와 약술형 문제 (20점×3문항)가 출제된다. 약술형 문제는 예상가능한 문제가 대부분이며 이는 답안작성 연습을 꾸준히 하면 적응이 된다. 간혹 의외타 문제가 출제되기도 하는데 이는 평소에 A, B, C등급으로 강약을 조절하여 대비하여야 한다. 관건은 케이스 문제의 쟁점 추출능력이다. 케이스 문제는 판례 사례를 문제화한 것이 대부분인데 이는 중요판례를 반복함으로서 적응할 수 있다.

구분	2020년	2021년	2022년	2023년	2024년
계약의 성립과 효력	동시이행의 항변권(case)	채권자위험부담 (case)	교차청약(case)	제3자를 위한 계약(약술형)	계약체결상의 과실책임(약술형)
해제			제3자보호 문제(case)		
증여		부담부증여(case)			
매매			담보책임(case)	계약금과 해제(case)	담보책임(준 case)
임대차	부속물매수청구권 (약술형) 임차권등기명령 (약술형)	상가임대차갱신요구권(약술형)	보증금반환(case)	지상물매수청구권 (약술형)	상가임대차갱신요구권 및 권리금 (case)
도급	주택신축의 소유권귀속(case)			제작물공급계약과 소유권귀속(case)	
기타		조합탈퇴(case)	조합탈퇴(case)		조합채무(준case)

좀 더 자세한 내용 및 수험정보 등은 당사 홈페이지(www.epass-adm.com) 참조

학습전략

행정사 2차 민법공부는 케이스 쟁점을 추출할 수 있는 능력에 초점이 맞추어져야 합니다. 기본학습을 통하여 기초이론은 어느 정도 밑바탕이 있는 만큼 이제 그것을 활용해서 케이스를 풀 수 있는 심화학습을 하여야 합니다.

1. 판례 심화학습

이 교재는 2차에 대비하는 심화학습서의 역할을 할 것입니다. 판례사례를 집중적으로 연습하여 이 부분에서는 이게 쟁점이구나를 가려낼 수 있는 능력을 기르는 것입니다. 케이스문제는 판례사안으로 만들기 때문에 판례공부가 당락을 좌우하는 것은 당연합니다. 따라서 판례의 쟁점이 무엇인가를 정리하는 것이 관건입니다.

2. 약술형 문제 대비

약술형문제는 조문과 판례를 공부하면 저절로 해결되는 것이니만큼 크게 걱정할 것은 아니죠. 다만 실전에서 어느정도까지 답안에 옮길 수 있는지를 생각하여야 합니다. 이는 답안작성 연습을 해보면 체득될 것입니다.

3. 의외타 문제 대비

지난 기출문제들을 분석해보면 중요한 부분들이 반복해서 출제된다는 것을 알 수 있습니다. 대부분의 문제는 예상가능한 문제였습니다. 그런데 여행주최자의 담보책임이나 환매 등의 문제는 정말 의외타 문제에 속합니다. 화해계약은 중요한데도 출제빈도가 적은 편이고 현상광고는 의외타문제로 출제할 수 있습니다. 약술형문제는 중요한 문제 위주로 암기해 나가야 하겠지만 이제껏 출제되지 않은 부분도 일별할 필요가 있습니다.

좀 더 자세한 내용 및 수험정보 등은 당사 홈페이지(www.epass-adm.com) 참조

차례

행정사 2차 민법 계약법 "판례 및 핵심이론"

제1장 계약총칙

제1절	계약의 성립	10
제2절	계약체결상의 과실책임	20
제3절	계약의 효력	27
제1관	동시이행의 항변권론	27
제2관	위험부담	46
제3관	제3자를 위한 계약	56
제4절	계약의 해제·해지	64

제2장 계약각론

절	제목	페이지
제1절	증여계약	90
제2절	매매계약	99
제3절	소비대차	141
제4절	사용대차	147
제5절	임대차	149
제6절	도급	204
제7절	여행	221
제8절	현상광고	224
제9절	위임	226
제10절	조합	231
제11절	화해	244

행정사 2차 민법 계약법 "판례 및 핵심이론"

제1장 계약총칙

제1절 계약의 성립
제2절 계약체결상의 과실책임
제3절 계약의 효력
제4절 계약의 해제·해지

제1절 계약의 성립

문제 01
청약의 확정성과 청약의 유인

1. 서론
계약이 성립하기 위해서는 의사의 합치가 있어야 하고, 청약은 확정적이어야 한다. 이에 반해 청약의 유인은 청약과 구별되므로 이에 대해 서술한다.

2. 청약의 확정성
(1) 청약
계약이 성립하기 위한 법률요건인 청약은 그에 응하는 승낙만 있으면 곧 계약이 성립하는 구체적, 확정적 의사표시여야 하므로, 청약에는 상대방 및 계약의 중요한 점이 모두 확정되거나 확정될 수 있는 기준이 포함되어야 한다.

(2) 청약의 유인
1) 청약의 유인은 이와 달리 합의를 구성하는 의사표시가 되지 못하므로 피유인자가 그에 대응하여 의사표시를 하더라도 계약은 성립하지 않고 다시 유인한 자가 승낙의 의사표시를 함으로써 비로소 계약이 성립하는 점에서 청약과 구분된다.

2) 어느 경우가 청약의 유인인지는 상대방의 의사표시가 있기만 하면 계약을 성립시킬 확정적 구속의사가 있는지 여부로 판단한다.

3. 구체적인 사례
(1) 광고는 일반적으로 청약의 유인에 불과하지만, 내용이 명확하고 확정적이며 광고주가 광고의 내용대로 계약에 구속되려는 의사가 명백한 경우에는 이를 청약으로 볼 수 있다(대판 2018. 2. 13. 선고 2017다275447)

(2) 아파트 분양광고

1) 상가나 아파트 분양광고는 일반적으로 청약의 유인으로서의 성질을 갖는다.

2) 그러나 광고가 청약의 유인에 불과하더라도 광고 이후의 거래과정에서 상대방이 광고의 내용을 전제로 청약을 하고 광고주가 이를 승낙하여 계약이 체결된 경우에는 광고의 내용이 계약의 내용으로 된다(대판 2018. 2. 13. 선고 2017다275447).
   ① 따라서 분양광고 당시에 청약의 유인에 불과하였다고 하더라도 그 후의 사정을 고려하여 광고의 내용이 계약의 내용으로 될 수 있다.
   ② 즉 선분양·후시공의 방식으로 분양되는 대규모 아파트단지의 거래가 비록 청약의 유인에 불과하다 할지라도 구체적 거래조건, 즉 아파트의 외형·재질 등에 관한 것으로서 사회통념에 비추어 수분양자가 분양자에게 계약 내용으로서 이행을 청구할 수 있다고 보이는 사항에 관한 한 수분양자들은 이를 신뢰하고 분양계약을 체결하는 것이고 분양자들도 이를 알고 있었다고 보아야 할 것이므로, 분양계약시에 달리 이의를 유보하였다는 등의 특단의 사정이 없는 한, 분양자와 수분양자 사이에 이를 분양계약의 내용으로 하기로 하는 묵시적 합의가 있었다고 봄이 상당하다(대판 2007. 6. 1. 선고 2005다5812,5829,5836).

3) 반면 선시공·후분양의 방식으로 분양이 되는 아파트의 경우에는 수분양자는 실제로 완공된 아파트 등의 외형·재질 등에 관한 시공 상태를 직접 확인하고 분양계약 체결 여부를 결정할 수 있어 준공 전에 한 분양광고는 분양계약의 내용을 이루지 않는다(대판 2014. 11. 13. 선고 2012다29601).

문제 02

A회사는 아파트 분양광고를 다음과 같이 하였다.

① 아파트 단지 내에 온천이 개발되고 ② 아파트의 바닥재를 원목마루로 시공하며 ③ 아파트 단지 내에 유실수를 심고 테마공원을 조성하고 ④ A가 전국 유명콘도 및 휴양시설과 제휴하여 입주자들이 누구나 콘도 회원으로서 이를 사용할 수 있으며 ⑤ 일산에서 금촌을 연결하는 4차선 도로가 2001년까지 8차선으로 확장되며 ⑥ 아파트에 인접하여 서울대학교가 이전할 예정으로 있고 ⑦ 문산과 용산을 연결하는 경의선 전철 복선화가 이루어진다고 하였다.

A와 분양계약을 체결한 B가 위와 같은 분양광고의 내용이 실현되지 않았다는 것을 이유로 하여 A에 대해 손해배상을 청구하였다. 타당한가?

1. 서론

위 아파트 분양광고가 청약의 유인이지 아니면 청약인지를 확정하여야 계약의 성립 여부를 알 수 있다. 이에 대해서 알아본다.

2. 청약과 청약의 유인의 구별

1) 청약은 이에 대응하는 상대방의 승낙과 결합하여 일정한 내용의 계약을 성립시킬 것을 목적으로 하는 확정적인 의사표시인 반면, 청약의 유인은 이와 달리 합의를 구성하는 의사표시가 되지 못하므로 피유인자가 그에 대응하여 의사표시를 하더라도 계약은 성립하지 않고 다시 유인한 자가 승낙의 의사표시를 함으로써 비로소 계약이 성립하는 것으로서 서로 구분되는 것이다.

2) 어느 경우가 청약의 유인인지는 상대방의 의사표시가 있기만 하면 계약을 성립시킬 확정적 구속의사가 있는지 여부로 판단한다.

3. 아파트 분양광고의 경우

1) 선분양·후시공의 방식으로 분양되는 대규모 아파트단지의 거래가 비록 청약의 유인에 불과하다 할지라도 구체적 거래조건, 즉 아파트의 외형·재질 등에 관한 것으로서 사회통념에 비추어 수분양자가 분양자에게 계약 내용으로서 이행을 청구할 수 있다고 보이는 사항에 관한 한 수분양자들은 이를 신뢰하고 분양계약을 체결하는 것이고 분양자들도 이를 알고 있었다고 보아야 할 것이므로, 분양계약시에 달리 이의를 유보하였다는 등의 특단의 사정이 없는 한, 분양자와 수분양자 사이에 이를 분양계약의 내용으로 하기로 하는 묵시적 합의가 있었다고 봄이 상당하다.

2) 분양계약서는 그 자체로서 완결된 것이라고 보기 어려우므로 아파트 분양계약은 목적물의 외형·재질 등이 모델하우스 및 각종 인쇄물에 의하여 구체화될 것을 전제로 하는 것이라고 보아, 광고 내용 중 도로확장 등 아파트의 외형·재질과 관계가 없을 뿐만 아니라 사회통념에 비추어 보더라도 수분양자들 입장에서 분양자가 그 광고 내용을 이행한다고 기대할 수 없는 것은 그 광고 내용이 그대로 분양계약의

내용을 이룬다고 볼 수 없지만, 이와 달리 온천 광고, 바닥재(원목마루) 광고, 유실수단지 광고 및 테마공원 광고는 아파트의 외형·재질 등에 관한 것으로서, 콘도회원권 광고는 아파트에 관한 것은 아니지만 부대시설에 준하는 것이고 또한 이행 가능하다는 점에서, 각 분양계약의 내용이 된다(대판 2007. 6. 1. 선고 2005다5812,5829,5836).

4. 사안의 경우

온천 광고, 바닥재(원목마루) 광고, 유실수단지 광고 및 테마공원 광고는 아파트의 외형·재질 등에 관한 것으로서, 콘도회원권 광고는 아파트에 관한 것은 아니지만 부대시설에 준하는 것이고 또한 이행 가능하다는 점에서, 각 분양계약의 내용이 된다. 따라서 A회사가 이를 이행하지 않았다면 채무불이행에 따르는 손해배상책임을 진다.

문제 03

청약과 승낙에 의한 계약의 성립시기

1. 대화자의 경우

1) 의사표시는 상대방에게 도달한 때 그 효력이 발생한다(111조 1항). 청약이 발송된 후 상대방에게 도달하기 전에 청약자가 사망하거나 제한능력자로 된 경우, 의사표시의 효력에는 영향이 없다(111조 2항).

2) 대화자와 격지자의 구별은 거리적 개념이 아니라 시간적 개념이다. 가령 멀리 떨어진 사람에게 전화로 의사표시를 하면 대화자간이라고 볼 것이다.

3) 대화자의 경우에는 승낙의 의사표시가 청약자에게 도달한 때 계약이 성립한다.

2. 격지자의 경우

(1) 조문간의 모순

승낙의 기간을 정한 계약의 청약은 청약자가 그 기간 내에 승낙의 통지를 받지 못한 때에는 그 효력을 잃는다(528조 1항)라고 하여 도달주의를 취하는 반면, 격지자간의 계약은 승낙의 통지를 발송한 때에 성립한다(531조)고 하여 발신주의를 취하고 있다. 요컨대 민법은 계약의 성립시기와 승낙의 효력발생시기에 대해서 다르게 정하고 있는 것이다.

(2) 학설

1) 해제조건설

승낙의 통지를 발송한 때 계약은 성립하지만 일정기간 내에 도달하지 않으면 계약은 소급하여 성립하지 않는다.

2) 정지조건설

승낙의 통지가 기간 내에 도달하는 것을 조건으로 하여 승낙의 통지를 발송한 때 계약이 성립한다.

3) 결론

해제조건설이 531조의 취지에 부합한다. 다만 어느 견해에 의하더라도 승낙적격이 있는 동안 승낙이 도달하면 계약은 승낙을 발송한 때에 성립하고, 반대로 도달하지 않으면 계약은 성립하지 않으므로 실익은 적다.

문제 04

갑은 을학교법인의 교사로 채용되어 근무하여 왔는데, 1988. 1학기 도중 갑자기 만성간염의 발병으로 인하여 교직의 계속적인 수행이 어렵게 되자, 그 해 12월 무렵 위 지병을 치료하기 위해 퇴직의 사직원을 작성하여 학교장인 병에게 제출하면서, 다만 1989. 2. 말까지는 그대로 교원신분을 보유하게 됨을 명확히 한다는 취지로 위 사직원의 작성일자를 1989. 2. 28.로 기재하였다. 그 후 갑이 1989. 2. 23. 위 질병이 완치되었음을 이유로 다시 근무할 것을 희망하는 의사를 표명하였으나, 병은 이를 받아들이지 아니하고 2월 28. 위 사직원을 근거로 을법인의 이사회에서 해임결의를 거쳐 그 해 2.28.자로 갑을 의원면직 처분하였다. 이는 정당한가?

1. 쟁점의 정리

청약이 효력을 발생한 때에는 청약자가 임의로 철회하지 못하는데(527조) 이를 청약의 구속력이라고 한다. 사안의 경우에는 교원이 근로계약의 사직원을 제출한 경우인데, 이 경우에도 청약의 구속력이 예외없이 적용되는지가 문제된다.

2. 사직원 제출과 철회

(1) 교사가 교직의 계속적인 수행이 어려워 사직하기로 결심하고 작성일자를 3개월 뒤로 한 사직원을 제출하였다가 사직원의 작성일자 이전에 학교측에 대하여 다시 근무할 것을 희망하는 의사를 밝혔다. 근로자가 일방적 해약의 고지방법에 따른 임의사직이 아니라 사직원을 제출한 것은 사용자에 대하여 근로계약관계의 합의해지를 청약한 경우에 해당한다고 볼 것이다.

(2) 그리고 학교측에 대하여 다시 근무할 것을 희망하는 의사를 밝힌 것은 종전의 사직의사표시를 철회한 것으로 보아야 한다. 이는 위 사직원 제출방법에 따른 근로계약관계의 종료를 위한 합의해지의 청약에 대하여 학교측의 내부적인 승낙의사가 형성되기 전에 이루어진 것으로서 특별히 위 사직의사표시의 철회를 허용하는 것이 학교측에 대한 불측의 손해를 주게 되는 등 신의칙에 반한다고 인정되는 특별한 사정이 없는 한 적법하게 그 철회의 효력이 생긴 것 보아야 한다(대법원 1992. 4. 10. 선고 91다43138).

3. 사안의 경우

갑교사가 작성일자를 3개월 뒤로 한 사직원을 제출하였다가 사직원의 작성일자 이전에 사직의사를 철회한 것은 특별한 사정이 없는 한 학교측에 대한 불측의 손해를 주게 되는 등 신의칙에 반한다고 인정되는 특별한 사정이 없는 한 그 철회의 효력이 있다. 따라서 을 학교법인이 위 교사의 사직의사 철회 이후에 비로소 종전의 사직원에 기하여 그를 의원면직처분한 것은 무효이다.

문제 05

변경을 가한 승낙과 연착된 승낙의 효력

1. 변경을 가한 승낙

(1) 승낙자가 청약에 대하여 조건을 붙이거나 변경을 가하여 승낙한 때에는 그 청약을 거절한 것이다(534조).

(2) 이와 동시에 새로 청약한 것으로 본다(534조). 따라서, 원래의 청약자가 승낙하여야 비로소 계약이 성립한다.

(3) 사례

매매계약 당사자 중 매도인이 매수인에게 매매계약을 합의해제할 것을 청약하였다고 할지라도, 매수인이 그 청약에 대하여 조건을 붙이거나 변경을 가하여 승낙한 때에는 민법 제534조의 규정에 비추어 보면 그 청약의 거절과 동시에 새로 청약한 것으로 보게 되는 것이고, 그로 인하여 종전의 매도인의 청약은 실효된다(대판 2002. 4. 12. 선고 2000다17834).

2. 연착된 승낙

(1) 통상의 경우

승낙기간 또는 상당한 기간을 경과하여 승낙이 도달한 때에는 계약은 성립하지 못한다(528조 1항, 529조). 다만 연착된 승낙은 청약자가 이를 새 청약으로 보고 승낙할 수 있다(530조).

(2) 이례적인 경우

1) 승낙의 통지가 승낙적격 기간 후에 도달한 경우에 보통 그 기간 내에 도달할 수 있는 발송인 때에는 청약자는 지체없이 상대방에게 그 연착의 통지를 하여야 한다. 그러나 그 도달 전에 지연의 통지를 발송한 때에는 그러하지 아니하다(528조 2항).

2) 청약자가 전항의 통지를 하지 아니한 때에는 승낙의 통지는 연착되지 아니한 것으로 본다(528조 3항). 따라서 계약은 성립한 것으로 된다.

문제 06
▶ 2016년 약술형 20점

청약과 승낙의 결합에 의하지 아니하고 계약이 성립될 수 있는 경우를 약술하시오.

1. 서론

계약은 청약과 승낙의 합치에 의하여 성립하는 것이 원칙이다. 그런데 계약성립의 특수한 모습으로 청약과 승낙이 일치하지 않는 방법으로도 계약이 성립할 수 있다. 여기에는 두 가지가 있는데 이를 살펴본다.

2. 교차청약에 의한 계약의 성립

(1) 의의

당사자가 동일한 내용의 청약을 우연히 서로 한 경우를 말한다(533조). 예컨대 A가 B에게 그 소유 토지를 1억원에 팔겠다고 청약을 한 데 대하여 B가 그 사실을 모르고 그 토지를 1억원에 사겠다고 청약하는 경우이다. 이것은 청약에 대응하는 승낙의 형식을 갖추었지는 않았지만 실질적으로는 양당사자의 청약이 매도와 매수라는 점에서 매매에 관한 합의가 이루어진 것으로 볼 수 있기 때문에 민법은 계약이 성립한 것으로 정한다.

(2) 계약의 성립시기

당사자간에 동일한 내용의 청약이 상호교차된 경우에는 청약에 대응하는 승낙이 없기 때문에 민법 527조 이하가 적용될 수 없다. 결국 의사표시의 효력발생시기에서 도달주의의 원칙에 의할 수밖에 없다(111조). 두 청약이 동시에 도달하지 않았다면 나중의 청약이 상대방에게 도달한 때에 계약은 성립한다.

3. 의사실현에 의한 계약의 성립

(1) 의의와 성질

1) 의의

청약자의 의사표시 또는 관습에 의하여 승낙의 통지를 필요로 하지 않는 경우에는 승낙의 의사표시로 인정되는 사실이 있는 때에 계약이 성립한다(532조). 이는 승낙의 통지가 필요하지 않은 경우에 어느 때에 계약이 성립한 것인지 당사자간에 다툼이 있을 수 있어 이를 해결하기 위한 것이다.

2) 법적 성질

승낙의 의사표시로 인정되는 사실을 의사실현이라고 하는데 이는 묵시적 의사표시의 범주에 속하는 것이라고 보는 것이 일반적이다. 다만 묵시적 의사표시는 그것이 상대방에게 도달하여야 하는 점에서 차이가 있다.

(2) 의사실현의 요건

1) 청약자의 의사표시 또는 관습에 의하여 승낙의 통지가 필요하지 않을 것

2) 승낙의 의사표시로 인정되는 사실(=의사실현 행위)이 있을 것

　　예를 들어 청약과 동시에 보내온 물건을 소비하거나 유료주차장에의 주차행위, 편의점에서 물건을 집는 행위, 승차행위 등이 그러하다.

(3) 계약의 성립시기

1) 의사실현에 의한 계약은 승낙의 의사표시로 인정되는 사실이 있는 때에 성립한다.

2) 보통의 계약성립과 차이점

　　상대방에 대한 표시와 도달을 필요로 하지 않고, 또 청약자가 그 사실을 몰랐다고 하더라도 그 사실이 있는 때에 계약이 당연히 성립한다는 점에서 보통의 계약과 구별된다.

문제 07

▶ 2022년 준케이스 형태 20점

화가 甲은 미술품 수집상 乙에게 자신의 'A그림을 100만 원에 사달라'는 청약의 편지를 2022. 9. 1. 발송하여 그 편지가 동년 9. 5. 乙에게 도달하였다. 한편 그러한 사실을 모르는 乙은 甲에게 'A그림을 100만 원에 팔라'는 청약의 편지를 2022. 9. 3. 발송하여 그 편지가 동년 9. 7. 甲에게 도달하였다. 이러한 경우에 甲과 乙 사이에서 A그림에 대한 매매계약의 성립여부에 관하여 설명하시오.

1. 쟁점의 정리

계약은 보통 청약과 승낙의 일치에 의하여 성립하지만 동일한 내용의 청약이 교차할 때도 성립하는지가 문제된다.

2. 교차청약에 의한 계약의 성립

(1) 의의

1) 당사자가 동일한 내용의 청약을 우연히 서로 한 경우를 말한다(533조).

2) 예컨대 사안처럼 갑이 을에게 'A그림을 100만 원에 사달라'는 청약의 편지를 발송하여 그 청약이 乙에게 도달하였는데, 그러한 사실을 모르는 乙은 甲에게 'A그림을 100만 원에 팔라'는 청약의 편지를 발송하여 甲에게 도달한 경우는 전형적인 경우이다.

3) 이것은 청약에 대응하는 승낙의 형식을 갖추지는 않았지만 실질적으로는 양 당사자의 청약이 매도와 매수라는 점에서 매매에 관한 합의가 이루어진 것으로 볼 수 있기 때문에 민법은 계약이 성립한 것으로 정한다.

(2) 계약의 성립시기

당사자간에 동일한 내용의 청약이 상호교차된 경우에는 청약에 대응하는 승낙이 없기 때문에 민법 527조 이하가 적용될 수 없다. 결국 의사표시의 효력발생시기에서 도달주의의 원칙에 의할 수밖에 없다(111조).

두 청약이 동시에 도달하지 않았다면 나중의 청약이 상대방에게 도달한 때에 계약은 성립한다.

3. 사안의 경우

(1) 갑과 을의 A그림의 매매에 대한 의사의 합치가 있으므로 A그림에 대한 교차청약이 인정된다. 두 청약이 동시에 도달하지 않았다면 나중의 청약이 상대방에게 도달한 때에 계약은 성립한다.

(2) 따라서 A그림에 대한 매매계약은 을의 청약이 나중에 도달한 2022. 9. 7에 성립한다.

제2절 계약체결상의 과실책임

문제 01
▶ 2024년 약술형 20점

계약체결상의 과실책임의 요건 및 효과에 관하여 설명하시오.

1. 의의
(1) 계약체결상의 과실책임이란 계약 체결을 준비하는 과정이나 성립과정에서 당사자 일방의 과실로 상대방에게 손해를 준 경우에 이를 배상하여야 할 책임을 말한다(민법 535조).

(2) 민법은 원시적 불능으로 계약이 무효인 경우에만 그 배상책임을 인정하고 있다. 그 외의 경우에도 535조를 확대적용할 수 있는지에 대해서는 논의가 있다.

2. 535조 계약체결상의 과실책임

(1) 의의
목적이 불능한 계약을 체결할 때에 그 불능을 알았거나 알 수 있었을 자는 상대방이 그 계약의 유효를 믿었음으로 인하여 받은 손해를 배상하여야 한다(535조).

(2) 요건
1) 계약체결당시 이미 이행불능일 것
① 계약 체결 후에 채무의 이행이 불가능하게 된 경우에는 채권자가 이행을 청구하지 못하고 채무불이행을 이유로 손해배상을 청구하거나 계약을 해제할 수 있다. 그러나 계약 당시에 이미 채무의 이행이 불가능했다면 특별한 사정이 없는 한 채권자가 이행을 구하는 것은 허용되지 않고, 민법 제535조에서 정한 계약체결상의 과실책임을 추궁하는 등으로 권리를 구제받을 수밖에 없다.
② 채무의 이행이 불가능하다는 것은 절대적·물리적으로 불가능한 경우만이 아니라 사회생활상 경험칙이나 거래상의 관념에 비추어 볼 때 채권자가 채무자의 이행의 실현을 기대할 수 없는 경우도 포함한다. 이는 채무를 이행하는 행위가 법률로 금지되어 그 행위의 실현이 법률상 불가능한 경우에도 마찬가지이다(대판 2017. 8. 29. 선고 2016다212524)

2) 계약체결당시 원시적·객관적 불능·전부불능일 것
   ① 원시적·주관적 불능인 타인권리의 매매는 담보책임의 문제(570조)가 발생할 뿐이다.
   ② 원시적 일부불능일 경우에는 담보책임(574조, 580조)의 문제가 발생할 뿐이다.

3) 원시적 불능이라는 것을 채무자가 알았거나 알 수 있었을 것

4) 상대방의 손해발생 및 선의·무과실일 것
   상대방은 계약을 유효한 것으로 믿었기 때문에 손해를 입어야 한다. 그리고 원시적 불능에 대하여 선의·무과실이어야 한다.

(3) 효력

1) 계약의 무효
   당사자 일방의 채무가 원시적 불능이면 계약은 무효이다(판례).

2) 부당이득반환청구권과의 관계
   계약 당시에 이미 채무의 이행이 불가능했다면 특별한 사정이 없는 한 채권자가 이행을 구하는 것은 허용되지 않고, 이미 이행한 급부는 법률상 원인 없는 급부가 되어 부당이득의 법리에 따라 반환청구할 수 있다(대판 2017. 10. 12. 선고 2016다9643).

3) 신뢰이익의 손해배상
   ① 계약의 유효를 믿은 상대방은 신뢰이익의 손해배상을 청구할 수 있다. 이에는 계약비용, 계약의 준비를 위한 비용, 기대이익 체결을 위한 조사비용, 차용한 대금이자, 제3자로부터 받는 유리한 청약을 거절하였기 때문에 입은 손해 등이 이에 속한다.
   ② 그러나 그 배상액은 이행이익을 초과할 수 없다. 이행이익이란 채무자가 채무를 이행하지 않았기 때문에 채권자가 입은 손해를 말한다.

3. 535조의 확대적용 문제

(1) 서론

계약교섭이 부당하게 파기된 경우라든지 원시적 불능 이외의 사유로 계약이 무효가 된 경우에 535조를 유추적용할 수 있는지가 논의된다. 535조를 적용하게 되면 불법행위책임과 달리 과실의 입증 등에서 차이가 발생한다.

(2) 계약교섭의 부당파기

1) 어느 일방이 교섭단계에서 계약이 확실하게 체결되리라는 정당한 기대 내지 신뢰를 부여하여 상대방이 그 신뢰에 따라 행동하였음에도 상당한 이유 없이 계약의 체결을 거부하여 손해를 입혔다면 이는 신의성실의 원칙에 비추어 볼 때 계약자유원칙의 한계를 넘는 위법한 행위로서 불법행위를 구성한다(판례). 즉 판례는 535조 이외의 경우에 계약체결상의 책임을 인정한 예가 없다.

2) 손해배상의 범위
　① 일방이 신의에 반하여 상당한 이유 없이 계약교섭을 파기함으로써 계약체결을 신뢰한 상대방이 입게 된 상당인과관계 있는 손해로서 계약이 유효하게 체결된다고 믿었던 것에 의하여 입었던 손해 즉 신뢰손해에 한정된다
　② 아직 계약체결에 관한 확고한 신뢰가 부여되기 이전 상태에서 계약교섭의 당사자가 계약체결이 좌절되더라도 어쩔 수 없다고 생각하고 지출한 비용, 예컨대 경쟁입찰에 참가하기 위하여 지출한 제안서, 견적서 작성비용 등은 여기에 포함되지 아니한다(대판 2003. 4. 11. 선고 2001다53059).
　③ 침해행위와 피해법익의 유형에 따라서는 계약교섭의 파기로 인한 불법행위가 인격적 법익을 침해함으로써 상대방에게 정신적 고통을 초래하였다고 인정되는 경우라면 그러한 정신적 고통에 대한 손해에 대하여는 별도로 배상을 구할 수 있다(대판 2003. 4. 11. 선고 2001다53059).

문제 02

▶ 2019년 케이스 문제 40점

乙은 교육관을 건립하기로 하고 그 건립방법에 관하여 5인 가량의 설계사를 선정하여 건물에 대한 설계시안 작성을 의뢰한 후 그 중에서 최종적으로 1개의 시안을 선정한 다음 그 선정된 설계사와 교육관에 대한 설계계약을 체결하기로 하였다. 甲설계사는 이 제안에 응모하기 위하여 제안서와 견적서 작성비용 300만원을 지출하였다. 乙은 甲의 시안을 당선작으로 선정하였으나, 그 후 乙은 여러 가지 사정으로 甲과 설계기간, 설계대금 및 그에 따른 제반사항을 정한 구체적인 계약을 체결하지 않고 있다가 당선사실 통지 시로부터 약 2년이 경과한 시점에 甲에게 교육관 건립을 취소하기로 하였다고 통보하였다. 甲은 당선사실 통지 후 설계계약이 체결될 것이라고 기대하고 교육관설계를 위한 준비비용 500만원을 지출하였다.
다음 물음에 답하시오.

물음 1 甲은 乙에게 계약체결상의 과실책임을 물을 수 있는지를 논하시오. (30점)
물음 2 甲이 乙에게 청구할 수 있는 손해배상책임의 범위에 관하여 설명하시오. (10점)

물음 1

1. 논점의 제기

을은 갑의 시안을 당선작으로 선정하였으나, 그 후 여러 가지 사정으로 갑과 계약을 체결하지 않고 있다가 약 2년이 경과한 시점에 교육관 건립을 취소하기로 하였다고 통보한 것이므로, 이는 계약교섭의 부당파기에 해당한다. 이 문제를 계약체결상의 과실책임으로 해결할 수 있을지가 문제된다.

2. 계약교섭의 부당파기

(1) 의의

계약 교섭단계에서 계약이 확실하게 체결되리라는 정당한 기대 내지 신뢰를 부여하여 상대방이 그 신뢰에 따라 행동하였음에도 상당한 이유 없이 계약체결을 거부한 경우이다.

(2) 쟁점

1) 민법은 원시적 전부불능의 경우에만 계약체결상의 과실책임을 인정한다.

2) 계약교섭의 부당파기의 경우에 불법행위책임으로 해결하면 피해자가 요건사실을 입증해야 하므로 불리하다. 따라서 피해자 보호를 위해서 계약체결상의 과실책임으로 해결하려는 시도가 있다.

(3) 판례

어느 일방이 교섭단계에서 계약이 확실하게 체결되리라는 정당한 기대 내지 신뢰를 부여하여 상대방이 그 신뢰에 따라 행동하였음에도 상당한 이유 없이 계약의 체결을 거부하여 손해를 입혔다면 이는 신의성실의 원칙에 비추어 볼 때 계약자유의 원칙의 한계를 넘는 위법한 행위로서 불법행위를 구성한다.

3. 사안에의 적용

판례는 535조 원시적 불능 이외의 경우에 계약체결상의 책임을 인정한 예가 없다. 판례에 따르면 을의 행위는 계약교섭을 부당하게 중도 파기한 불법행위에 해당하므로 피해자 갑은 가해자 을에게 손해배상을 청구할 수 있다(750조).

물음 2

1. 불법행위에 따른 손해배상의 범위

(1) 계약교섭의 부당한 중도파기가 불법행위를 구성하는 경우 그러한 불법행위로 인한 손해는 일방이 신의에 반하여 상당한 이유 없이 계약교섭을 파기함으로써 계약체결을 신뢰한 상대방이 입게 된 상당인과관계에 있는 손해로서 계약이 유효하게 체결된다고 믿었던 것에 의하여 입었던 손해 즉 신뢰손해에 한정된다.

(2) 아직 계약체결에 관한 확고한 신뢰가 부여되기 이전 상태에서 계약교섭의 당사자가 계약체결이 좌절되더라도 어쩔 수 없다고 생각하고 지출한 비용, 예컨대 경쟁입찰에 참가하기 위하여 지출한 제안서, 견적서 작성비용 등은 여기에 포함되지 아니한다.

(3) 그러나 만일 이행의 착수가 상대방의 적극적인 요구에 따른 것이고, 바로 위와 같은 이행에 들인 비용의 지급에 관하여 이미 계약교섭이 진행되고 있었다는 등의 특별한 사정이 있는 경우에는 당사자 중 일방이 계약의 성립을 기대하고 이행을 위하여 지출한 비용 상당의 손해가 상당인과관계 있는 손해에 해당한다.

(4) 침해행위와 피해법익의 유형에 따라서는 계약교섭의 파기로 인한 불법행위가 인격적 법익을 침해함으로써 상대방에게 정신적 고통을 초래하였다고 인정되는 경우라면 그러한 정신적 고통에 대한 손해에 대하여는 별도로 배상을 구할 수 있다.

2. 사안에의 적용

(1) 갑이 제안서와 견적서 작성비용으로 지출한 300만원은 아직 계약체결에 관한 확고한 신뢰가 부여되기 이전 상태에서 계약체결이 좌절되더라도 어쩔 수 없다고 생각하고 지출한 비용이므로 청구할 수 없다.

(2) 당선사실 통지 후 설계계약이 체결될 것이라고 기대하고 교육관 설계를 위한 준비비용 500만원은 갑이 계약의 성립을 기대하고 지출한 계약준비비용이므로 신뢰손해로서 청구할 수 있다.

(3) 계약교섭의 파기로 인한 불법행위가 인격적 법익을 침해함으로써 갑에게 정신적 고통을 초래하였다면 그러한 정신적 고통에 대한 손해에 대하여는 별도로 배상을 구할 수 있다.

문제 03

A대학은 그 대학장의 명의로 경력직 사무직원의 공채공고를 내고, 공개시험을 통해 B를 포함한 9명의 응시자를 최종합격자로 결정하고 그들에게 합격통지를 하면서, 1989. 5. 10.자로 발령하겠으니 구비서류를 1989. 5. 8.까지 제출하라는 통지를 하였고, B는 그에 따라 구비서류를 제출하였다. 그런데 A는 약속대로 9명 전원에 대해 발령을 내지 못하고, 그 해 6. 1.자로 2명, 8. 1.자로 3명만 발령을 내고, B에게는 발령을 내지 않았다. 이에 B가 A에게 문의를 하자, A는 곧 발령을 내겠다고 하는 등 여러 번 발령을 미루어 오다가, 1990. 5. 28. 학교재정상 B를 직원으로 채용할 수 없다고 최종통지를 하였다. 이에 B가 A를 상대로 자신이 임용되지 못하게 되어 입은 손해에 대해 그 배상을 청구하였다. 인용될 수 있는가?

1. 쟁점의 정리

(1) A와 B 사이의 고용계약은 A가 B에게 발령을 한 때에 성립하는 것이라는 전제에서 출발하고 있다. 따라서 합격통지를 하였다고 하더라도, 발령을 내기 전에 직원으로 채용할 수 없다고 최종 통지를 한 이상 A와 B 사이에 고용계약은 성립하지 않는 것이 된다.

(2) 이것은 계약성립이 좌절된 경우이므로, 따라서 B가 A에게 계약상의 책임을 물을 수는 없다. 그렇다고 하여 계약과 전혀 무관한 것도 아니다. 즉 이것은 소위 계약체결의 과정에서 발생된 손해인 것이다.

(3) 민법 제535조는 '계약체결상의 과실'이라는 제목으로, 급부의 목적이 원시적 불능이어서 계약이 무효로 되는 경우에 이를 모르고 계약을 체결한 상대방이 입은 손해에 대해 다른 쪽 당사자에게 배상책임을 인정하고 있다. 이 규정을 사안의 경우에도 적용할 수 있는지가 문제된다.

2. 계약 성립이 좌절된 경우

(1) 당사자는 계약을 체결하지 않을 자유가 있으므로, 계약교섭 중에 당사자 일방이 이를 일방적으로 파기하였다고 하여 불법행위가 항상 성립한다고 보기는 어렵다.

(2) 다만 '어느 일방이 교섭단계에서 계약이 확실하게 체결되리라는 정당한 기대 내지 신뢰를 부여하여 상대방이 그 신뢰에 따라 행동하였음에도 상당한 이유 없이 계약의 체결을 거부하여 손해를 입혔다면 이는 신의성실의 원칙상 계약자유원칙의 한계를 넘은 위법한 행위로서 불법행위를 구성한다'.

3. 사안의 경우

(1) B는 임용만 기다리면서 다른 일에 종사하지 못한 경우 이러한 결과가 발생한 원인이 위 학교법인이 자신이 경영하는 대학의 재정 형편, 적정한 직원의 수, 1990년도 입학정원의 증감 여부 등 여러 사정을 참작하여 채용할 직원의 수를 헤아리고 그에 따라 적정한 수의 합격자 발표와 직원채용통지를 하여야 하는데도 이를 게을리 하였기 때문이라면 위 학교법인은 불법행위자로서 원고가 위 최종합격자 통지와 계속된 발령 약속을 신뢰하여 직원으로 채용되기를 기대하면서 다른 취직의 기회를 포기함으로써 입은 손해를 배상할 책임이 있다(대판 1993. 9. 10. 선고 92다42897)

(2) 손해배상의 범위

1) 계약교섭의 부당한 중도파기가 불법행위를 구성하는 경우 그러한 불법행위로 인한 손해는 일방이 신의에 반하여 상당한 이유 없이 계약교섭을 파기함으로써 계약체결을 신뢰한 상대방이 입게 된 상당인과관계에 있는 손해로서 계약이 유효하게 체결된다고 믿었던 것에 의하여 입었던 손해 즉 신뢰손해에 한정된다.

2) 침해행위와 피해법익의 유형에 따라서는 계약교섭의 파기로 인한 불법행위가 인격적 법익을 침해함으로써 상대방에게 정신적 고통을 초래하였다고 인정되는 경우라면 그러한 정신적 고통에 대한 손해에 대하여는 별도로 배상을 구할 수 있다.

제3절 계약의 효력

제1관 동시이행의 항변권

문제 01

쌍무계약에 특유한 효력 3가지를 약술하시오.

1. 쌍무계약의 특질

쌍무계약은 쌍방이 서로 대가적인 의미의 채무를 부담하는 계약이다. 각 당사자는 상대방의 채무부담을 전제로 하여 자기의 채무를 부담한다. 이러한 성질 때문에 양 채무는 각각 독립적인 것으로 다루어져서는 안되고 서로 의존하는 관계에 있는데 이를 견련성(牽連性)이라 한다. 양 채무의 견련성은 채무의 성립·이행·소멸의 세 방향에서 나타난다.

2. 내용

(1) 성립상의 견련성

쌍무계약에 의해 발생할 일방의 채무가 원시적 불능이나 불법 등의 사유로 성립하지 않거나 무효·취소된 때에는 그것과 대가관계에 있는 상대방의 채무도 성립하지 않고 그 계약은 결국 무효로 된다. 이는 민법에 규정은 없지만 당연한 것으로 해석한다.

(2) 이행상의 견련성

쌍무계약에서 각 채무는 상환으로 이행될 것이 요구되므로, 자신의 채무를 먼저 이행하거나 상대방의 채무가 먼저 이행될 것이 아니라 상환으로 이행하는 것이 공평하다. 이는 동시이행의 항변권(536조)의 문제로 다루어진다.

(3) 존속상의 견련성

쌍무계약에서 성립된 채무가 당사자 쌍방에게 책임이 없는 사유로 급부불능이 되어 소멸된 경우, 그것과 상호 대가관계에 있는 상대방의 채무도 같이 소멸된다. 이는 위험부담(537조, 538조)의 문제로 다루어지는데 채무자가 위험부담을 지는 것이 원칙이지만 예외적으로 채권자가 위험을 부담하는 경우도 있다.

문제 02

동시이행항변권의 효력을 약술하시오

1. 동시이행항변권의 의의

동시이행의 항변권은 공평의 관념과 신의칙에 입각하여 각 당사자가 부담하는 채무가 서로 대가적 의미를 가지고 관련되어 있을 때 그 이행에 있어서 견련관계를 인정하여 당사자 일방은 상대방이 채무를 이행하거나 이행의 제공을 하지 아니한 채 당사자 일방의 채무의 이행을 청구할 때에는 자기의 채무이행을 거절할 수 있도록 하는 제도이다(대판 1999. 4. 23. 선고 98다53899).

2. 동시이행항변권의 효력

(1) 행사의 효과

1) 이행거절의 항변권

동시이행 항변권이 있으면 상대방의 채무이행이 있기 전까지는 자신의 채무이행을 거절할 수 있다. 일시적으로 상대방의 청구권의 작용을 저지하는 연기적 항변권이다. 다만 항변권이기 때문에 이를 주장하는 때에 한해 그 효력이 발생한다. 그 주장이 없다면 상대방의 청구권은 그대로 효력이 발생되며, 법원도 항변권의 존재를 고려할 필요없이 상대방의 청구를 인용하여야 한다.

2) 소송상의 효력

원고가 제기한 이행청구 소송에서 피고(채무자)가 동시이행의 항변권을 주장하면 채권자의 패소가 아니라 피고는 원고로부터 그 의무의 이행을 받음과 동시에(상환으로) 자기 의무를 이행하라는 취지의 판결을 받게 된다.

(2) 항변권 존재의 효력

동시이행항변권이 존재하는 것 자체로부터 다음과 같은 효과가 발생한다. 다만 이것은 그 항변권의 존재가 주장·입증된 것을 전제로 한다.

1) 이행지체의 불성립

① 동시이행의 항변권이 있으면 자신의 채무를 먼저 이행할 의무가 없기 때문에 비록 이행기에 이행을 하지 않더라도 이행지체가 되지 않는다. 따라서 이행지체를 전제로 한 손해배상책임과 계약의 해제 등이 발생하지 않는다.

② 예를 들어 매수인이 선이행의무 있는 중도금을 지급하지 않았다 하더라도 계약이 해제되지 않은 상태에서 잔대금 지급기일이 도래하여 그 때까지 중도금과 잔대금이 지급되지 아니하고 잔대금과 동시이행관계에 있는 매도인의 소유권이전등기 소요서류가 제공된 바 없이 그 기일이 도과하였다면, 특별한 사정이 없는 한 매수인의 중도금 및 잔대금의 지급과 매도인의 소유권이전등기 소요서류의 제공은 동시이행관계에 있다 할 것이어서 그 때부터는 매수인은 중도금을 지급하지 아니한 데 대한 이행지체의 책임을 지지 아니한다.

③ 당사자 쌍방이 모두 변제의 제공을 하지 않고서 이행기를 경과한 때에는 동시이행 관계에 있다 할 것이고, 원·피고가 공히 각 그 채무를 이행하지 아니하고 변제기를 도과해 버린 이상 각 그 채무는 그 이후 기한의 정함이 없는 동시이행관계에 있다(대판 1980. 8. 26. 선고 80다1037).

2) 상계의 금지

동시이행의 항변권이 붙어 있는 채권은 이를 자동채권으로 하여 상계하지 못한다(492조 1항 단서).

(3) 기타의 효과

1) 부당이득의 문제

임대차 종료 후 임차인의 임차목적물 명도의무와 임대인의 연체임료 기타 손해배상금을 공제하고 남은 임차보증금 반환의무와는 동시이행의 관계에 있으므로, 임차인이 동시이행의 항변권에 기하여 임차목적물을 점유하고 사용·수익한 경우 그 점유는 불법점유라 할 수 없어 그로 인한 손해배상책임은 지지 아니하되, 다만 사용·수익으로 인하여 실질적으로 얻은 이익이 있으면 부당이득으로서 반환하여야 한다(대판 1998. 7. 10. 선고 98다15545).

2) 소멸시효 진행의 문제

임대차가 종료함에 따라 발생한 임차인의 목적물반환의무와 임대인의 보증금반환의무는 동시이행관계에 있다. 임차인이 임대차 종료 후 동시이행항변권을 근거로 임차목적물을 계속 점유하는 것은 임대인에 대한 보증금반환채권에 기초한 권능을 행사한 것으로서 보증금을 반환받으려는 계속적인 권리행사의 모습이 분명하게 표시되었다고 볼 수 있다. 따라서 임대차 종료 후 임차인이 보증금을 반환받기 위해 목적물을 점유하는 경우 보증금반환채권에 대한 권리를 행사하는 것으로 보아야 하고, 임차인이 임대인에 대하여 직접적인 이행청구를 하지 않았다고 해서 권리의 불행사라는 상태가 계속되고 있다고 볼 수 없다(대법원 2020. 7. 9. 선고 2016다244224, 244231).

3) 동시이행항변권과 권리남용

동시이행의 항변권의 행사가 주로 자기 채무의 이행만을 회피하기 위한 수단이라고 보여지는 경우에는 그 항변권의 행사는 권리남용으로써 배척되어야 한다(대판 1992.4.28., 91다29972).

문제 03

선이행의무자가 동시이행항변권을 행사할 수 있는 경우를 약술하시오.

1. 서론

(1) 상대방의 채무는 아직 변제기에 있지 않고 자기의 채무만 변제기에 있는 당사자는 동시이행항변권이 없다(536조 1항 단서). 선이행할 의무는 법률의 규정이나 당사자의 약정에 따라 정해진다.

(2) 예외

선이행의무를 지는 자도 다음의 두 가지 경우에는 동시이행의 항변권을 행사할 수 있다. 이에 대해서 알아본다.

2. 선이행의무의 이행지체 중 상대방 채무의 변제기가 도래한 경우

(1) 매수인이 선이행하여야 할 중도금지급을 하지 아니한 채 잔대금지급일을 경과한 경우에는 매수인의 중도금 및 이에 대한 지급일 다음날부터 잔대금지급일까지의 지연손해금과 잔대금의 지급채무는 매도인의 소유권이전등기의무와 특별한 사정이 없는 한 동시이행관계에 있다. 따라서 매수인은 잔금지급일 이후부터는 중도금을 지급하지 아니한 데 따른 이행지체의 책임을 부담하지 않는다(대판 1991. 3.27. 90다19930).

(2) 또한 매도인으로서는 소유권이전등기의무의 이행을 제공하지 아니한 채 매수인의 매매잔대금지급의무의 불이행을 이유로 매매계약을 해제할 수 없다(대법원 1992. 4. 14. 선고 91다43107).

3. 불안의 항변권

(1) 의의

1) 일방당사자가 선이행의무를 부담하더라도 상대방의 채무이행이 곤란할 현저한 사유가 있는 경우에는 선이행의무의 이행을 거절할 수 있다(536조 2항).

2) 민법 제536조 제2항 소정의 선이행의무를 지고 있는 당사자가 상대방의 이행이 곤란한 현저한 사유가 있는 때에 자기의 채무이행을 거절할 수 있는 경우란

① 선이행채무를 지게된 채권자가 계약성립 후 채무자의 신용불안이나 재산상태의 악화 등의 사정으로 반대급부를 이행받을 수 없는 사정변경이 생기고
② 이로 인하여 당초의 계약내용에 따른 선이행의무를 이행케 하는 것이 공평과 신의칙에 반하게 되는 경우를 말한다.

(2) 구체적 사례

1) 건설회사의 신용불안이나 재산상태 악화 등은 아파트 분양의 이행이 곤란할 현저한 사유가 있는 때에 해당하여 수분양자는 중도금 지급을 거절할 수 있고, 지체책임을 지지 않는다(대판 2006.10.26., 2004다24106).

2) 매매계약이 있은 후에 등기부상 목적물이 매도인의 소유가 아닌 것이 발견된 경우

원고로 하여금 장차의 소유권취득에 대하여는 불안감을 가짐이 없이 나머지 대금의 지급의무를 수행할 수 있는 상태에 이르게 하지 아니하고서는, 비록 선행의무에 해당하는 중도금지급의무라 하더라도 그 지급을 거절할 수 있다고 봄이 상당하다(대법원 1974. 6. 11. 선고 73다1632).

3) 공사도급계약에서 기성공사금 등의 이름으로 그 대가를 지급하기로 약정되어 있는 경우에 도급인이 약정을 위반하면 이로 인하여 수급인이 공사를 계속해서 진행하더라도 그 공사내용에 따르는 공사금의 상당 부분을 약정대로 지급받을 것을 합리적으로 기대할 수 없게 되어서 수급인으로 하여금 당초의 계약내용에 따른 선이행의무의 이행을 요구하는 것이 공평에 반하게 되었다면, 비록 도급인에게 신용불안 등과 같은 사정이 없다고 하여도 수급인은 민법 제536조 제2항에 의하여 계속공사의무의 이행을 거절할 수 있다고 할 것이다(대판 2012. 3. 29. 선고 2011다93025).

문제 04

▶ 2019년 케이스 문제 40점

갑은 그 소유의 X토지를 을에게 매도하면서 약정기일에 중도금과 잔금이 모두 지급되면 그와 동시에 X토지의 소유권이전등기에 필요한 서류 일체를 을에게 교부하기로 하였으나 을이 중도금지급기일에 중도금을 지급하지 않은 상태에서 잔금지급기일이 도래하였다. 이 경우 갑이 소유권이전등기에 필요한 서류의 제공 없이 을에게 중도금지급을 청구하였다면 을은 동시이행항변권을 행사할 수 있는지에 관하여 설명하시오.

1. 문제의 소재

을의 중도금지급의무는 선이행의무이다. 을이 이를 지체하다가 잔금지급기일이 도래하면 갑의 중도금지급청구에 대해 을이 동시이행항변권을 행사할 수 있는지가 쟁점이다.

2. 동시이행의 항변권

(1) 의의

쌍무계약에 있어서 상대방의 채무이행의 제공이 있을 때까지 일방이 자기 채무의 이행을 거절할 수 있는 권리를 말한다.

(2) 동시이행의 항변권의 성립요건

1) 쌍방의 채무가 동일한 쌍무계약에서 발생할 것

   부동산매매에서 소유권이전의무 및 등기의무와 매수인의 잔대금지급의무는 동시이행관계에 있다.

2) 상대방의 채무가 변제기에 있을 것

   ① 원칙

   상대방의 채무가 변제기에 있지 아니하는 때에는 동시이행항변권을 행사할 수 없다(536조 1항 단서).

   ② 예외

   ㉠ 매수인이 선이행하여야 할 중도금지급을 하지 아니한 채 잔대금지급일을 경과한 경우에는 매수인의 중도금 및 이에 대한 지급일 다음날부터 잔대금지급일까지의 지연손해금과 잔대금의 지급채무는 매도인의 소유권이전등기의무와 특별한 사정이 없는 한 동시이행관계에 있다. 따라서 매수인은 잔금지급일 이후부터는 중도금을 지급하지 아니한 데 따른 이행지체의 책임을 부담하지 않는다(대판 1991. 3.27. 90다19930).

   ㉡ 불안의 항변권

   선이행의무자라도 상대방의 이행이 곤란할 현저한 사유가 있는 때에는 선이행의무자라도 상대방이 채무이행을 제공할 때까지 자기의 채무이행을 거절할 수 있다(536조 2항).

3) 상대방이 자기 채무의 이행 또는 이행의 제공을 하지 않고서 청구하였을 것

3. 사안에의 적용

(1) 판례에 따르면 매수인 을이 선이행하여야 할 중도금지급을 하지 아니한 채 잔대금지급일을 경과한 경우에는 매수인 을의 중도금 및 이에 대한 지급일 다음 날부터 잔대금지급일까지의 지연손해금과 잔대금의 지급채무는 매도인 갑의 소유권이전등기의무와 특별한 사정이 없는 한 동시이행관계에 있다.

(2) 따라서 매도인 갑이 소유권이전등기에 필요한 서류의 제공 없이 매수인 을에게 중도금지급을 청구하였다면 매수인 을은 동시이행의 항변권을 행사할 수 있다.

문제 05

▶ 2015년 케이스 문제 40점

甲은 자기 소유의 X 토지에 대하여 乙과 매매계약을 체결하였다. 그 계약에 의하면 乙은 甲에게 계약 당일 계약금을 지급하고, 계약일부터 1개월 후에 중도금을 지급하며, 잔금은 계약일부터 2개월 후에 등기에 필요한 서류와 목적물을 인도받음과 동시에 지급하기로 되어 있었다. 甲은 계약 당일 乙로부터 계약금을 지급받았다. 다음 각각 독립된 물음에 답하시오.

물음 1 잔금지급기일이 지났으나 乙은 잔금은 물론 중도금도 지급하지 않았고, 甲도 그때까지 등기에 필요한 서류와 목적물의 인도의무를 이행하지 않았다. 甲이 乙에게 중도금과 잔금의 지급을 청구하자 乙은 등기에 필요한 서류와 목적물을 인도받을 때까지 중도금과 잔금을 둘 다 지급하지 않겠다고 주장하였다. 甲과 乙 사이의 동시이행관계에 관하여 설명하고, 乙의 주장이 타당한지에 관하여 논하시오. (20점)

물음 2 乙은 甲에게 중도금과 잔금을 약정한 기일에 지급하였으나, 甲은 등기에 필요한 서류와 목적물의 인도를 미루다가 잔금을 수령한 날부터 3개월 후에 그 의무를 이행하였다. 乙은 甲에 대하여 매매대금 전액에 대한 3개월간의 이자 및 X토지에 대한 3개월간의 차임 상당 손해배상금을 청구하였다. 乙의 청구가 타당한지에 관하여 논하시오. (20점)

물음 1

1. 논점의 제기

을의 중도금 지급의무는 선이행의무이다. 그런데 잔금지급기일이 지나면 갑의 등기에 필요한 서류와 목적물의 인도의무와 동시이행관계가 인정되는지가 문제된다.

2. 동시이행의 항변권의 성립요건

(1) 쌍방의 채무가 동일한 쌍무계약에서 발생할 것

부동산매매에서 소유권이전의무 및 등기의무와 매수인의 잔대금지급의무는 동시이행관계에 있다.

(2) 상대방의 채무가 변제기에 있을 것

1) 원칙

상대방의 채무가 변제기에 있지 아니하는 때에는 동시이행항변권을 행사할 수 없다(536조 1항 단서).

2) 예외

① 매수인이 선이행의무가 있더라도 이행기가 지난 때에는 매도인과 매수인 쌍방의 의무는 동시이행관계에 놓이게 된다. 매수인이 중도금을 지급하지 아니한 채 잔대금기일을 경과한 경우에는 (중도금 + 잔금지급일까지의 중도금 지연손해금 + 잔대금)의 지급채무는 매도인의 소유권이전등기의무와 동시이행관계에 있다.

② 불안의 항변권

상대방의 이행이 곤란할 현저한 사유가 있는 때에는 선이행의무자라도 상대방이 채무이행을 제공할 때까지 자기의 채무이행을 거절할 수 있다(536조 2항).

(3) 상대방이 자기 채무의 이행 또는 이행의 제공을 하지 않고서 청구하였을 것

3. 사안에의 적용

매수인 을의 중도금지급의무는 선이행의무이다. 그러나 을이 이를 지급하지 아니한 채 잔대금지급일을 경과한 경우에는 을의 중도금 및 잔대금지급일까지의 지연손해금과 잔대금의 지급채무는 매도인 갑의 소유권이전등기의무와 동시이행관계에 있다. 따라서 등기에 필요한 서류와 목적물을 인도받을 때까지 중도금과 잔금을 둘 다 지급하지 않겠다고 하는 을의 주장은 타당하다.

물음 2

1. 문제의 소재

매매목적물이 인도되지 않은 경우에는 매도인이 과실을 수취할 수 있다. 그런데 사안처럼 을이 중도금과 잔금을 모두 이행한 경우에도 그러하냐가 관건이다.

2. 매매와 과실의 귀속

(1) 대금 완납 전에 매도인이 목적물을 인도하지 않은 경우

1) 매매계약 있은 후에도 인도하지 아니한 목적물로부터 생긴 과실은 매도인에게 속하고, 매수인은 목적물의 인도를 받은 날로부터 대금의 이자를 지급하여야 한다(587조).

① 587조는 목적물의 사용이익과 대금 이자 사이의 등가성을 말하는 것이다. 즉 매매당사자 사이의 형평을 꾀하기 위하여 매매목적물의 인도시를 기준으로 과실귀속을 정한 것이다.

② 매수인이 소유권은 넘겨받았으나 물건의 인도는 받지 못한 경우 : 따라서 부동산매매에 있어 목적부동산을 제3자가 점유하고 있어 인도받지 아니한 매수인이 명도소송제기의 방편으로 미리 소유권이전등기를 경료받았다고 하여도 아직 매매대금을 완급하지 않은 이상 부동산으로부터 발생하는 과실은 매수인이 아니라 매도인에게 귀속되어야 한다(대판 1992. 4. 28. 선고 91다32527).

2) 매도인의 이행지체

매매목적물이 인도되지 아니하고 또한 매수인이 대금을 완제하지 아니한 때에는 매도인의 이행지체가 있더라도 과실은 매도인에게 귀속되는 것이므로 매수인은 인도의무의 지체로 인한 손해배상금의 지급을 구할 수 없다(대법원 2004.4.23. 2004다8210).

3) 매수인의 대금지급 이행지체

특정물의 매매에 있어서 매수인의 대금지급채무가 이행지체에 빠졌다 하더라도 그 목적물이 매수인에게 인도될 때까지는 매수인은 매매대금의 이자를 지급할 필요가 없는 것이므로, 그 목적물의 인도가

이루어지지 아니하는 한 매도인은 매수인의 대금지급의무 이행의 지체를 이유로 매매대금의 이자 상당액의 손해배상청구를 할 수 없다(대법원 1995. 6. 30. 선고 95다14190).

(2) 대금 완납 전에 매도인이 목적물을 인도한 경우

매매계약이 있은 후에 매수인이 매도인에게 목적물을 인도받았는데 매수인이 매매대금을 지급하지 않았다면 매수인은 목적물의 인도를 받은 날로부터 매매대금의 이자(과실)까지 매도인에게 지급하여야 한다.

(3) 대금완납 후 과실의 귀속

매수인이 대금을 완납하였다면 587조는 그 적용이 없다. 즉 매매당사자 사이의 형평을 꾀하기 위하여 매매목적물이 인도되지 아니하더라도 매수인이 대금을 완제한 때에는 그 시점 이후의 과실은 매수인에게 귀속된다(대판 2004. 4. 23. 선고 2004다8210). 따라서 매수인이 대금을 완납한 경우에는 매도인이 인도를 지체하고 있어도 매수인이 과실수취권을 가진다(대판 1993.11.9., 93다28928).

3. 사안에의 적용

(1) 을은 갑에게 중도금과 잔금을 약정한 기일에 모두 지급하였으나 3개월 후에 목적물의 인도를 받았다. 을은 대금을 완제하였으므로 인도시점을 기준으로 하여 과실수취권은 을에게 있다(판례). 따라서 을은 매매대금에 대한 3개월간의 이자(과실)를 청구할 수 있다.

(2) 갑은 3개월 후에 채무를 이행하였으므로 이행지체책임을 져야 한다. 그 손해배상의 범위는 갑이 제때 이행하였으면 을이 누릴 수 있었던 이행이익이므로 을은 갑에게 3개월분 차임 상당의 손해배상을 청구할 수 있다.

(3) 따라서 을의 청구는 타당하다.

행정사 2차 민법 계약법 "판례 및 핵심이론"

문제 06

A는 그 소유 건물을 B에게 매매하였다. B는 중도금 지급기일에 이르러 위 건물에 C은행 앞으로 채무액 1억 6천만원의 공동담보로 근저당권설정등기가 마쳐진 사실을 알고, A에게 위 근저당권설정등기를 말소해 주거나 또는 확실한 말소방안을 제시하지 않으면 중도금을 지급할 수 없다고 주장하였다. B의 지체책임 여부에 대해서 동시이행항변권과 대금지급거절권으로 나누어 설명하시오.

1. 쟁점

부동산의 매도인은 완전한 소유권을 이전하여야 할 의무가 있으므로 매매부동산에 저당권등기가 있는 경우에는 이를 말소해 주어야 한다. 그런데 중도금 지급의무는 선이행의무이므로 매수인이 이를 이행하지 않으면 지체책임을 져야 하는데 매매부동산에 근저당권등기 있는 경우에 매수인은 어떻게 하여야 하는지가 문제된다. 이를 동시이행항변권과 대금지급거절권의 관점에서 살펴본다.

2. 동시이행항변권

(1) 의의

1) 개념
   ① 동시이행의 항변권이란 쌍무계약에서 상대방이 채무의 이행을 제공할 때까지 자기채무의 이행을 거절할 수 있는 항변권을 말한다. 공평의 원칙에서 그 취지를 찾을 수 있다.
   ② 이행지체의 면제 : 동시이행의 항변권이 있으면 이행기 도래 후 상대방 채무의 이행제공이 있을 때까지는 채무를 이행하지 않아도 이행지체가 되지 않고, 이는 항변권을 행사하여야 발생하는 것이 아니다.

2) 선이행의무를 지는 자가 동시이행항변권을 행사할 수 있는 경우
   ① 상대방의 채무가 변제기에 있지 않은 때는 동시이행항변권이 발생하지 않는다. (536조 1항 단서). 선이행할 의무는 법률의 규정이나 당사자의 약정에 따라 정해진다. 아파트 수분양자의 중도금 지급의무는 선이행의무에 해당한다.
   ② 그런데 선이행의무를 지는 자가 동시이행항변권을 행사할 수 있는 경우가 있다. 상대방 채무의 변제기가 도래하는 경우와 사안처럼 일방당사자가 선이행의무를 부담하더라도 상대방의 채무이행이 곤란할 현저한 사유가 있는 경우에는 선이행의무의 이행을 거절할 수 있다(536조 2항). 이를 불안의 항변권이라고 한다.

3) 불안의 항변권
   ① 판단 여부 : 민법 제536조 제2항 소정의 선이행의무를 지고 있는 당사자가 상대방의 이행이 곤란한 현저한 사유가 있는 때에 자기의 채무이행을 거절할 수 있다. 즉 선이행채무를 지게된 채권자가 계약성립 후 채무자의 신용불안이나 재산상태의 악화 등의 사정으로 반대급부를 이행받을 수 없는 사정변경이 생기고, 이로 인하여 당초의 계약내용에 따른 선이행의무를 이행케 하는 것이 공평과

신의칙에 반하게 되는 경우를 말한다.
② 사안의 경우 : A는 B로 하여금 장차의 소유권취득에 대하여 불안감을 가짐이 없이 중도금의 지급의무를 수행할 수 있는 상태에 이르게 하여야 한다. 이를 하지 못한다면 B는 A의 신용불안이나 재산상태의 악화 등의 사정으로 반대급부를 이행받을 수 없는 사정변경이 생기고 이로 인하여 당초의 계약내용에 따른 선이행의무를 이행케 하는 것이 공평과 신의칙에 반한다(판례). 따라서 B는 이러한 거절권능의 존재 자체로 인하여 이행지체 책임이 발생하지 않으므로, 중도금을 지급하지 아니하였다고 하더라도 그 지체책임을 지지 않는다.

3. 대금지급거절권

(1) 의의

1) 민법 제588조는 매매의 목적물에 대하여 권리를 주장하는 자가 있는 경우에 매수인이 매수한 권리의 전부나 일부를 잃은 염려가 있는 때에는 매수인은 그 위험의 한도에서 대금의 전부나 일부의 지급을 거절할 수 있다고 하여, 일정한 경우 매수인에게 대금지급거절권을 인정하고 있다.

2) 성질

매매에서 매도인은 매매의 목적이 된 권리를 이전할 의무를 지고, 한편 매매는 유상계약이어서 매도인이 이전한 권리 또는 그 목적물에 흠이 있는 때에는 매수인에 대해 일정한 담보책임을 부담한다. 담보책임이 사후구제수단인 것에 대응하여 이것은 사전구제수단으로 기능하는 것에 그 의의가 있다. 그리고 그 성질은 항변권이다.

(2) 요건

① 매매의 목적물에 대하여 권리를 주장하는 자가 있어야 한다. 제3자가 주장하는 권리에는 소유권뿐만 아니라, 용익권 또는 저당권 그 밖의 담보물권을 포함한다.
② 매수인이 매수한 권리의 전부나 일부를 잃은 염려가 있어야 한다.

(3) 효과

① 매수인은 그 위험의 한도에서 대금의 전부나 일부의 지급을 거절할 수 있다. 근저당권이 설정되어 있는 부동산을 매수한 경우, 등기된 채권최고액이, 매수인이 실제의 채무액을 안 때에는 그 채무액이, 각각 매수인이 그에 상응하는 대금의 지급을 거절할 수 있는 위험의 한도가 된다.
② 매수인이 갖게 되는 위험이 제거될 수 있는 경우, 즉 매도인이 상당한 담보를 제공한 때에는 매수인은 이 거절권을 행사하지 못한다.
③ 매수인이 거절권을 행사한 경우, 매도인은 매수인에 대하여 대금의 공탁을 청구할 수 있다.

(4) 사안의 경우

매매의 목적물에 대하여 저당권이 설정된 것을 B가 뒤늦게 알게 되었다면 이는 B가 매수한 권리의 전부나 일부를 잃은 염려가 있는 때에 해당하므로 B는 중도금 지급을 거절할 수 있다. B가 대금지급을 거절하는 것은 정당한 것이므로 이 범위에서는 이행지체가 성립하지 않는다.

행정사 2차 민법 계약법 "판례 및 핵심이론"

문제 07

매도인 갑이 소유권이전등기절차 이행에 필요한 서류를 준비하여 잔금 지급을 최고하였는데 을이 수령을 거절하여 채권자지체가 성립하였다. 그 후 갑이 이전등기의무에 대한 변제의 제공을 하지 않고서 을에게 매매대금의 이행을 청구하자, 을은 갑이 그 의무에 대한 변제의 제공이 없다는 이유로 동시이행항변권을 행사하여 매매대금의 지급을 거절하였다. 을의 주장은 타당한가?

1. 쟁점의 정리

쌍무계약의 당사자 일방이 먼저 한번 현실의 제공을 하고 상대방을 수령지체에 빠지게 하였다면 상대방은 동시이행항변권을 주장할 수 없는지가 문제된다.

2. 수령지체와 동시이행항변권

1) 쌍무계약의 당사자 일방이 먼저 한번 현실의 제공을 하고 상대방을 수령지체에 빠지게 하였다 하더라도 그 이행의 제공이 계속되지 않는 경우는 과거에 이행의 제공이 있었다는 사실만으로 상대방이 가지는 동시이행의 항변권이 소멸하는 것은 아니다.

2) 따라서 일시적으로 당사자 일방의 의무의 이행제공이 있었으나 곧 그 이행의 제공이 중지되어 더 이상 그 제공이 계속되지 아니하는 기간 동안에는 상대방의 의무가 이행지체 상태에 빠졌다고 할 수는 없다고 할 것이고, 따라서 그 이행의 제공이 중지된 이후에 상대방의 의무가 이행지체되었음을 전제로 하는 손해배상청구도 할 수 없다(대법원 1999. 7. 9. 선고 98다13754, 13761).

3. 사안의 경우

1) 갑이 소유권이전등기절차 이행에 필요한 서류를 준비하여 잔금 지급을 최고하였는데 을이 수령을 거절하여 채권자지체가 성립하였다고 하더라도 그 이행의 제공을 계속하여야 을의 동시이행항변권을 소멸시킬 수 있다.

2) 따라서 갑이 이전등기의무에 대한 변제의 제공을 하지 않고서 을에게 매매대금의 이행을 청구하면 을은 동시이행항변권을 행사하여 매매대금의 지급을 거절할 수 있으므로 을의 주장은 타당하다.

문제 08

을이 갑으로부터 갑소유의 X부동산을 보증금으로 2억원을 지급하고 임차하면서 원래 주차장인 부분을 점포로 용도를 변경하여 사용한 후 임대차계약 종료시 이를 원상회복하기로 하였다. 그런데, 을이 30만원이 소요되는 전기시설의 원상회복을 하지 아니한 채 건물의 명도 이행을 제공한 경우, 갑이 이를 이유로 금 1억원의 잔존 임대차보증금 전액의 반환을 거부할 동시이행의 항변권을 행사할 수 있는가?

1. 쟁점의 정리

상대방이 일부만 이행한 상태에서 전부를 청구한 경우에 그 청구된 급부가 가분인 경우에 전부에 대해서 동시이행항변권을 행사할 수 있는지가 문제된다. 또한 사소한 채무불이행을 이유로 동시이행 항변권을 행사하는 것이 권리남용에 해당되는지도 문제된다.

2. 동시이행항변권과 권리남용

(1) 동시이행의 항변권은 근본적으로 공평의 관념에 따라 인정되는 것인데, 임차인이 불이행한 원상회복 의무가 사소한 부분이고 그로 인한 손해배상액 역시 근소한 금액인 경우에까지 임대인이 그를 이유로, 임차인이 그 원상회복의무를 이행할 때까지, 혹은 임대인이 현실로 목적물의 명도를 받을 때까지 원상 회복의무 불이행으로 인한 손해배상액 부분을 넘어서서 거액의 잔존 임대차보증금 전액에 대하여 그 반환을 거부할 수 있다고 하는 것은 오히려 공평의 관념에 반하는 것이 되어 부당하고, 그와 같은 임대인의 동시이행의 항변은 신의칙에 반하는 것이 되어 허용할 수 없다(대법원 1999. 11. 12. 선고 99다34697).

(2) 사안의 경우

을이 30만원이 소요되는 전기시설의 원상회복을 하지 아니한 채 건물의 명도 이행을 제공한 경우, 갑이 이를 이유로 금 1억원의 잔존 임대차보증금 전액의 반환을 거부하는 것은 동시이행항변권을 남용한 것이므로 항변권의 행사가 인정되지 않는다.

3. 동시이행항변권의 비례적 행사

(1) 임대차계약에 있어서 목적물을 사용수익케 할 임대인의 의무와 임차인의 차임지급의무는 상호 대응관계에 있으므로 임대인이 목적물에 대한 수선의무를 불이행하여 임차인이 목적물을 전혀 사용할 수 없을 경우에는 임차인은 차임전부의 지급을 거절할 수 있으나,

(2) 수선의무불이행으로 인하여 부분적으로 지장이 있는 상태에서 그 사용수익이 가능할 경우에는 그 지장이 있는 한도내에서만 차임의 지급을 거절할 수 있을 뿐 그 전부의 지급을 거절할 수는 없으므로 그 한도를 넘는 차임의 지급거절은 채무불이행이 된다(대법원 1989. 6. 13. 선고 88다카13332, 13349).

(3) 사안의 경우

을이 30만원이 소요되는 전기시설의 원상회복을 하지 아니한 채 건물의 명도 이행을 제공한 경우, 갑이 이를 이유로 1억원의 잔존 임대차보증금 전액의 반환을 거부할 수는 없고 30만원에 비례해서 보증금지급을 거절할 수 있다.

문제 09

▶ 2022년 케이스 문제 40점

X주택의 소유자 甲과 Y토지의 소유자 乙은 서로 X주택과 Y토지를 교환하기로 하는 계약을 체결하였다. 이에 따라 甲은 乙에게 X주택의 소유권을 이전해 주었다. 乙은 X주택에 관하여 丙과 임대차계약을 체결하여, 丙은 乙에게 보증금을 지급함과 동시에 X주택을 인도받고 전입신고를 마쳤다. 다음의 독립된 물음에 답하시오. (단, X주택에 관하여 다른 이해관계인은 없음을 전제로 함)

물음 1 2010. 10. 1. 乙과 丙 사이의 임대차계약이 종료되었으나, 2022. 10. 1.현재 丙은 乙로부터 보증금을 반환받지 못하였음을 이유로 X주택에 계속 거주하여 이를 사용하고 있다. 乙이 X주택의 반환을 청구하자 丙은 보증금의 반환을 요구하였고, 이에 대해 乙은 丙의 보증금반환청구권은 시효로 소멸하였다고 주장한다. 이러한 경우에 丙은 乙로부터 보증금을 반환받을 수 있는지에 관하여 설명하시오. (20점)

물음 2 甲은 교환계약에 따라 X주택의 소유권을 乙에게 이전하였음에도 불구하고 乙이 계약을 위반하여 Y토지의 소유권을 甲에게 이전해주지 않자, 甲은 위 교환계약을 적법하게 해제하였다. 이러한 경우에 丙은 乙과 맺은 임대차계약상의 임차권을 甲에게 주장할 수 있는지에 관하여 설명하시오. (20점)

물음 1

1. 쟁점

임대차가 종료하면 병에게는 보증금반환청구권이 인정된다. 이는 채권적 청구권이므로 10년의 소멸시효에 걸린다. 그런데 2010. 10.1 임대차계약이 종료된 후 12년이 경과하였다면 그 보증금반환청구권의 소멸시효가 완성되었는지가 문제된다.

2. 소멸시효제도의 취지

(1) 소멸시효는 권리자가 권리를 행사할 수 있는데도 일정한 기간 권리를 행사하지 않은 경우에 권리의 소멸이라는 법률효과가 발생하는 제도이다. 이것은 시간의 흐름에 따라 법률관계가 점점 불명확해지는 것에 대처하기 위한 제도로서, 일정 기간 계속된 사회질서를 유지하고 시간이 지남에 따라 곤란해지는 증거보전으로부터 채무자를 보호하며 자신의 권리를 행사하지 않는 사람을 법적 보호에서 제외함으로써 법적 안정성을 유지하는 데 중점을 두고 있다(대판 2020. 7. 9. 선고 2016다244224, 244231).

(2) 채권을 계속 행사하고 있다고 볼 수 있다면 소멸시효가 진행하지 않는다. 나아가 채권을 행사하는 방법에는 채무자에 대한 직접적인 이행청구 외에도 변제의 수령이나 상계, 소송상 청구 및 항변으로 채권을 주장하는 경우 등 채권이 가지는 다른 여러 가지 권능을 행사하는 것도 포함된다. 따라서 채권을 행사하여 실현하려는 행위를 하거나 이에 준하는 것으로 평가할 수 있는 객관적 행위 모습이 있으면 권리를 행사한다고 보는 것이 소멸시효 제도의 취지에 부합한다(대판 2020. 7. 9. 선고 2016다244224, 244231).

(3) 보증금반환청구권과 소멸시효

1) 임대차계약의 기간이 만료된 경우에 임차인이 임차목적물을 명도할 의무와 임대인이 보증금 중 연체차임 등 당해 임대차에 관하여 명도 시까지 생긴 모든 채무를 청산한 나머지를 반환할 의무는 동시이행의 관계이다(판례).

2) 임차인이 임대차 종료 후 동시이행항변권을 근거로 임차목적물을 계속 점유하는 것은 임대인에 대한 보증금반환채권에 기초한 권능을 행사한 것으로서 보증금을 반환받으려는 계속적인 권리행사의 모습이 분명하게 표시되었다고 볼 수 있다. 따라서 임대차 종료 후 임차인이 보증금을 반환받기 위해 목적물을 점유하는 경우 보증금반환채권에 대한 권리를 행사하는 것으로 보아야 하고, 임차인이 임대인에 대하여 직접적인 이행청구를 하지 않았다고 해서 권리의 불행사라는 상태가 계속되고 있다고 볼 수 없다(대판 2020. 7. 9. 선고 2016다244224, 244231).

3. 사안에의 적용

(1) 2010.10. 1 을과 병의 임대차계약이 종료하였으므로 병에게는 보증금반환청구권이 발생한다. 병의 주택반환의무와 임대인 을의 연체차임을 공제한 나머지 보증금의 반환의무는 동시이행의 관계에 있고 병이 이를 근거로 주택에 계속 거주하는 것은 권리행사의 일종이라고 보아야 하므로 병의 보증금반환청구권의 소멸시효는 진행하지 않는다.

(2) 따라서 병은 을로부터 연체차임 등 당해 임대차에 관하여 명도 시까지 생긴 모든 채무를 청산한 나머지 보증금을 반환받을 수 있다.

물음 2

1. 쟁점의 정리

을이 갑과의 교환계약으로 X주택의 소유권을 취득한 후에 병에게 주택을 임차하였다. 갑이 위 교환계약을 적법하게 해제한 경우, 임차인 병이 보호받을 수 있는가? 보호받기 위한 요건은 무엇인가? 가 쟁점이다.

2. 계약해제의 효과

(1) 물권의 복귀

계약이 해제되면 그 계약의 이행으로 변동이 생겼던 물권은 당연히 그 계약이 없었던 원상태로 복귀한다(물권적 효과설). 사안의 경우에 교환계약이 적법하게 해제되었으므로 X주택의 소유권은 등기말소 여부와 관계없이 갑에게 당연히 복귀한다.

(2) 해제와 제3자 보호

1) 물권적 효과설에 의하면 해제의 효과가 제3자에 미치므로 제3자를 보호하기 위한 특별규정이 필요하다. 민법은 548조에서 계약의 해제는 제3자의 권리를 해하지 못한다고 하여 이를 규정하고 있다.

2) 보호되는 제3자의 의미
    ① 제3자라 함은 그 해제된 계약으로부터 생긴 법률적 효과를 기초로 하여 새로운 이해관계를 가졌을 뿐 아니라 등기·인도 등으로 완전한 권리를 취득한 자를 말한다.
    ② 임차인의 경우
        ㉠ 주택임대차보호법은 임차권의 등기가 없는 경우에도 주택의 인도와 주민등록을 마치면 그 익일부터 제3자에 대하여 효력이 있다고 규정한다. 따라서 대항력을 갖춘 임차인도 계약해제로 인하여 보호받는 제3자에 속한다.
        ㉡ 또한 주택임대차보호법은 임차주택의 새로운 소유자는 임대인의 지위를 승계한 것으로 본다. 따라서 차임, 존속기간, 보증금반환 등의 권리·의무는 새로운 소유자에게 승계된다.

3. 사안에의 적용

(1) 갑과 을의 교환계약이 해제되기 전에 주택임대차보호법상의 대항요건을 갖춘 병은 해제로 인하여 영향을 받지 않는 제3자에 해당한다. 따라서 병은 갑과 을의 계약해제에도 불구하고 자신의 임차권을 신소유자 갑에게 대항할 수 있다.

(2) 이 경우 계약해제로 소유권을 회복한 갑은 주택임대차보호법상 임대인의 지위를 승계한다.

제2관 위험부담

문제 01
위험부담에 대해서 약술하시오.

1. 의의
위험이란 당사자 쌍방의 책임없는 사유로 급부가 불능이 된 경우에 발생한 불이익을 말하는데 급부위험과 대가위험이 있다. 민법에서 정하는 위험부담은 대가위험을 말하는 것이다. 즉 쌍무계약의 당사자 일방의 채무가 당사자 쌍방의 책임 없는 사유로 이행할 수 없게 된 때에 그에 대응하는 상대방의 채무도 소멸하는지의 문제를 말한다.

2. 원칙 : 채무자 위험부담주의
쌍무계약의 당사자 일방의 채무가 당사자 쌍방의 책임 없는 사유로 이행할 수 없게 된 때에는 채무자는 상대방의 이행을 청구하지 못한다(537조).

(1) 요건
1) 쌍무계약에서 상환적 채무의 존재

2) 일방채무의 후발적 불능
 원시적 불능의 경우에는 계약이 무효가 되므로 위험부담의 문제가 발생하지 않는다. 후발적 불능이 채무자의 귀책사유에 기인하면 채무불이행의 문제가 성립할 뿐 이도 위험부담의 문제는 아니다.

3) 쌍방의 책임 없는 사유로 발생할 것

(2) 효과
1) 반대급부의무 소멸
① 채무자는 자기의 의무를 면하는 대신에 상대방에게 반대급부(대가)를 청구하지 못한다.
② 계약관계는 소멸하므로 이미 이행한 급부는 법률상 원인 없는 급부가 되어 부당이득의 법리에 따라 반환한다. 즉 매도인은 이미 지급받은 계약금을 반환하여야 하고 매수인은 목적물을 점유·사용함으로써 취득한 임료 상당의 부당이득을 반환할 의무가 있다(대판 2009. 5. 28. 선고 2008다98655,98662).

2) 대상청구권의 인정
① 채무자가 불능을 원인으로 그 목적물에 갈음하는 대상(=보상청구권)을 취득한 경우에는 채권자는 자신의 반대급부를 이행하고 대상청구권을 행사할 수도 있다. 즉 채권자는 선택권을 가진다.
② 예를 들어 매매의 일종인 경매의 목적물인 토지가 경락허가결정 확정 이후 하천구역에 편입되어 국유로 됨으로써 소유자의 경락인에 대한 소유권이전등기의무가 이행불능이 되었다면, 경락인은 소유자가 위 하천구역 편입으로 인하여 지급받게 되는 손실보상금에 대한 대상청구권을 행사할 수 있다.

3) 일부불능의 경우
잔존부분으로 계약의 목적을 달성할 수 없으면 전부 불능으로 취급하면 되고, 그러하지 않으면 상대방의 반대급부의무도 불능부분에 상응하는 만큼 소멸한다.

3. 예외 : 채권자 위험부담주의

(1) 의의
쌍무계약상 일방의 채무가 채권자의 책임 있는 사유로 또는 채권자의 수령지체 중에 당사자 쌍방의 책임 없는 사유로 이행할 수 없게 된 때에는 채무자는 상대방의 이행을 청구할 수 있다(538조 1항).

(2) 요건

1) 쌍무계약에서 상환적 의무의 존재

2) 당사자 일방 채무의 후발적 불능

3) 채권자의 귀책사유로 이행할 수 없게 되었을 것
① 채권자에게 책임 있는 사유
채권자의 어떤 작위나 부작위가 채무자의 이행의 실현을 방해하고 그러한 행위는 채권자가 이를 피할 수 있었다는 점에서 신의칙상 비난받을 수 있는 경우를 의미한다(대판 2011. 1.27. 2010다25698). 사용자의 위법한 해고처분으로 근로자가 근로제공의무를 이행할 수 없게 된 경우는 그 대표적이다.
② 채권자의 수령지체 중에 쌍방의 책임 없는 사유로 발생
㉠ 채권지체가 성립할 것 : 채권자가 미리 수령을 확고하게 거절하는 경우에는 채무자는 구두제공을 하지 않아도 채무불이행책임을 면하나(460조), 대가위험을 상대방에게 이전하기 위해서는 채무자의 변제제공(현실제공이나 구두제공)이 필요하다(대판 2004.3.12. 2001다79013).
㉡ 채권자지체 중에 목적물이 멸실된 경우에 채무자에게 고의나 중과실이 없으면 책임을 면하므로(404조), 채무자의 경과실로 목적물이 멸실하면 수령지체 중에 당사자 쌍방의 책임없는 사유로 이행할 수 없게 된 경우로 보는 것이 통설이다.

(3) 효과

1) 채무자의 반대급부청구 가능

   채무자는 급부의무를 면하는 대신 반대급부를 청구할 수 있다(538조 1항).

2) 채무자의 이익상환의무

   채무자는 자기의 채무를 면함으로써 이익을 얻은 때에는 이를 채권자에게 상환하여야 한다(538조 2항).

문제 02
▶ 2018년 케이스 20점

甲은 2018. 7. 25. 자신의 X도자기를 乙에게 50만 원에 매각하였다. 매매계약에서 X도자기의 인도일은 2018. 8. 5.로 하면서, X도자기의 인도시에 甲이 50만 원의 매매대금을 받기로 하였다. 2018. 8. 4. 甲의 친구 丙이 X도자기를 구경하던 중 丙의 과실로 X도자기가 완전히 파손되었다. 이러한 경우 甲은 乙에게 X도자기 매매대금 50만 원의 지급을 청구할 수 있는지 여부를 설명하시오.

1. 쟁점의 정리

매매는 쌍무계약인데 갑과 을의 매매목적물인 도자기가 제3자 병의 과실로 후발적 불능이 된 경우이다. 도자기가 멸실되었으므로 갑은 도자기인도의무를 면한다. 이 때 갑과 을의 잘못이 아닌 사유로 도자기가 멸실되었을 때 을의 매매대금지급채무도 소멸하는지가 쟁점이다.

2. 채무자위험부담주의

쌍무계약의 당사자 일방의 채무가 당사자 쌍방의 책임 없는 사유로 이행할 수 없게 된 때에는 채무자는 상대방의 이행을 청구하지 못한다(537조).

(1) 요건
1) 쌍무계약에서 상환적 채무의 존재

2) 일방채무의 후발적 불능
   원시적 불능의 경우에는 계약이 무효가 되므로 위험부담의 문제가 발생하지 않는다. 후발적 불능이 채무자의 귀책사유에 기인하면 채무불이행의 문제가 성립할 뿐 이도 위험부담의 문제는 아니다.

3) 쌍방의 책임 없는 사유로 발생할 것

(2) 효과
1) 반대급부의무 소멸
   ① 채무자는 자기의 의무를 면하는 대신에 상대방에게 반대급부(대가)를 청구하지 못한다.
   ② 계약관계는 소멸하므로 이미 이행한 급부는 법률상 원인 없는 급부가 되어 부당이득의 법리에 따라 반환한다. 즉 매도인은 이미 지급받은 계약금을 반환하여야 하고 매수인은 목적물을 점유·사용함으로써 취득한 임료 상당의 부당이득을 반환할 의무가 있다.

2) 대상청구권의 인정
   채무자가 불능을 원인으로 그 목적물에 갈음하는 대상(=보상청구권)을 취득한 경우에는 채권자는 자신의 반대급부를 이행하고 대상청구권을 행사할 수도 있다. 즉 채권자는 선택권을 가진다. 사안의 경우에는 대상청구권의 문제는 논할 필요가 없다.

3. 사안의 경우

계약체결후 이행 전에 도자기가 멸실되었으므로 이는 후발적 불능에 해당한다. 도자기의 멸실은 제3자 병의 과실로 인한 것이므로 갑과 을에는 책임이 없다. 그러므로 채무자 위험부담주의에 의해서 을의 대금지급의무도 소멸한다(537조). 따라서 갑은 을에게 도자기 매매대금 50만원을 청구할 수 없다.

문제 03

▶ 2021년 케이스 20점

2021. 5. 11. 갑은 비어있는 자신의 X주택을 을에게 매도하기로 하는 계약을 체결하였는데, 이행기 전에 갑의 승낙을 받고 X주택 내부를 수리하던 을의 과실로 인해 X주택이 전소되었다. 갑은 을에게 매매대금의 지급을 청구할 수 있는지에 관하여 검토하시오.

1. 문제의 소재

쌍무계약인 매매에서 매도인 갑의 주택인도의무가 매수인 을의 과실로 후발적 불능이 된 경우에 그 위험을 누가 부담하는지의 문제된다. 즉 매수인의 대금지급의무가 존재하는지가 관건이다.

2. 채권자 위험부담주의

(1) 의의

쌍무계약의 당사자 일방의 채무가 당사자 쌍방의 책임 없는 사유로 이행할 수 없게 된 때에는 채무자가 위험을 부담하지만(537조), 채권자의 책임 있는 사유로 이행할 수 없게 된 때 혹은 채권자의 수령지체 중에 당사자 쌍방의 책임 없는 사유로 이행할 수 없게 된 때에는 채권자가 위험을 부담한다(538조). 사안의 경우가 채권자 위험부담주의에 해당하는 경우이다.

(2) 요건

1) 쌍무계약에서 상환적 의무의 존재

2) 당사자 일방 채무의 후발적 불능

3) 채권자의 귀책사유로 이행할 수 없게 되었을 것

① 채권자에게 책임 있는 사유

채권자의 어떤 작위나 부작위가 채무자의 이행의 실현을 방해하고 그러한 행위는 채권자가 이를 피할 수 있었다는 점에서 신의칙상 비난받을 수 있는 경우를 의미한다(대판 2011. 1.27. 2010다25698). 사용자의 위법한 해고처분으로 근로자가 근로제공의무를 이행할 수 없게 된 경우는 그 대표적이다.

② 채권자의 수령지체 중에 쌍방의 책임 없는 사유로 발생.

㉠ 채권지체가 성립할 것 : 채권자가 미리 수령을 확고하게 거절하는 경우에는 채무자는 구두제공을 하지 않아도 채무불이행책임을 면하나(460조), 대가위험을 상대방에게 이전하기 위해서는 채무자의 변제제공(현실제공이나 구두제공)이 필요하다(대판 2004.3.12. 2001다79013).

㉡ 채권자지체 중에 목적물이 멸실된 경우에 채무자에게 고의나 중과실이 없으면 책임을 면하므로(404조), 채무자의 경과실로 목적물이 멸실하면 수령지체 중에 당사자 쌍방의 책임없는 사유로 이행할 수 없게 된 경우로 보는 것이 통설이다.

(3) 효과

1) 채무자의 반대급부청구 가능

채무자는 급부의무를 면하는 대신 반대급부를 청구할 수 있다(538조 1항).

2) 채무자의 이익상환의무

채무자는 자기의 채무를 면함으로써 이익을 얻은 때에는 이를 채권자에게 상환하여야 한다(538조 2항).

3. 사안에의 적용

갑과 을은 주택에 대한 매매계약을 체결한 후에 이행기 전에 채권자 을의 책임 있는 사유로 주택이 전소되었다. 이는 주택이전에 대한 채무자인 갑의 과실없이 불능이 된 경우이므로 채권자 을이 대가위험을 부담하여야 한다. 따라서 갑은 소유권이전의무를 면하는 대신에 을에게 매매대금의 지급을 청구할 수 있다.

문제 04

갑회사는 영상물전문제작업체인 을회사에 KOEX에 설치될 기업홍보용 영상물의 제작을 의뢰하는 영상물제작공급계약을 체결하였다. 영상물의 납품기한은 계약일로부터 40일이고 을은 갑과 협의하여 영상물을 제작하기로 하여 갑의 참여하에 2차례의 시사회와 리허설을 예정하였으나 갑의 촬영연기 요청으로 현지 촬영이 늦어져 1차 시사회의 일정이 순연되었다. 그 후 을회사의 내부적 사정으로 시사회일정을 맞추지 못하자 예고 없이 갑은 을에게 계약해제통지를 하였다. 이에 을은 이미 촬영 및 자료수집을 마치고 편집과 정만 남아있어 약정된 기일 내에 영상물을 충분히 제작할 수 있다는 의사를 갑에게 전하였으나 갑은 을과의 협상을 거절함에 따라 을은 이미 촬영한 자료를 편집하여 영상물을 제작하여 납품하였으나 갑은 그 수령을 거절하고 다른 회사에 영상물제작을 의뢰하여 납품을 받았다. 을은 약정대금을 청구할 수 있는가?

1. 쟁점의 정리

(1) 갑의 계약해제가 적법한지가 문제된다. 이는 을의 시사회 의무가 주된의무인지 부수적 주의의무인지가 관건이다. 부수적 주의의무이면 갑은 계약을 해제하지 못한다.

(2) 을의 영상물 납품의무가 갑의 귀책사유로 인한 것이라면 이는 채권자 위험부담이 적용되는 경우이다. 이를 살필 필요가 있다.

2. 을의 시사회 일정의무

(1) 을의 내부적인 문제로 영상물제작 일정에 다소의 차질이 발생하여 원고가 예정된 일자에 시사회를 준비하지 못하였다고 하더라도 그와 같은 의무불이행은 이 사건 계약의 목적이 된 주된 채무를 이행하는 과정에서의 부수된 절차적인 의무의 불이행에 불과하므로, 그와 같은 부수적인 의무의 불이행을 이유로 계약을 해제할 수 없다.

(2) 사안의 경우

을회사의 내부적 사정으로 시사회일정을 맞추지 못하였더라 하더라도 이는 영상물제작에 따르는 부수적 주의의무 위반에 불과하므로 갑은 이를 이유로 계약을 해제하는 것은 부적법하다.

3. 영상물 제작공급계약

(1) 정기행위

영상물 제작공급상 을의 채무가 도급인 갑과 협력하여 그 지시감독을 받으면서 영상물을 제작하여야 하므로 갑의 협력 없이는 완전한 이행이 불가능한 채무이고, 한편 그 계약의 성질상 을이 일정한 기간 내에 채무를 이행하지 아니하면 계약의 목적을 달성할 수 없는 정기행위이다.

(2) 채권자 위험부담

도급인의 영상물제작에 대한 협력의 거부로 을이 독자적으로 성의껏 제작하여 납품한 영상물이 갑의 의도에 부합되지 아니하게 됨으로써 결과적으로 갑의 의도에 부합하는 영상물을 기한 내에 제작하여 납품하여야 할 을의 채무가 이행불능케 된 경우, 이는 계약상의 협력의무의 이행을 거부한 갑의 귀책사유로 인한 것이다(대법원 1996. 7. 9. 선고 96다14364,14371).

(3) 사안의 경우

쌍무계약에서 채무자의 의무가 채권자의 귀책사유로 이행불능이 되면 채권자가 위험을 부담하므로(538조), 을은 약정대금 전부의 지급을 갑에게 청구할 수 있다.

문제 05

갑회사에 근무하는 을은 A의 폭행으로 인하여 장기간 병원에 입원을 하게 되었다. 한편 갑회사는 그 자체의 취업규칙에 위반하여 을을 퇴직처리를 한 결과 부당해고가 되었다.
다음 물음에 답하시오.

물음 1 을은 임금을 청구할 수 있는가?

물음 2 부당해고된 을은 구속되어 있었다. 이 경우에 을이 비록 구속되더라도 해고된 기간동안 임금을 민법 제538조 1항에 의하여 청구할 수 있는가?

물음 1

을은 임금을 청구할 수 있는가?

사용자의 근로자에 대한 퇴직처분이 무효인 경우에 근로자는 사용자의 귀책사유로 인하여 근로의 제공을 못하였으므로 민법 제538조 제1항에 의하여 사용자에게 그 기간 중에 근로를 제공하였을 경우에 받을 수 있는 반대급부인 임금의 지급을 청구할 수 있다(대법원 1992. 3. 31. 선고 90다8763).

물음 2

부당해고된 을은 구속되어 있었다. 이 경우에 을이 비록 구속되더라도 해고된 기간동안 임금을 민법 제538조 1항에 의하여 청구할 수 있는가?

1) 해고가 없었다고 하더라도 취업이 사실상 불가능한 상태가 발생한 경우라든가 사용자가 정당한 사유에 의하여 사업을 폐지한 경우에는 사용자의 귀책사유로 인하여 근로제공을 못한 것이 아니므로 그 기간 중에는 임금을 청구할 수 없다.

2) 해고기간 중 근로자가 징역형을 선고받아 상당기간 구속된 경우 해고가 무효라고 하더라도 구속기간 동안에는 근로자가 근로의 제공을 할 수 없는 처지였다고 할 것이므로 구속기간 동안의 임금을 청구할 수 없다(대법원 1994. 9. 13. 선고 93다50017).

3) 사용자의 귀책사유로 해고된 근로자가 해고기간 중 다른 직장에 종사하여 얻은 수입(중간수입)은 538조 2항에서 말하는 채무를 면함으로써 얻은 이익에 해당하므로 사용자는 근로자에게 해고기간 중의 임금을 지급함에 있어서 그 이익을 공제할 수 있다(대판 1996.4.23., 94다446).

제3관 제3자를 위한 계약

문제 01
▶ 2023년 준케이스 문제 20점

甲에게 3억 원의 금전채무를 부담하고 있는 乙은 그 채무의 변제를 위하여 2023. 3. 3. 자신이 소유하는 X부동산을 丙에게 5억 원에 매도하면서, 계약금 1억 원 및 중도금 2억 원은 甲에게 직접 지급하도록 하는 제3자를 위한 계약을 체결하였다. 甲의 법적 지위를 丙에 대한 수익의 의사표시가 있기 이전과 이후로 나누어 설명하시오.

1. 제3자를 위한 계약

(1) 의의

1) 제3자를 위한 계약이란 계약으로부터 발생하는 권리를 계약당사자 이외의 제3자에게 직접 귀속시키는 것을 내용으로 하는 계약을 말한다(539조 1항). 다만, 당사자의 계약으로 제3자에게 채권의 취득을 강제할 수는 없는 것이므로, 민법은 제3자가 채무자에 대해 수익의 의사를 표시하여야 채권을 취득하는 것으로 한다(539조 2항).

2) 사인의 경우와 같이 병존적 채무인수는 전형적인 제3자를 위한 계약에 해당한다.

(2) 3면관계

1) 기본관계(보상관계)

요약자와 낙약자 사이의 관계를 말한다. 이는 제3자를 위한 계약의 기본을 이루므로 기본관계의 하자는 계약의 효력에 영향을 미치고 병은 기본관계의 항변으로 갑에게 대항할 수 있다(542조).

2) 대가관계(원인관계)

요약자와 수익자의 관계를 말한다. 을과 갑의 법률관계의 효력은 병을 위한 계약 자체는 물론 그에 기한 을과 병 사이의 기본관계의 성립이나 효력에 영향을 미치지 아니한다(대법원 2003. 12. 11. 선고 2003다49771).

3) 수익관계(급부관계)

낙약자와 수익자의 관계로 수익자가 낙약자에게 급부청구권을 갖는 관계이다. 이는 항을 달리 하여 상세히 살펴본다.

2. 제3자의 지위

(1) 수익의 의사표시 전

1) 형성권
갑은 일방적 의사표시에 의하여 권리취득의 효과를 발생케 하는 형성권을 가지고 있다. 이는 재산적 색채가 강하므로 상속·양도는 물론이고, 채권자대위권의 목적이 된다.

2) 행사기간
갑이 수익의 의사표시를 할 수 있는 기간은 계약에서 특별히 정한 바가 없으면 10년의 제척기간에 걸린다. 병은 상당한 기간을 정하여 이익의 향수 여부의 확답을 갑에게 최고할 수 있고, 병이 그 기간 내에 확답을 받지 못한 때에는 갑이 수익을 거절한 것으로 본다(540조).

(2) 수익의 의사표시 후

1) 갑의 권리의 확정
① 갑이 수익의 의사표시를 하면 의사표시의 내용에 따른 권리가 생긴다. 병이 채무를 불이행하면 갑은 병에게 손해배상을 청구할 수 있다.
② 갑의 권리가 생긴 후에는 을과 병은 갑의 권리를 변경·소멸시키지 못한다(541조). 다만 병과 을의 합의에 의하여 갑의 권리를 변경 소멸시킬 수 있음을 미리 유보하였거나, 갑의 동의가 있으면 그러하지 않다(대판 2002. 1.25. 2001다30285).
③ 병은 갑과 을의 관계에 기한 항변으로는 갑에게 대항하지 못하지만 매매계약에 기한 항변으로 갑에게 대항할 수 있다. 따라서 을이 병에게 매매계약을 이행하지 않으면 병은 갑에게 이행을 거절할 수 있다.

2) 계약의 취소권·해제권
① 갑은 매매계약의 당사자가 아니므로 취소권이나 해제권을 행사할 수 없다.
② 다만 병의 채무불이행이 있으면 을은 갑의 동의가 없어도 매매계약을 해제할 수 있다. 갑은 병에게 자기가 입은 손해의 배상을 청구할 수 있을 뿐이다(대판 1970. 2.24. 69다1410).
③ 매매계약이 해제되면 병은 원상회복청구권을 갑에게 행사할 수 없고 을에게 하여야 한다(대판 2003. 12.26. 2001다46730).

문제 02

갑이 을에게 부동산을 매도하면서 매매대금을 병에게 지급해 달라고 요청하자 을은 이를 수락하였다. 그런데 갑은 병에게 도박채무를 지고 있었는데 이를 갚기 위하여 을에게 요청한 것이다. 나중에 을은 그 도박채무가 무효임을 이유로 병의 청구를 거부할 수 있는가?

1. 쟁점의 정리

원인관계(대가관계)에 하자가 있을 때 이것이 제3자를 위한 계약에 영향을 미치는 것인지가 관건이다.

2. 대가관계의 흠결과 기본관계

(1) 제3자를 위한 계약의 체결 원인이 된 요약자와 제3자 사이의 대가관계의 효력은 제3자를 위한 계약 자체는 물론 그에 기한 요약자와 낙약자 사이의 기본관계의 성립이나 효력에 영향을 미치지 아니하므로 낙약자는 요약자와 수익자 사이의 법률관계에 기한 항변으로 수익자에게 대항하지 못하고, 요약자도 대가관계의 부존재나 효력의 상실을 이유로 자신이 기본관계에 기하여 낙약자에게 부담하는 채무의 이행을 거부할 수 없다(대법원 2003. 12. 11. 선고 2003다49771).

(2) 대가관계가 없으면 수익자의 권리취득은 법률상 원인 없는 부당이득이 되어 수익자는 요약자에게 그 반환의무를 부담하게 된다.

3. 사안의 경우

(1) 병의 갑에 대한 채권이 무효임을 이유로 을은 병의 청구를 거부할 수 없다. 을은 대가관계의 흠결을 이유로 병에게 대항하지 못하기 때문이다.

(2) 병이 을로부터 금전을 수령하면 갑에 대한 관계에서는 부당이득이 되므로 반환하여야 한다.

문제 03

임차인 갑은 임대인 을 소유 X부동산을 임차하면서 보증금 3천만원을 주었는데, 그 후 임차인 갑은 그의 처 병과 이혼을 하면서 위자료의 대가로 임대인 을과 특약으로 임대차상 보증금반환청구권을 병의 수익자로 하여 병에게 귀속시켜 주기로 하였다. 이에 따라 병이 수익의 의사표시를 하여 병의 을에 대한 보증금반환청구권이 발생된 후에, 갑과 을 사이의 합의로 위 특약을 삭제하였다. 병은 을에게 보증금반환청구권을 행사할 수 있는가?

1. 제3자를 위한 계약에 있어서, 제3자가 민법 제539조 제2항에 따라 수익의 의사표시를 함으로써 제3자에게 권리가 확정적으로 귀속된 경우에는, 요약자와 낙약자의 합의에 의하여 제3자의 권리를 변경·소멸시킬 수 있음을 미리 유보하였거나, 제3자의 동의가 있는 경우가 아니면 계약의 당사자인 요약자와 낙약자는 제3자의 권리를 변경·소멸시키지 못하고, 만일 계약의 당사자가 제3자의 권리를 임의로 변경·소멸시키는 행위를 한 경우 이는 제3자에 대하여 효력이 없다(대법원 2002. 1. 25. 선고 2001다30285).

2. 따라서 병은 을에게 보증금반환청구권을 행사할 수 있다.

문제 04

▶ 2017년 준케이스 문제 20점

甲과 乙은 甲 소유의 건물을 乙에게 매도하면서 甲의 요청으로 乙은 丙에 대하여 직접 대금지급채무를 부담하는 내용의 제3자를 위한 계약을 체결하였다. 이 경우 丙의 법적 지위를 수익의 의사표시 이전과 이후로 구분하여 설명하시오.

1. 서론

제3자를 위한 계약이란 계약으로부터 발생하는 권리를 계약당사자 이외의 제3자에게 직접 귀속시키는 것을 내용으로 하는 계약을 말한다(539조 1항). 건물매도인 갑(요약자)과 매수인 을(낙약자)이 제3자 병을 위한 계약을 체결하였을 때 병의 지위를 수익의 의사표시 이전과 이후로 나누어 검토한다.

2. 수익의 의사표시 전의 제3자 병의 지위

(1) 형성권

병은 일방적 의사표시에 의하여 권리취득의 효과를 발생케 하는 형성권을 가지고 있다. 이는 재산적 색채가 강하므로 상속·양도는 물론이고, 채권자대위권의 목적이 된다.

(2) 행사기간

병이 수익의 의사표시를 할 수 있는 기간은 계약에서 특별히 정한 바가 없으면 10년의 제척기간에 걸린다. 그러나 을은 상당한 기간을 정하여 이익의 향수 여부의 확답을 병에게 최고할 수 있고, 을이 그 기간 내에 확답을 받지 못한 때에는 병이 수익을 거절한 것으로 본다.

3. 수익의 의사표시 후의 제3자 병의 지위

(1) 병의 지위 확정

① 병이 수익의 의사표시를 하면 의사표시의 내용에 따른 권리가 생긴다. 을이 채무불이행하면 병은 을에게 손해배상을 청구할 수 있다.
② 갑과 을의 합의에 의하여 병의 권리를 변경 소멸시킬 수 있음을 미리 유보하였거나, 병의 동의가 있는 경우가 아니면 갑과 을은 병의 권리를 변경·소멸시키지 못한다(판례).
③ 을은 갑과 병의 관계에 기한 항변으로는 병에게 대항하지 못하지만 기본계약에 기한 항변으로 병에게 대항할 수 있다. 따라서 갑이 을에게 계약을 이행하지 않으면 을은 병에게 이행을 거절할 수 있다.

(2) 계약의 취소권·해제권

① 병은 기본계약의 당사자가 아니므로 취소권이나 해제권을 행사할 수 없다.
② 을의 채무불이행이 있으면 갑은 병의 동의가 없어도 계약을 해제할 수 있다. 병은 을에게 자기가 입은 손해의 배상을 청구할 수 있을 뿐이다.
③ 계약이 해제되면 을은 원상회복청구권을 병에게 행사할 수 없고 갑에게 하여야 한다(판례).

문제 05
▶ 2017년 준케이스 문제 20점

부동산을 매매하면서 매도인(갑)과 매수인(을) 사이에 중도금 및 잔금은 매도인의 채권자(병)에게 직접 지급하기로 약정한 경우

1. 이 계약의 법적 성질은?
2. 갑과 병 사이의 법률관계가 원인무효일 때 을은 병에게 대금지급을 거절할 수 있는가?
3. 병이 수익의 의사표시를 한 후에 갑과 을은 합의하에 위 약정을 소멸시켰다. 병은 을에게 대금지급을 청구할 수 있는가?
4. 을이 위 약정을 이행하지 않을 때 갑은 병의 동의없이 위 계약을 해제할 수 있는가? 갑이 계약을 해제한다면 법률관계는?
5. 계약이 해제되면 병은 548조에서 보호하는 제3자에 해당하는가?

1. 계약의 법적 성질

(1) 제3자를 위한 계약

1) 제3자를 위한 계약이라 함은 통상의 계약이 그 효력을 당사자 사이에서만 발생시킬 의사로 체결되는 것과는 달리 계약 당사자가 자기들 명의로 체결한 계약에 의하여 제3자로 하여금 직접 계약 당사자의 일방에 대하여 권리를 취득하게 하는 것을 목적으로 하는 계약이다.

2) 어떤 계약이 제3자를 위한 계약에 해당하는지 여부는 당사자의 의사가 그 계약에 의하여 제3자에게 직접 권리를 취득하게 하려는 것인지에 관한 의사해석의 문제로서 이는 계약 체결의 목적 등 제반 사정을 종합하여 계약 당사자의 합리적 의사를 해석함으로써 판별할 수 있다(판례).

(2) 병존적 채무인수

채무자와 인수인의 계약으로 체결되는 병존적 채무인수는 채권자로 하여금 인수인에 대하여 새로운 권리를 취득하게 하는 것으로 제3자를 위한 계약의 하나로 볼 수 있다.

(3) 사안의 경우

부동산을 매매하면서 매도인과 매수인 사이에 중도금 및 잔금은 매도인의 채권자에게 직접 지급하기로 약정한 경우, 그 약정은 매도인의 채권자로 하여금 매수인에 대하여 그 중도금 및 잔금에 대한 직접청구권을 행사할 권리를 취득케 하는 제3자를 위한 계약에 해당하고 동시에 매수인이 매도인의 그 제3자에 대한 채무를 인수하는 병존적 채무인수에도 해당한다(판례).

2. 원인관계의 부존재

(1) 제3자를 위한 계약의 체결 원인이 된 요약자와 제3자 사이의 원인관계는 내부관계에 불과하므로 그 흠결은 제3자를 위한 계약에 영향을 미치지 않는다.

(2) 따라서 낙약자 을은 요약자 갑과 수익자인 제3자 사이의 법률관계에 기한 항변으로 제3자에게 대항하지 못하고, 갑도 대가관계의 부존재나 효력의 상실을 이유로 자신이 기본관계에 기하여 을에게 부담하는 채무의 이행을 거부할 수 없다(판례).

(3) 원인관계가 없으면 제3자의 권리취득은 법률상 원인없는 부당이득이 되어 제3자는 갑에게 반환의무를 지게 된다.

3. 제3자의 보호

(1) 제3자가 수익의 의사표시를 하면 직접 낙약자에게 이행을 청구할 수 있고(539조), 제3자의 권리가 생긴 후에는 당사자는 이를 변경 또는 소멸시키지 못한다(541조).

(2) 제3자가 수익의 의사표시를 함으로써 제3자에게 권리가 확정적으로 귀속된 경우에는, 요약자와 낙약자의 합의에 의하여 제3자의 권리를 변경·소멸시킬 수 있음을 미리 유보하였거나, 제3자의 동의가 있는 경우가 아니면 계약의 당사자인 요약자와 낙약자는 제3자의 권리를 변경·소멸시키지 못하고, 만일 계약의 당사자가 제3자의 권리를 임의로 변경·소멸시키는 행위를 한 경우 이는 제3자에 대하여 효력이 없다(판례).

(3) 따라서 병은 을에게 대금을 지급하라고 청구할 수 있다.

4. 낙약자의 채무불이행

(1) 쟁점

제3자가 수익의 의사표시를 하여 권리가 생긴 후에는 당사자는 이를 변경 또는 소멸시키지 못한다(541조). 그런데 을의 채무불이행을 이유로 갑이 계약을 해제할 수 있다면 결과적으로 제3자의 권리를 소멸시키게 되어 법규정에 반하게 되는 것이다.

(2) 판례

1) 해제권

① 갑의 해제권

제3자를 위한 계약의 경우 특별한 사정이 없는한 낙약자의 귀책사유로 인한 이행불능 또는 이행지체가 있을때 요약자의 해제권이 허용되지 않는 독립된 권리를 제3자에게 부여하는 계약당사자의 의사라 볼 수 없고, 또한 요약자가 낙약자에게 반대급부 의무를 부담하고 있는 경우에 이러한 해제권을 허용치 아니함은 부당한 결과를 가져온다 할 것이므로 위와같은 이행불능 또는 이행지체가 있을 때에는 요약자는 제3자의 동의 없이 계약당사자로서 계약을 해제할 수 있다고 해석함이 상당하다(판례).

② 병의 해제권

제3자를 위한 계약의 당사자가 아닌 수익자인 제3자는 계약의 해제권이나 해제를 원인으로 한 원상회복청구권이 있다고 볼 수 없다(판례).

2) 원상회복의무

① 계약의 일방 당사자가 계약 상대방의 지시 등으로 급부과정을 단축하여 계약 상대방과 또 다른 계약관계를 맺고 있는 제3자에게 직접 급부한 경우, 그 급부로써 급부를 한 계약 당사자의 상대방에 대한 급부가 이루어질 뿐 아니라 그 상대방의 제3자에 대한 급부로도 이루어지는 것이므로 계약의 일방 당사자는 제3자를 상대로 법률상 원인 없이 급부를 수령하였다는 이유로 부당이득반환청구를 할 수 없다(판례).

② 제3자의 수익의 문제는 갑과 제3자와의 내부관계에 의해 처리될 것이다.

3) 제3자의 손해배상청구권

제3자를 위한 계약에 있어서 요약자가 계약을 해제한 경우에 제3자는 낙약자에게 자기가 입은 손해의 배상을 청구할 수 있다(판례).

5. 계약이 해제되면 제3자는 548조에서 보호하는 제3자에 해당하는가 여부

(1) 제3자는 그 계약에서 채권을 직접 취득하는 점에서 민법에서 정하는 제3자 보호규정에서의 제3자에 해당하지 않는다고 보는 것이 일반적이다.

(2) 그러나 판례는 달리 본다.

1) 계약해제의 소급효가 제한되는 제3자는 일반적으로 그 해제된 계약으로부터 생긴 법률효과를 기초로 하여 해제 전에 새로운 이해관계를 가졌을 뿐만 아니라 등기, 인도 등으로 권리를 취득한 사람을 말하는데,

2) 제3자를 위한 계약에서 낙약자와 요약자 사이의 법률관계에 기초하여 수익자가 요약자와 원인관계를 맺음으로써 해제 전에 새로운 이해관계를 갖고 그에 따라 등기, 인도 등을 마쳐 권리를 취득하였다면, 수익자는 민법 548조 1항 단서에서 말하는 계약해제의 소급효가 제한되는 제3자에 해당한다고 봄이 타당하다(2021. 8.19. 2018다244976).

제4절 계약의 해제·해지

문제 01
이행지체에 의한 해제권 발생의 요건을 약술하시오.

1. 이행지체와 해제
당사자 일방이 그 채무를 이행하지 아니하는 때에는 상대방은 상당한 기간을 정하여 그 이행을 최고하고 그 기간 내에 이행하지 아니한 때에는 계약을 해제할 수 있다(544조).

2. 해제의 요건

(1) 채무자의 이행지체가 있을 것

1) 일반적인 이행지체의 요건을 충족하여야 한다.
   ① 채무가 이행기에 있고 ② 이행이 가능함에도 채무자의 귀책사유로 지체하고 ③ 위법하여야 한다.

2) 채무자가 동시이행의 항변권을 가지는 경우
   ① 쌍무계약의 경우에는 계약을 해제하려고 하는 당사자는 자기채무의 이행을 제공하여 상대방을 이행지체에 빠뜨려야만 해제권을 취득한다(대판 1976. 12.14. 76다2370)
   ② 이행의 제공 정도 : 이행의 제공은 원칙적으로 완전한 것이어야 한다. 즉 그 채무를 이행함에 있어 상대방의 행위를 필요로 할 때에는 언제든지 현실로 이행할 수 있는 준비를 완료하고 그 뜻을 상대방에게 통지하여 그 수령을 최고하여야만 상대방으로 하여금 이행지체에 빠지게 할 수 있고 단순히 이행의 준비태세를 갖추고 있는 것만으로는 부족하다(대법원 1987. 1. 20. 선고 85다카2197).

(2) 채무자에게 상당한 기간을 정하여 이행을 최고할 것

1) 최고되는 채무가 소유권이전등기를 하는 채무와 같이 그 채무의 성질상 채권자에게도 단순한 수령 이상의 행위를 하여야 이행이 완료되는 경우에는 채권자는 이행의 완료를 위하여 필요한 행위를 할 수 있는 일시·장소 등을 채무자에게 알리는 최고를 하여야 할 필요성은 있다 할 것이나, 위와 같은 채무의 이행은 채권자와 채무자의 협력에 의하여 이루어져야 하는 것이 원칙이다(대판 2002. 4. 26. 선고 2000다50497).

2) 과다최고의 경우

채무의 동일성이 인정되는 한 본래의 급부 내에서 유효하다. 다만 과다한 정도가 현저하고 채권자가 청구한 금액을 제공하지 않으면 그것을 수령하지 않을 것이라는 의사가 분명한 경우에는 그 최고는 부적법하고 이러한 최고에 터 잡은 계약의 해제는 효력이 없다(대판 2004.7.9. 2004다13083).

3) 상당한 기간의 지정

기간을 정하지 않은 최고도 유효하다. 즉 이행의 최고는 반드시 미리 일정기간을 명시하여 최고하여야 하는 것은 아니며 최고한 때로부터 상당한 기간이 경과하면 해제권이 발생한다(대법원 1994. 11. 25. 선고 94다35930).

(3) 채무자가 최고기간 내에 이행을 하지 않을 것

(4) 최고가 필요하지 않은 경우

1) 정기행위

계약의 성질 또는 당사자의 의사표시에 의하여 일정한 시일 또는 일정한 기간 내에 이행하지 아니하면 계약의 목적을 달성할 수 없을 경우에 당사자 일방이 그 시기에 이행하지 아니한 때에는 상대방은 전조의 최고를 하지 아니하고 계약을 해제할 수 있다(545조).

2) 이행기 후의 이행거절

채무자가 미리 이행하지 아니할 의사를 표시한 경우에는 최고를 하지 아니하고 계약을 해제할 수 있다(544조 단서). 매수인이 이행기 도과 후 매도인에게 계약상 의무 없는 과다한 채무를 요구하는 경우가 이에 속한다(대판 1992.9.14. 92다9463).

3) 이행기 전의 이행거절

채무자가 이행기 전에 이행거절 의사를 명백히 한 경우에는 민법에 규정이 없지만 판례는 해제를 인정한다. 즉 ① 이행기를 기다릴 필요 없이 ② 동시이행관계에 있는 채무인 경우에는 자기채무의 이행제공 없이 ③ 최고 없이 바로 계약을 해제할 수 있다(대판 2005.8.1. 2004다53173).

문제 02

법정해제 중에서 최고를 하지 않고 계약을 해제할 수 있는 경우를 약술하시오.

1. 서론

이행지체의 경우에는 상대방은 상당한 기간을 정하여 그 이행을 최고하고 그 기간 내에 이행하지 않아야만 계약을 해제할 수 있다(544조). 그러나 이행지체 중에서는 최고를 요건으로 하지 않는 경우가 있다. 또한 이행불능의 경우에는 최고가 필요하지 않음은 당연하다. 이에 대해서 서술한다.

2. 최고를 하지 않아도 해제권이 발생하는 이행지체

(1) 정기행위

1) 의의

계약의 성질상 또는 당사자의 의사표시에 의해 일정한 기간 내에 이행하지 않으면 계약의 목적을 달성할 수 없는 경우를 말한다.

2) 해제권 발생 요건

정기행위는 채무불이행이 발생하면 곧 해제권이 발생하고 최고를 필요로 하지 않는다(545조). 그러나 해제의 의사표시는 필요하다.

(2) 이행기 후의 이행거절

1) 채무자가 미리 이행하지 아니할 의사를 표시한 경우에는 최고를 하지 아니하고 계약을 해제할 수 있다(544조 단서).

2) 부동산 매매계약에 있어 매수인이 이행기일을 도과한 후에 이르러 매도인에 대하여 계약상 의무 없는 과다한 채무의 이행을 요구하고 있는 경우에는 매도인으로서는 매수인이 이미 자신의 채무를 이행할 의사가 없음을 표시한 것으로 보고 자기 채무의 이행제공이나 최고 없이도 계약을 해제할 수 있다(대법원 1992. 9. 14. 선고 92다9463).

(3) 이행기 전의 이행거절

1) 채무자가 이행기 전에 이행거절 의사를 명백히 한 경우에는 민법에 규정이 없지만 판례는 해제를 인정한다. 즉 ① 이행기를 기다릴 필요 없이 ② 동시이행관계에 있는 채무인 경우에는 자기채무의 이행제공 없이 ③ 최고 없이 바로 계약을 해제할 수 있다(대판 2005.8.1. 2004다53173).

2) 사례

① 채무자가 근거없이 계약의 불성립이나 무효를 주장하는 경우 혹은 채권자가 제공하는 반대채무의 이행을 반복적으로 수령하지 않는 경우(매도인이 중도금 수령을 여러차례 거절한 경우 : 대판 1981. 11.24. 81다633)가 그러하나.

② 그러나 매수인이 수차례 매매잔금의 지급연기를 요청한 것만으로는 이행거절로 보지 않는다(대판 1990. 11. 13. 90다카23882).

3. 이행불능

(1) 채무자의 책임 있는 사유로 이행이 불능하게 된 때에는 채권자는 계약을 해제할 수 있다(546조).

(2) 이행불능이 되면 ① 이행기를 기다릴 필요 없이 ② 최고 없이 ③ 동시이행관계에 있는 채무인 경우에는 이행의 제공 없이 바로 계약을 해제할 수 있다.

문제 03

해제권 행사의 효과에 대해서 약술하시오.

1. 계약의 소급적 실효

(1) 의의

계약을 해제하면 계약은 소급하여 효력을 잃으므로(판례), 당사자는 계약의 구속에서 해방된다. 계약상의 채권과 채무는 소멸하므로 이행되지 않은 채무는 이행할 필요가 없고, 이미 이행된 급부는 원상회복을 하여야 한다.

(2) 이행된 물권의 복귀 여부

1) 채권적 효과설

해제가 있더라도 물권을 원상회복시킬 의무가 발생하는데 그친다고 본다.

2) 물권적 효과설

계약이 해제되면 이전하였던 물권은 등기나 인도없이도 당연히 원소유자에게 복귀된다.

3) 판례

계약이 해제되면 그 계약의 이행으로 변동이 생겼던 물권은 당연히 그 계약이 없었던 원상태로 복귀한다. 판례는 물권적 효과설의 입장이다(대판 1977.5.24. 75다1394).

(3) 해제와 제3자 보호

1) 548조 1항 단서의 의의

물권적 효과설에 의하면 해제의 효과가 제3자에 미치므로 제3자를 보호하기 위한 특별규정이 필요하다.

2) 보호되는 제3자의 범위

① 제3자라 함은 그 해제된 계약으로부터 생긴 법률적 효과를 기초로 하여 새로운 이해관계를 가졌을 뿐 아니라 등기·인도 등으로 완전한 권리를 취득한 자를 말하는 것이다.
② 제3자의 확대 : 해제의 의사표시가 있은 후라도 그 등기 등을 말소하지 않은 동안에 새로운 권리를 취득한 선의의 제3자도 포함한다(대판 1985.4.9. 84다카130).

2. 원상회복의무

(1) 의의

계약이 해제되면 소급효로 인하여 당사자는 원상회복의무가 발생한다. 즉 자신이 수령한 것의 이익의 현존 여부, 선·악을 불문하고 받은 급부 전체를 상대방에게 반환하여야 한다(548조 1항). 원상회복의무는 일반부당이득반환 범위에 관한 특칙으로 적용된다.

(2) 반환범위

1) 원칙적 원물반환, 예외적 가액반환

수령한 물건을 반환하는 것이 원칙이나, 원물반환이 불가능한 때에는 예외적으로 그 가액을 반환하여야 한다. 그 가액 산정은 해제당시가 아니라 불능(처분) 당시의 가액 및 그 이득일로부터 법정이자를 붙인 금액이 된다(대판 2013.12.12., 2013다14675).

2) 금전의 반환

① 금전을 수령한 자는 그 받은 날로부터 이자를 붙여서 반환하여야 한다(548조 2항).
② 이자의 성격
 ㉠ 이는 원상회복의 범위에 속하는 것이며 일종의 부당이득반환의 성질을 가지는 것이고 반환의무의 이행지체로 인한 지연손해금이 아니다.
 ㉡ 따라서 당사자 사이에 그 이자에 관하여 약정이율이 있으면 약정이율이 우선적용되고 약정이율이 없으면 법정이율이 적용된다.
 ㉢ 사례 : 부동산 매매계약이 해제된 경우 매도인의 매매대금 반환의무와 매수인의 소유권이전등기말소등기 절차이행의무가 동시이행의 관계에 있는지 여부와는 관계없이 매도인이 반환하여야 할 매매대금에 대하여는 그 받은 날로부터 민법 소정의 법정이율인 연 5푼의 비율에 의한 법정이자를 부가하여 지급하여야 한다.

3) 물건의 반환

548조 2항의 금전의 경우와의 균형상 반환할 물건에는 그 받은 날로부터 임료상당의 사용이익을 반환할 의무를 부담한다(대판 2021. 7. 8. 선고 2020다290804).

(3) 원상회복의무가 이행지체에 빠진 경우

1) 원상회복의무는 기한의 정함이 없는 채무이므로(대판 2003.7.22. 2001다76298) 채무자는 이행의 청구를 받은 때부터 이행지체에 따른 지연손해금을 부담한다(387조 2항). 다만 원상회복의무는 동시이행관계이므로(549조) 상대방에게 이행의 제공(원상회복)을 하면서 이행청구(원상회복)를 한 때부터 지체책임이 발생한다.

2) 지연손해금율에 관한 약정이 있는 경우 : 원상회복의무가 이행지체에 빠진 이후의 기간에 대해서는 부당이득반환의무로서의 이자가 아니라 반환채무에 대한 지연손해금이 발생하게 되므로 거기에는 지연손해금률이 적용되어야 한다. 그 지연손해금률에 관하여도 당사자 사이에 별도의 약정이 있으면 그에 따라야 할 것이고, 설사 그것이 법정이율보다 낮다 하더라도 마찬가지이다(출처: 대법원 2013. 4. 26. 2011다50509).

[구체적 사례]
갑과 을 사이에 갑 소유 토지에 대한 매매계약을 체결한 바, 을은 계약금 1천만원과 중도금 4천만원은 약속한 날짜에 지급하여 특약에 따라 중도금 지급기일부터 을이 토지를 사용하고 있었다. 그러나 을이 잔금 5천만원을 지체함으로써 갑은 적법하게 을과의 매매계약을 이행지체를 이유로 해제하였다.

> **[원상회복의무 1]**
> 계약해제시 반환할 금전에 가산할 이자에 관하여 연1%의 약정이율과 월 0.1%(연1.2%)의 지연이율이 있었다면 을이 토지에 대한 원상회복을 이행하며 갑에게 최고하는 경우 갑은 계약금 및 중도금의 원상회복에 대하여 을의 원상회복 전까지는 연 1%의 약정이율을, 원상회복이후부터는 월 0.1%의 비율에 의한 지연지자를 지급한다.

3) 계약해제 시 반환할 금전에 가산할 이자에 관하여만 당사자 사이에 약정이 있는 경우 : 특별한 사정이 없는 한 이행지체로 인한 지연손해금도 그 약정이율에 의하기로 하였다고 보는 것이 당사자의 의사에 부합한다. 다만 그 약정이율이 법정이율보다 낮은 경우에는 약정이율에 의하지 아니하고 법정이율에 의한 지연손해금을 청구할 수 있다고 봄이 타당하다(출처: 대법원 2013. 4. 26. 2011.다50509).

> **[원상회복의무 2]**
> 위 사안에서 갑과 을 사이에 반환할 금전에 가산할 이자에 관하여 월0.4%(연4.8%)의 약정이율만 있었다. 을이 토지에 대한 원상회복을 이행하며 갑에게 최고하는 경우 갑은 계약금 및 중도금의 원상회복에 대해 을의 원상회복 전까지는 월 0.4%의 약정이율을, 원상회복 이후부터는 연5%의 비율에 의한 지연이자를 지급해야 한다.

3. 손해배상의무

(1) 의의

해제권자는 상대방의 채무불이행으로 인한 손해배상을 청구할 수 있다(551조). 해제를 하였더라도 채무불이행에 의해 발생한 손해는 여전히 남아있으므로 별개로 청구할 수 있다고 보는 것이다.

(2) 손해배상의 범위

그 계약의 이행으로 채권자가 얻을 이익, 즉 이행이익의 배상이 원칙이지만(대판 1983.5.24., 82다카1667), 선택적으로 계약이 이행되리라고 믿고 채권자가 지출한 비용인 신뢰이익의 배상을 구할 수도 있다(대판 2002.6.11. 2002다2539). 다만 과잉배상금지의 원칙에 따라 이행이익의 범위를 초과할 수 없다.

4. 해제와 동시이행

계약의 해제로 인하여 각 당사자가 부담하는 원상회복의무(손해배상의무 포함)는 동시이행의 관계에 있다(549조, 대판 1996.7.26. 95다25138).

문제 04
▶ 2019년 케이스 문제 40점

갑이 부동산을 을에게 2억원에 팔면서 계약금과 중도금으로 1억원만 받은 상태에서 먼저 을 앞으로 소유권이전등기를 마쳐주었다. 을은 잔금채무를 지체하고 있다. 다음 각각의 경우에 병이 보호받는 제3자에 해당하는지를 답하시오. 각각의 지문은 독립적이다.

물음 1 그 부동산이 주택인 경우, 을이 병에게 주택 임대를 주고 병은 주택에 대한 대항력을 취득하였다. 이후 갑은 을의 채무불이행을 이유로 계약을 해제하였다.

물음 2 갑이 을의 채무불이행을 이유로 계약을 해제하였는데 을에게 넘어간 등기를 말소하지 않았다. 이 사실을 모르는 병은 을로부터 부동산을 매수하여 등기를 마쳤다.

물음 1

1. 548조 1항 단서의 제3자

(1) 제3자란 일반적으로 계약이 해제되는 경우 그 해제된 계약으로부터 생긴 법률효과를 기초로 하여 해제 전에 새로운 이해관계를 가졌을 뿐 아니라 등기·인도 등으로 완전한 권리를 취득한 자를 말한다.

(2) 주임법상 대항력을 갖춘 임차인

1) 제3자라 함은 계약목적물에 관하여 권리를 취득한 자 중 계약당사자에게 권리취득에 관한 대항요건을 구비한 자를 말한다 할 것인바,

2) 소유권을 취득하였다가 계약해제로 인하여 소유권을 상실하게 된 임대인으로부터 그 계약이 해제되기 전에 주택을 임차받아 주택의 인도와 주민등록을 마침으로써 같은 법 소정의 대항요건을 갖춘 임차인은 등기된 임차권자와 마찬가지로 민법 제548조 제1항 단서 소정의 제3자에 해당된다고 봄이 상당하고, 그렇다면 그 계약해제 당시 이미 주택임대차보호법 소정의 대항요건을 갖춘 임차인은 임대인의 임대권원의 바탕이 되는 계약의 해제에도 불구하고 자신의 임차권을 새로운 소유자에게 대항할 수 있다.

3) 병은 주택에 대한 대항력을 취득하였으므로 보호된다. 갑은 주임법 3조 4항에 따라 임대인(을)의 지위를 승계한다.

2. 주임법상 대항력을 갖추기 위한 전제조건

(1) 임대차 당시 임대인에게 소유권이나 기타 적법하게 임대할 권리가 없었다거나 사후에 그러한 임대권원이 해제조건의 성취 등으로 소급적으로 소멸되었다면 그 임차인은 가사 주택임대차보호법 소정의 대항요건을 갖추었다 하더라도 소유자에 대하여 자신의 임차권을 대항할 수 없다.

(2) 매도인으로부터 매매계약의 해제를 해제조건부로 전세 권한을 부여받은 매수인이 주택을 임대한 후 매도인과 매수인 사이의 매매계약이 해제됨으로써 해제조건이 성취되어 그 때부터 매수인이 주택을

전세 놓을 권한을 상실하게 되었다면, 임차인은 전세계약을 체결할 권한이 없는 자와 사이에 전세계약을 체결한 임차인과 마찬가지로 매도인에 대한 관계에서 그 주택에 대한 사용수익권을 주장할 수 없게 되어 매도인의 명도 청구에 대항할 수 없게 되는바, 이러한 법리는 임차인이 그 주택에 입주하고 주민등록까지 마쳐 주택임대차보호법상의 대항요건을 구비하였거나 전세계약서에 확정일자를 부여받았다고 하더라도 마찬가지이다.

3. 미등기매수인으로부터 임차한 자

(1) 주택임대차보호법이 적용되는 임대차로서는 반드시 임차인과 주택의 소유자인 임대인 사이에 임대차계약이 체결된 경우에 한정된다고 할 수는 없고, 주택의 소유자는 아니지만 주택에 관하여 적법하게 임대차계약을 체결할 수 있는 권한(적법한 임대권한)을 가진 임대인과 임대차계약이 체결된 경우도 포함된다.

(2) 매매계약의 이행으로 매매목적물을 인도받은 매수인은 그 물건을 사용·수익할 수 있는 지위에서 그 물건을 타인에게 적법하게 임대할 수 있으며, 이러한 지위에 있는 매수인으로부터 매매계약이 해제되기 전에 매매목적물인 주택을 임차하여 주택의 인도와 주민등록을 마침으로써 주택임대차보호법 제3조 제1항에 의한 대항요건을 갖춘 임차인은 민법 제548조 제1항단서에 따라 계약해제로 인하여 권리를 침해받지 않는 제3자에 해당하므로 임대인의 임대권원의 바탕이 되는 계약의 해제에도 불구하고 자신의 임차권을 새로운 소유자에게 대항할 수 있다.

4. 사안의 경우

임차권에 대해서 대항력을 취득한 병은 갑의 매매계약 해제로부터 보호받는다.

물음 2

1. 쟁점

병은 갑의 계약해제 이후에 부동산을 매수하였다. 이러한 경우에도 병이 보호받는지가 관건이다. 왜냐하면 민법은 계약 해제 전에 이해관계를 맺은 제3자만 보호하는 규정을 두고 있기 때문이다.

2. 계약을 해제한 후 등기 등을 말소하지 않은 동안에 새로운 권리를 취득한 자

(1) 계약당사자의 일방이 계약을 해제하였을 때에는 계약은 소급하여 소멸하여 해약당사자는 각 원상회복의 의무를 지게 되나 이 경우 계약해제로 인한 원상회복등기 등이 이루어지기 이전에 계약의 해제를 주장하는 자와 양립되지 아니하는 법률관계를 가지게 되었고 계약해제사실을 몰랐던 제3자에 대하여는 계약해제를 주장할 수 없다.

(2) 병은 갑과 을의 계약해제사실을 모르고 을로부터 부동산을 매수하여 새로운 권리를 취득하였으므로 보호된다.

문제 05

갑은 A지구 주택개량개발조합의 참여 조합원으로 장래에 발생할 25평형 아파트의 분양신청권을 을에게 매도하고, 을은 병에게, 위 아파트 분양신청권을 매도하였는데, 갑과 을 사이의 위 매매계약은 합의해제되었다. 혹은 매도인 갑과 매수인 을 사이에 갑소유 X건물에 관한 매매계약이 체결되었는데, 병은 을이 갑에 대하여 가지는 X건물에 대한 소유권이전등기청구권을 가압류하고 이어 압류를 하였다. 그 후 갑이 병의 압류명령에 위반하여 을에게 X건물에 관하여 소유권이전등기를 하여 준 다음, 다시 갑은 을이 매매계약상의 대금지급의무를 불이행하였다는 이유로 위 매매계약을 해제하였다. 병은 보호되는가?

1. 쟁점의 정리

갑과 을의 계약이 합의해제되거나 일방적으로 해제되었을 때 해제 이전에 계약상의 채권을 양수한 자나 채권 그 자체를 압류한 자가 보호받는 지가 관건이다.

2. 보호되는 제3자

민법 제548조 제1항 단서에서 말하는 제3자란 일반적으로 그 해제된 계약으로부터 생긴 법률효과를 기초로 하여 해제 전에 새로운 이해관계를 가졌을 뿐 아니라 등기, 인도 등으로 완전한 권리를 취득한 자를 말하므로 계약상의 채권을 양수한 자나 그 채권 자체를 압류 또는 전부한 채권자는 여기서 말하는 제3자에 해당하지 아니한다(대법원 2000. 4. 11. 선고 99다51685).

3. 사안의 경우

따라서 병은 보호되지 않는다.

행정사 2차 민법 계약법 "판례 및 핵심이론"

문제 06

▶ 2023년 케이스문제 40점

甲과 乙은 A시에 건설될 아파트에 대한 분양계약을 체결하였는데, 그 계약서에는 다음과 같은 내용이 포함되어 있었다. 다음 독립된 물음에 답하시오.

> 제2조 [...]
> ② 계약금은 공급대금의 5%로 하며, 계약체결과 동시에 지불한다. 중도금은 공급대금의 45%로 하며, 계약체결일로부터 1년이 되는 날에 지불한다.
> ③ 수분양자 乙은 분양자 甲의 귀책사유로 인해 입주예정일로부터 3월 이내에 입주할 수 없게 되는 경우 이 계약을 해제할 수 있다. [...]
>
> 제3조 [...]
> ② 제2조 제3항에 해당하는 사유로 이 계약이 해제된 때에는 甲은 수분양자 乙에게 공급대금 총액의 10%를 위약금으로 지급한다.
> ③ 제1항과 제2항의 경우 甲은 수분양자 乙에게 이미 납부한 대금에 대하여는 각각 그 받은 날로부터 반환일까지 연리 3%에 해당하는 이자를 가산하여 수분양자 乙에게 환급한다. [...]

물음 1 2006년 4월 1일 乙은 甲과 분양계약을 체결함과 동시에 계약금 전부를 지불하였다. 2006년 5월 1일 발표된 정부정책으로 인하여 A시에 개발호재가 발생하여, 주변 아파트 시세가 상승하였다. 이에 甲은 乙에게 분양대금의 증액을 요구하였다. 그러나 乙은 이를 거절하고, 2006년 5월10일 甲의 계좌로 중도금을 송금하였다 이 경우 甲은 乙에게 계약금의 배액을 지급하고 乙과의 계약을 해제할 수 있는지 설명하시오. (20점)

물음 2 乙은 甲의 자금난 등으로 인한 공사 지연으로 그 분양계약상 입주예정일로부터 3월 이내에 입주할 수 없게 되었다. 이에 수분양자 乙은 분양계약의 규정에 따라 甲의 귀책사유로 인한 입주지연을 이유로 그 분양계약을 해제하였으나, 甲은 乙이 납부한 대금을 반환하고 있지 않다. 乙의 해제권 행사가 적법함을 전제로 하여, 그 법률효과에 관하여 설명하시오. (20점)

물음 1

1. 쟁점의 제기

주변 아파트 시세의 상승으로 甲이 乙에게 분양대금의 증액을 요구하는 것이 적법한지 여부가 먼저 문제되고, 중도금 지급일자는 2007년 4월 1일이지만 을이 2006년 5월 10일 중도금을 미리 송금하였을 때 갑이 계약금에 근거하여 계약을 해제할 수 있는지가 두번째 검토대상이다.

2. 갑의 계약금에 근거한 해제권 발생 여부

(1) 갑의 분양대금 증액요구

계약을 체결한 후에 계약 당시에 예상할 수 없었던 현저한 사정의 변경이 있으면 당사자는 사정변경의 원칙에 의해 계약의 수정 내지 해제를 할 수 있다(판례). 그러나 2006년 5월 1일 발표된 정부정책으로 인하여 A시에 개발호재가 발생한 것이 현저한 사정의 변경에 해당된다고는 보기 어려우므로 갑의 분양대금 증액요구는 타당하지 않다.

(2) 을의 중도금 송부와 계약해제

① 계약금을 교부하면 당사자 일방이 이행에 착수하기 전에 수령자는 배액을 상환하여 계약을 해제할 수 있다(565조).
② 당사자 일방의 의미 : 매매 쌍방 중 어느 일방을 지칭하는 것이고 상대방이라고 국한하여 해석할 것이 아니므로, 이행에 착수한 자신도 해제권을 행사할 수 없다(대판 2000.2.11. 99다62074).
③ 이행에 착수한다는 의미 : 채무의 이행행위의 일부를 하거나 또는 이행을 하기 위하여 필요한 전제행위를 하는 경우를 말하는 것으로서 단순히 이행의 준비를 하는 것만으로는 부족하다(대법원 2008. 10. 23. 선고 2007다72274,72281). 을이 중도금을 지급한 것은 이행에 착수한 것이 된다.
④ 이행기 전의 이행착수 : 이행기의 약정이 있는 경우라 하더라도 이행기 전에 이행에 착수하지 아니하기로 하는 특약을 하는 등 특별한 사정이 없는 한 이행기 전에 이행에 착수할 수 있다(대판 2006.2.10., 2004다11599).

3. 사안에의 적용

을이 2006년 5월 10일 갑의 계좌로 중도금을 지급한 것은 이행기 전의 이행의 착수에 해당하는데 이는 특별한 사정이 없는 한 허용된다. 사안에서 특별한 사정이 인정되지 않으므로 甲은 乙에게 계약금의 배액을 지급하고 乙과의 계약을 해제할 수 없다.

물음 2

1. 쟁점의 정리

분양계약서에는 2조 3항에서 수분양자 을의 해제권을 유보하고 있다. 을이 이 규정에 따라 계약을 해제하였을 때 그 원상회복의 범위가 문제된다. 아울러 분양계약서 3조에 따르면 위약금과 약정이율이 규정되어 있는데 이의 적용 여부를 검토하여야 한다.

2. 약정해제권

(1) 계약의 당사자가 해제권의 유보에 관하여 특약을 하면 약정해제권이 발생한다(543조 1항). 분양계약서 2조 3항에는 을이 갑의 귀책사유로 입주예정일로부터 3월 이내에 입주할 수 없게 된 경우 이 계약을 해제할 수 있다고 규정하고 있고 이는 약정해제권을 유보한 것이다.

(2) 약정해제권에 관해서 특약이 없으면 법정해제권의 민법 규정이 적용된다. 다만 약정해제는 채무불이행에 의한 것이 아니므로 손해배상청구는 인정될 수 없다.

3. 약정해제권 행사효과로서 원상회복의무
(1) 계약금과 중도금 반환 및 그 이자
 1) 계약이 해제되면 소급효로 인하여 당사자는 원상회복의무로서 자신이 수령한 것을 이익의 현존 여부, 선·악을 불문하고 받은 급부 전체를 상대방에게 반환하여야 한다(548조 1항). 그 원상회복의무는 일반부당이득반환 범위에 관한 특칙으로 적용된다.

 2) 반환범위
   ① 금전을 수령한 자는 그 받은 날로부터 이자를 붙여서 반환하여야 한다(548조 2항).
   ② 이자는 원상회복의 범위에 속하는 것이며 일종의 부당이득반환의 성질을 가지는 것이고 반환의무의 이행지체로 인한 지연손해금이 아니다. 따라서 쌍방의 반환의무가 동시이행관계에 있는지 여부와 관계없이 인정된다. 당사자 사이에 그 이자에 관하여 약정이율이 있으면 약정이율이 우선적용되고 약정이율이 없으면 법정이율이 적용된다.

(2) 사안에의 적용
을은 갑에게 계약금과 중도금의 반환을 청구할 수 있다. 이자의 반환은 계약서 3조 3항의 특약이 있으므로 납부한 대금에 대해서 갑이 받은 날로부터 반환일까지 연리 3%에 해당하는 이자를 가산하여 반환받을 수 있다.

4. 위약금 약정
(1) 사안의 경우 분양계약 3조 2항에서 위약금약정을 하였다. 이는 손해배상액의 예정으로 추정된다(398조 4항).

(2) 사안에의 적용
갑의 귀책사유로 을은 입주예정일로부터 3개월 이내에 입주하지 못하였으므로 위약금약정은 효력을 발생한다. 따라서 갑은 공급대금의 10%를 위약금으로 지급하여야 한다.

5. 원상회복의무가 이행지체에 빠진 경우
(1) 지체책임 발생시점
원상회복의무는 기한의 정함이 없는 채무이므로 채무자는 이행의 청구를 받은 때부터 이행지체에 따른 지연손해금을 부담한다(387조 2항). 다만 원상회복의무는 동시이행관계이므로(549조) 상대방에게 이행의 제공(원상회복)을 하면서 상대방에게 이행청구(원상회복)를 한 때부터 지체책임이 발생한다.

(2) 이율의 적용
특별한 사정이 없는 한 이행지체로 인한 지연손해금도 그 약정이율에 의하기로 하였다고 보는 것이 당사자의 의사에 부합한다. 다만 그 약정이율이 법정이율보다 낮은 경우에는 약정이율에 의하지 아니하고 법정이율에 의한 지연손해금을 청구할 수 있다고 봄이 타당하다(출처: 대법원 2013. 4. 26. 2011.다 50509).

(3) 사안에의 적용

계약서 3조 3항에는 해제시 반환할 금전에 가산할 이자에 관하여 약정이율이 있으나 이는 법정이율보다 낮으므로 사안에서는 법정이율인 5%가 적용되어야 한다. 따라서 해제일로부터 실제 변제일까지 법정이율 5%에 따른 지연손해금을 지급하여야 한다.

6. 결론

(1) 을의 적법한 해제에 따라 갑은 을이 납부한 대금을 반환하여야 한다. 갑과 을간에는 이자에 관해서 연3% 약정이율이 있으므로 갑은 대금을 받은 날로부터 이 이율을 적용한 이자를 가산하여 반환하여야 한다.

(2) 갑과 을간에는 위약금약정이 있다. 이를 무효로 돌릴 사유가 없으므로 갑은 공급대금 총액의 10%를 위약금으로 지급하여야 한다.

(3) 갑이 원상회복의무를 지체할 때 지연이자율은 약정이율이 적용되지만, 사안의 경우에는 약정이율이 법정이율보다 낮으므로 법정이율(연5%)에 의한 지연손해금을 배상하여야 한다.

행정사 2차 민법 계약법 "판례 및 핵심이론"

문제 07
▶ 2013년 케이스문제 40점

甲은 자신이 소유하는 X부동산을 乙에게 팔면서, 乙의 편의를 위하여 매매대금을 지급받지도 않은 상태에서 X부동산의 소유권등기를 乙에게 이전하였다. 그럼에도 불구하고 乙이 약속한 날짜에 매매대금을 지급하지 않자, 甲은 수 차례에 걸쳐 상당한 기간을 정하여 乙에게 대금지급을 촉구하였으나 여전히 乙은 甲에게 대금을 지급하지 않고 있다. 이에 甲이 乙과의 매매계약을 해제한다는 통지를 한 경우, 그 '효과'에 관하여 논술하시오.

1. 쟁점의 정리

매매계약 해제의 효과를 서술하라고 하였으니까 이를 중심으로 기술하되 그 이전에 해제의 적법성에 대해서 간단히 살펴본 후 이를 논한다.

2. 해제의 적법성 여부

乙이 약속한 날짜에 매매대금을 지급하지 않는 것은 이행지체에 해당한다. 이행지체의 경우에 계약을 해제하기 위한 요건은 ① 채권자가 상당한 기간을 정하여 이행을 최고할 것, ② 채무자가 최고기긴 내에 이행 또는 이행의 제공이 없을 것, ③ 채권자의 해제의 의사표시가 필요한데, 사안은 이를 모두 충족하였으므로 갑의 해제의 통지는 적법하다.

3. 해제의 효과

(1) 계약의 소급적 실효

계약을 해제하면 계약이 소급하여 소멸한다(판례). 따라서 당사자는 아직 이행하지 않은 채무는 이행할 필요가 없고, 이미 이행된 급부는 서로 원상회복을 하여야 한다.

1) 이행된 물권의 복귀 문제

① 부동산이 등기 또는 동산이 인도를 갖추어 물권이 이전되었을 때, 계약이 해제되면 그 물권이 등기 또는 인도 없이도 당연히 복귀하는가의 문제가 발생한다.
② 판례
통설, 판례는 물권적 효과설에 따른다. 즉 채권계약이 해제되면 이전하였던 물권은 등기 또는 인도 없이도 당연히 복귀한다.

2) 해제와 제3자의 보호 문제

물권적 효과설에 따르면 해제의 효과가 제3자에 미치므로 제3자 보호가 필요하다. 민법은 제3자의 권리를 해하지 못한다(548조 1항 단서)라는 특별규정을 두고 있다. 그런데 당 사례에서는 제3자 보호 문제가 생기지 않는다.

78 | 제1장 계약총칙

(2) 원상회복의무

1) 의의
   ① 당사자 일방이 계약을 해제한 때에는 각 당사자는 그 상대방에 대하여 원상회복의 의무가 있다(548조 1항). 이는 부당이득에 관한 특별규정의 성격을 가진다.
   ② 기한의 정함이 없는 채무
     원상회복의무는 기한의 정함이 없는 채무이므로, 그 반환청구를 받은 때로부터 이행지체가 성립한다(387조 2항).
   ③ 과실상계 여부
     원상회복의무는 손해배상이 아니므로 해제자가 채무불이행에 원인의 일부를 제공하였더라도 과실상계를 할 수 없다(판례).

2) 원칙
   ① 원물이 존재하면 그 물건을 반환하여야 한다. 금전의 경우에는 그 받은 날로부터 이자를 붙여서 반환하여야 한다(548조 2항).
   ② 과실·사용이익의 반환
     매수인이 급부 받은 물건으로부터 과실을 취득하거나 사용이익을 얻은 때에는 그것도 함께 반환하여야 한다. 운용이익은 사용이익에 포함되지 않는다.

3) 예외
   원물반환이 불가능한 경우에는 그 가액을 반환하여야 한다. 그 가액 산정은 해제당시가 아니라 불능(처분) 당시의 가액이다(판례).

(3) 손해배상의무

① 계약의 해제는 손해배상의 청구에 영향을 미치지 아니한다(551조). 계약을 해제하였더라도 채무불이행에 의해 발생한 손해는 여전히 남아있으므로 별개로 청구할 수 있다고 보는 것이다.
② 손해배상의 범위
   ㉠ 제551조의 손해배상은 채무불이행에 기초하는 것이므로, 그 범위는 채무가 이행되었더라면 채권자가 얻었을 이익, 즉 이행이익의 배상을 원칙으로 한다.
   ㉡ 판례는 이행이익의 배상이 원칙이지만, 그에 갈음하여 신뢰이익의 배상을 구할 수도 있다고 하며, 다만 그 신뢰이익은 이행이익의 범위를 초과할 수 없다고 한다.

(4) 해제의 효과와 동시이행

계약이 해제되면 계약당사자는 서로 원상회복의무와 손해배상의무를 부담하는데, 이러한 의무는 동시이행의 관계에 있다(549조).

4. 사안에의 적용

(1) 계약의 소급적 실효
갑의 적법한 해제의 의사표시로 매매계약은 소급하여 소멸한다.

(2) 원상회복의무
1) 이미 이행된 급부는 원상회복을 하여야 한다. X부동산의 소유권등기가 을에게 이전된 상태에서 계약이 해제되면 이전되었던 X부동산의 소유권은 말소등기 없이도 갑에게 당연히 복귀한다(판례).

2) 갑은 을에게 소유권에 기한 등기말소청구권을 행사할 수 있는데 이는 소멸시효의 대상이 아니다.

(3) 손해배상의무
계약의 해제는 손해배상의 청구에 영향을 미치지 아니하므로(551조), 갑에게 손해가 발생하였다면 을에게 손해배상을 청구할 수 있다.

문제 08

수분양자는 채권입찰제방식의 아파트분양에서 국민주택채권을 액면가로 매입하였다가 그 액면가의 34%에 매각하였는데, 분양자의 채무불이행으로 인하여 아파트분양계약을 해제하였다. 그는 주택채권의 매입가와 그 매각대금의 차액에 대해 손해배상을 받을 수 있는가?

1. 쟁점의 정리

(1) 채무불이행을 이유로 계약을 해제하더라도 손해배상의 청구에는 영향을 미치지 않는다(551조). 이 손해배상의 성질은 해제의 효과가 아니라 채무불이행을 원인으로 하여 생기는 효과이므로, 그것은 채무가 이행되었더라면 채권자가 얻었을 이익, 즉 '이행이익'의 배상을 지향하게 된다.

(2) 그런데 계약 성립 후 채권자가 비용을 지출하는 경우가 있다. 이를테면 매수인이 소유권이전등기를 하기 위해 등록비용을 지출하는 경우 등이 그러하다. 이러한 경우는 채무자가 채무를 제대로 이행하였더라면 채권자가 얻었을 이익은 아니며, 한편 채무가 이행되었더라도 채권자는 자신의 비용으로 이를 지출하였을 성질의 것이다. 여기서 계약이 해제된 경우 이러한 비용도 손해배상의 범위에 포함될 수 있는 것인지가 문제된다. 민법에 규정이 없기 때문에 판례를 검토하여야 한다.

2. 판례이론의 형성

(1) 채무불이행을 이유로 계약해제와 아울러 손해배상을 청구하는 경우에 그 계약이행으로 인하여 채권자가 얻을 이익 즉 이행이익의 배상을 구하는 것이 원칙이지만

(2) 그에 갈음하여 그 계약이 이행되리라고 믿고 채권자가 지출한 비용 즉 신뢰이익의 배상을 구할 수도 있다고 할 것이고

(3) 그 신뢰이익 중 계약의 체결과 이행을 위하여 통상적으로 지출되는 비용은 통상의 손해로서 상대방이 알았거나 알 수 있었는지의 여부와는 관계없이 그 배상을 구할 수 있고

(4) 이를 초과하여 지출되는 비용은 특별한 사정으로 인한 손해로서 상대방이 이를 알았거나 알 수 있었던 경우에 한하여 그 배상을 구할 수 있다고 할 것이고

(5) 다만 그 신뢰이익은 과잉배상금지의 원칙에 비추어 이행이익의 범위를 초과할 수 없다(대판 2002. 6. 11. 2002다2539).

3. 사안의 해결

위 주택채권 매입비용은 아파트를 당첨받는데 있어 필수적으로 필요한 비용이고, 따라서 위 차액은 신뢰이익으로서 통상의 손해에 해당되어 손해배상을 받을 수 있다.

문제 09

해제권의 소멸원인에 대해 약술하시오.

1. 민법에서 정한 특수한 소멸원인

(1) 해제권 행사 여부의 최고권

해제권의 행사의 기간을 정하지 아니한 때에는 상대방은 상당한 기간을 정하여 해제권 행사 여부의 확답을 해제권자에게 최고할 수 있다. 전항의 기간 내에 해제의 통지를 받지 못한 때에는 해제권은 소멸하지만(552조), 다만 이로 인하여 그 후 새로운 사유에 의하여 발생한 해제권까지 행사할 수 없게 되는 것은 아니다(대판 2005. 12. 8. 선고 2003다41463).

(2) 목적물의 훼손 등

해제권자의 고의나 과실로 인하여 계약의 목적물이 현저히 훼손되거나 이를 반환할 수 없게 된 때 또는 가공이나 개조로 인하여 다른 종류의 물건으로 변경된 때에는 해제권은 소멸한다(553조). 이는 선행행위에 모순되는 것으로서 신의칙에 어긋나기 때문에 해제권 자체가 소멸되는 것으로 정한 것이다.

(3) 해제권자가 수인인 경우 그 중 1인의 해제권 소멸

해제의 권리가 당사자 1인에 대하여 소멸한 때에는 다른 당사자에 대하여도 소멸한다(547조 2항). 그렇지 않으면 해제의 효과를 받는 자와 받지 않는 자가 나뉘어 법률관계가 복잡해지기 때문이다.

2. 그 밖의 일반적 소멸원인

(1) 채무의 이행

이행지체를 원인으로 해제권이 발생한 경우, 채권자가 해제권을 행사하기 전에 채무자가 채무를 이행하거나 이행의 제공을 한 때에는 해제권은 소멸된다.

(2) 제척기간

1) 당사자 사이의 특약 또는 법률의 규정에 따라 해제권의 행사기간이 정하여진 경우에는 그 기간이 지나면 해제권은 소멸된다.

2) 행사기간의 정함이 없는 경우에는, 형성권으로서의 해제권은 10년의 제척기간에 걸린다(판례).

(3) 채무의 시효소멸

채무의 불이행을 이유로 해제권이 발생하는 것이므로, 채무가 시효로 소멸되면 해제권을 존속시킬 이유가 없어 소멸된다.

(4) 해제권의 포기

해제권은 권리자의 상대방에 대한 의사표시로 포기할 수 있다.

(5) 실효의 법리

권리실효의 법리에 따라, 채권자가 해제권을 행사할 수 있음에도 이를 행사하지 않고 그로 인해 상대방으로 하여금 더 이상 해제권을 행사하지 않을 것이라는 신뢰를 준 후에 해제권을 행사하는 것은 신의칙상 허용될 수 없다(판례).

문제 10

▶ 2014년 약술형문제 20점

법정해제와 합의해제의 의의 및 효과상의 차이점에 대하여 약술하시오.

1. 의의

(1) 법정해제

1) 계약의 해제는 당사자의 약정과 법률의 규정에 의해 발생한다. 이 중 채무자의 채무불이행이 있는 경우에 채권자가 일방적으로 계약을 소멸시키는 것을 법정해제라고 하는데 이는 법률의 규정에 의해 인정된다.

2) 법정해제는 상대방 있는 단독행위로서 형성권이다.

(2) 합의해제

1) 합의해제란 해제권의 유무를 불문하고 당사자의 합의로 계약을 소급적으로 소멸시키는 새로운 계약이다.

2) 묵시적 합의해제도 가능하다. 계약 후 당사자 쌍방의 계약실현의사의 결여 또는 포기로 인하여 계약을 실현하지 아니할 당사자 쌍방의 의사가 합치되는 경우가 그러하다(대판 2002.1.25. 2001다63575).

2. 효과상의 차이점

(1) 원칙

① 법정해제의 효과에 대해서는 민법에서 규정하고 있다.
② 그러나 합의해제의 효과는 그 합의의 내용에 의하여 결정되므로 해제에 관한 민법 규정은 원칙적으로 적용되지 아니한다. 그런데 합의가 없으면 다음에 따른다.

(2) 법정해제와 동일한 효력

1) 계약의 소급적 실효

  계약을 합의해제하면 계약은 소급적으로 실효한다.

2) 물권적 효력

  계약을 합의해제하면 등기말소와 관계없이 소유권은 당연히 복귀하며, 등기말소청구권은 소유권에 기한 물권적 청구권이므로 소멸시효의 대상이 되지 아니한다(판례).

3) 제3자 보호

  계약을 합의해제하여도 제3자의 권리는 침해하지 못한다(판례).

(3) 법정해제와 다른 효력

1) 손해배상청구 여부

법정해제는 손해배상의 청구에 영향을 미치지 아니한다(551조). 즉 법정해제와 손해배상의 청구는 양립가능하다. 그러나 계약을 합의해제하면 손해배상청구를 할 수 없다. 채무불이행을 원인으로 해제하는 것이 아니기 때문이다.

2) 이자지급 유무

법정해제의 경우에는 반환할 금전에는 그 받은 날로부터 이자를 가산하여야 한다((548조 2항). 그러나 계약을 합의해제하면 반환할 금전에 그 받은 날로부터 이자를 지급하여야 할 의무는 없다(판례).

문제 11

계약의 해지에 대해 약술하시오.

1. 서론

(1) 의의

임대차, 고용, 위임 등 급부가 일정한 기간 계속되어야 하는 계속적 계약에서는 계약을 해소하더라도 장래에 대해서 소멸시키는 것이 적절하다. 이미 정당하게 행하여진 급부까지 실효시킬 이유가 없기 때문이다. 이를 해제와 구별하여 해지라고 한다.

(2) 특징

1) 계속적 계약을 전제로 한다. 따라서 신의성실의 원칙이 적용되는 경우가 많으므로 계약의 기초가 된 신뢰관계가 파괴되면 해지권이 인정될 수 있다.

2) 소급효가 없다는 점에서 해제와 구별된다. 따라서 해지가 있더라도 그 이전의 급부는 반환할 필요가 없다. 이 점에서 해제의 원상회복의무와 차이가 있다.

2. 해지권의 발생

(1) 약정해지권의 발생

해지권도 해제권과 마찬가지로 당사자간의 약정에 의해 발생할 수 있다(543조 1항).

(2) 법정해지권의 발생

1) 채무불이행을 원인으로 하는 일반적 해지권

해제는 이행지체(544조)와 이행불능(546조)의 규정이 있지만 해지는 그러한 일반규정이 없다.

2) 개별규정에 의한 발생

민법은 사용대차(610조 3항), 임대차(640조 등), 고용(657조 등), 위임(689조), 임치(698조) 등 각각의 계속적 계약에 관해 개별적으로 해지할 수 있는 경우를 정하고 있다.

3. 해지권의 행사

(1) 상대방에 대한 의사표시

해지의 의사표시가 상대방에게 도달한 때로부터 효력이 발생하는 것이 원칙이지만, 임대차처럼 해지의 통고를 받은 날로부터 일정한 기간이 지나야 효력이 발생하는 경우도 있다(635조 2항 등).

(2) 해지권에도 해제권과 마찬가지로 불가분성의 원칙이 적용된다(547조).

4. 해지의 효과

(1) 계약의 비소급적 실효

당사자 일방이 계약을 해지한 때에는 계약은 장래에 대하여 그 효력을 잃는다(550조). 예컨대, 임대차가 해지되면 임차인은 목적물을 반환할 의무가 있다. 이는 계약을 해제한 경우에 발생하는 원상회복의무와는 다른 것으로서 청산의무라고 하기도 한다.

(2) 손해배상

계약의 해지는 해제와 마찬가지로 손해배상청구에 영향을 미치지 아니한다(551조).

행정사 2차 민법 계약법 "판례 및 핵심이론"

제2장

계약각론

제1절 　증여계약
제2절 　매매계약
제3절 　소비대차
제4절 　사용대차
제5절 　임대차
제6절 　도급
제7절 　여행
제8절 　현상광고
제9절 　위임
제10절 　조합
제11절 　화해

제1절 증여계약

문제 01
▶ 2017년 약술형 문제 20점

민법상 증여계약의 특유한 해제원인 3가지를 설명하고, 이행완료 부분에 대한 효력에 관하여 약술하시오.

1. 증여의 의의

증여는 당사자 일방이 무상으로 재산을 상대방에 수여하는 의사를 표시하고 상대방이 승낙함으로써 성립하는 계약이다(554조).

2. 증여계약의 특유한 해제원인

(1) 서면에 의하지 않은 증여의 해제

1) 취지

증여자가 경솔하게 계약을 맺는 것을 방지하고, 증여의사를 명확히 하여 분쟁을 피하고자 하는 취지이다.

2) 서면의 형식

① 서면 자체는 증여계약서가 아니더라도 그 서면의 작성 경위를 아울러 고려할 때 그 서면이 증여의사를 표시한 서면(허위표시한 매도증서)이라고 인정되면 이는 555조에서 말하는 서면에 해당한다(대판 1991.9.10., 91다6160).
② 서면의 작성시기는 제한이 없다. 따라서 증여계약의 성립 당시에 서면을 작성하지 않더라도 이후에 작성하면 무난하다.

3) 해제권의 존속기간

555조의 해제는 특수한 철회일 뿐 543조 이하에서 규정하는 본래 의미의 해제와는 다르므로, 형성권의 제척기간의 적용을 받지 않는다(대판 2003.4.11. 2003다1755). 이는 증여자의 방어수단은 항변권의 성격도 가지고 있는 것도 보아서 항변관계가 지속되는 동안에는 따로 제척기간이 진행되지 않는다고 본 것이다.

(2) 수증자의 망은행위로 인한 해제

1) 수증자가 증여자 또는 그 배우자나 직계혈족에 대하여 범죄행위를 한 때나 수증자가 증여자에 대하여 부양의무가 있는 경우에 이를 이행하지 아니하는 때에는 증여자는 그 증여를 해제할 수 있다(556조 1항).

2) 부양의무
   ① 여기서 말하는 부양의무는 민법상 친족 간의 부양의무(974조)를 가리키는 것이다. 따라서 친족 간의 부양의무를 이행하지 않아서 증여계약을 해제하면 원상회복의무가 발생하지 않는다.
   ② 반면에 계약상의 부양의무를 이행하지 않는 경우에는 채무불이행의 일반원칙으로 돌아가서 계약을 해제할 수 있고 원상회복의무가 발생한다.
   ③ 해제권의 소멸
   해제원인 있음을 안 날로부터 6월을 경과하거나 증여자가 수증자에 대하여 용서의 의사를 표시한 때에는 해제권은 소멸한다(556조 2항).

(3) 증여자의 재산상태변경으로 인한 해제

증여계약 후에 증여자의 재산상태가 현저히 변경되고 그 이행으로 인하여 생계에 중대한 영향을 미칠 경우에는 증여자는 증여를 해제할 수 있다(557조).

3. 해제와 이행완료부분에 대한 효력

(1) 위 세 가지 경우의 증여의 해제는 이미 이행한 부분에 대하여는 영향을 미치지 아니한다(558조). 따라서 원상회복의무가 발생하지 않는 것이 보통의 해제와 다르다.

(2) 이미 이행한 것인지 판단기준

부동산의 경우에 인도가 아니라 이전등기를 기준으로 판단한다(판례). 즉, 목적부동산을 인도받지 않아도 소유권이전등기를 마치면 그 이행이 완료된 것이어서 계약을 해제하더라도 돌려받을 수 없다.

문제 02

부담부증여에 대해서 약술하시오.

1. 서론

(1) 의의

1) 작품을 기증하면서 자신에게 노후 생활비를 일정액 지급할 것을 부담시키기로 할 수 있다. 이처럼 수증자가 일정한 의무를 부담하는 증여를 부담부증여라고 한다. 따라서 단순히 사용목적을 지정하거나 사용방법에 관하여 약정한 것은 이에 해당하지 않는다.

2) 증여에 상대부담이 있는지는 그 부담의 존재를 주장하는 자가 입증하여야 한다.

3) 부담의 이익을 받는 자가 제3자가 되면 제3자를 수익자로 하는 제3자를 위한 계약이 될 수 있다.

4) 부담의 내용을 이루는 급부는 급부로서의 일반요건, 즉 적법성, 가능성, 확정성의 요건을 갖추어야 하고 이를 결여하면 무효가 된다. 부담은 증여를 토대로 하는 것이므로 증여가 무효이면 부담도 무효가 된다.

(2) 법적 성질

부담부 증여에서는 당사자 쌍방이 채무를 부담하지만, 수증자의 급부는 증여자의 급부에 대한 대가는 아니기 때문에 유상ㆍ쌍무계약은 아니라고 할 것이나, 그런데 민법은 이에 대해 특칙을 두어, 증여자는 부담의 한도에서는 매도인과 같은 담보책임이 있다고 하고, 또 쌍무계약에 관한 규정을 적용한다고 규정한다. 이에 대해서는 항을 달리 하여 서술한다.

2. 부담부 증여에 관한 특칙

부담부증여는 유상ㆍ쌍무계약은 아니지만 민법은 증여자는 부담의 한도에서는 매도인과 같은 담보책임이 있다고 하고 쌍무계약에 관한 규정을 적용한다고 규정한다.

1) 담보책임

부담부증여에서 증여자는 그 부담의 한도에서 매도인과 같은 담보책임을 진다(559조 2항). 그 내용으로는 부담의 감액ㆍ계약해제 및 손해배상청구권이 인정된다.

2) 쌍무계약으로서의 효과

부담부 증여에 대하여는 증여의 규정이 적용되는 외에, 쌍무계약에 관한 규정을 적용한다(561조). 따라서 동시이행의 항변권ㆍ위험부담의 규정이 준용된다. 부담의무의 불이행을 이유로 한 계약해제권도 발생한다.

3) 부담의 불이행

① 부담부증여에 있어서는 쌍무계약에 관한 규정이 준용되어 부담의무 있는 상대방이 자신의 의무를 이행하지 아니할 때에는 비록 증여계약이 이행되어 있다 하더라도 그 계약을 해제하고 원상회복을 할 수 있다.

② 민법 제556조 제1항 제2호에 규정되어 있는 '부양의무'라 함은 민법 제974조에 규정되어 있는 직계혈족 및 그 배우자 또는 생계를 같이하는 친족간의 부양의무를 가리키는 것으로서, 친족간이 아닌 당사자 사이의 약정에 의한 부양의무는 이에 해당하지 아니한다(대판 1996.1.26. 95다43358).

문제 03

▶ 2021년 케이스 문제 40점

갑은 2000. 3.경 늦은 나이에 홀로 탈북하여 현재까지 대한민국에서 거주하고 있다. 갑은 탈북 이후 10여 년간 다양한 일을 하며 모은 돈으로 2010. 5.경 북한음식점을 개업하여 운영하고 있다. 갑은 탈북 이후 어려운 생활 등을 이유로 일에만 전념하다 보니 어느덧 80세를 바라보는 고령이 되었음에도 가족이 없이 홀로 생활하고 있다. 최근 들어서는 더 나이가 든 후에는 어떻게 살아가야 할지에 대한 고민이 많아졌고, 이제는 누군가에게 의지를 하며 여생을 보내고 싶어졌다. 이에 갑은 음식점 개업 초기부터 자신을 도와 성실히 일하던 종업원인 을에게 자신이 가지고 있는 X토지를 줄테니 앞으로 자신을 부양해 줄 수 있겠냐고 제안을 하였고 을은 여러 고민 끝에 갑의 제안을 받아들였다. 갑은 2019. 5. 10 을에게 토지의 소유권이전등기를 마쳐주었다. 다음 물음에 답하시오.

물음 1 X토지의 소유권을 이전하기 위하여 갑과 을 사이에 이루어진 합의의 법적 성질은 무엇인지 설명하시오. (10점)

물음 2 X토지의 소유권을 이전받은 을은 2019. 12. 경 갑이 운영하는 식당을 그만두고 2021. 5.경 현재까지 갑과 약속한 부양도 하지 않고 있다. 이에 억울해하던 갑은 X토지를 다시 되찾아 오고 싶어 한다. 갑이 X토지를 되찾아 오기 위해 검토해 볼 수 있는 방법들을 제시하고 그 방법들의 당부를 검토하시오. (20점)

물음 3 갑이 을에게 지속적으로 부양의무의 이행을 요구하자, 2021. 6. 7. 을은 견디다 못해 갑에게 갑과 을 사이의 기존의 합의를 없던 것으로 하자고 제안하였다. 이에 2021. 6. 10. 갑도 을의 제안을 받아들여 을 명의로 되어 있는 X토지의 소유권을 다시 갑에게 원상회복하기로 합의하였다. 한편 을은 X토지의 소유권을 갑에게 원상회복해 주지 않고 2021. 7. 10. X토지를 병에게 매도하기로 하고 2021. 8. 10. 병 앞으로 X토지의 소유권이전등기를 마쳐주었다. 뒤늦게 이러한 사실을 알게 된 갑은 병에게 X토지 소유권의 원상회복을 청구하였다. 갑의 이러한 청구는 받아들여질 수 있는지 검토하시오. (10점)

물음 1

1. 쟁점

갑이 자신의 X토지의 소유권을 이전하되 을이 자신에게 부양의무를 지우게 하는 계약을 체결한 경우, 이 계약의 법적 성질을 묻는 것이다.

2. 부담부 증여

(1) 의의

1) 의의

작품을 기증하면서 자신에게 노후 생활비를 일정액 지급할 것을 부담시키기로 할 수 있다. 이처럼 수증자가 일정한 의무를 부담하는 증여를 부담부증여라고 한다.

2) 유상·쌍무계약 여부

부담부 증여에서는 당사자 쌍방이 채무를 부담하지만, 수증자의 급부는 증여자의 급부에 대한 대가는 아니기 때문에 유상·쌍무계약은 아니라고 할 것이다. 그런데 민법은 이에 대해 특칙을 두고 있다.

(2) 부담부 증여에 관한 특칙

1) 증여자는 부담의 한도에서는 매도인과 같은 담보책임이 있다고 하고, 또 쌍무계약에 관한 규정을 적용한다고 규정한다.

2) 쌍무계약에 관한 규정의 적용(561조)

부담부 증여에 대하여는 증여의 규정이 적용되는 외에, 쌍무계약에 관한 규정을 적용한다. 따라서 동시이행의 항변권·위험부담의 규정이 준용된다.

3) 부담의 불이행

증여자는 자신의 증여가 이행되었더라도 증여계약을 해제할 수 있다. 이 경우에는 555조와 558조가 적용되지 않으므로 원상회복의무가 발생한다(대판 1996.1.26. 95다43358).

3. 사안의 경우

갑은 을에게 자신의 X토지를 증여하는 대신에 부양해 줄 수 있겠냐고 제안을 하였고 을은 이에 응하였으므로 갑과 을 사이에 이루어진 합의의 법적 성질은 부담부 증여계약이다.

물음 2

1. 쟁점

부담부증여계약에서 을이 부담을 불이행하는 경우에 망은행위를 이유로 증여를 해제할 수 있다는 556조 규정이 적용되는지 여부를 검토하여야 한다. 이 규정을 적용하게 되면 원상회복의무가 인정되지 않으므로 갑은 넘겨준 토지의 소유권을 찾을 수 없게 되므로 불리하다. 반면에 일반 채무불이행을 이유로 부담부증여계약을 해제하면 원상회복의무가 인정되므로 갑은 넘겨준 토지의 소유권을 찾을 수 있다.

2. 수증자의 망은행위로 인한 증여의 해제

(1) 의의

1) 수증자가 증여자 또는 그 배우자나 직계혈족에 대하여 범죄행위를 한 때나 수증자가 증여자에 대하여 부양의무 있는 경우에 이를 이행하지 아니하는 때에는 증여자는 그 증여를 해제할 수 있다(556조).

2) 계약의 해제는 이미 이행한 부분에 대하여는 영향을 미치지 아니하므로 원상회복의무가 발생하지 않는다 (558조).

(2) 부양의무의 의미

556조의 부양의무는 친족간의 부양의무를 말한다(판례). 이 경우에는 원상회복의무가 발생하지 않는다(558조). 반면에 계약상의 부양의무를 이행하지 않는 경우에는 여기에서 말하는 부양의무가 아니다.

3. 부담부 증여에 있어 부담의 불이행과 해제

(1) 부담의무 있는 상대방이 자신의 의무를 이행하지 아니할 때에는 채무불이행의 일반원칙에 따라서 증여자는 계약을 해제할 수 있다.

(2) 계약을 해제하면 원상회복의무가 발생하는 점이 위와 다르다.

4. 사안에의 적용

(1) 사안은 당사자 사이의 약정에 의한 부양의무이므로 556조에 해당하지 않는다. 따라서 갑은 556조를 근거로 증여계약을 해제할 수는 없다.

(2) 갑은 채무불이행의 일반원칙에 따라서 계약을 해제할 수 있다. 즉 을에게 상당기간을 정하여 약속한 부양의 이행을 최고하고, 그 기간 내에 을이 이를 이행하지 않으면 부담의무의 이행지체를 이유로 증여를 해제하고 이미 이행한 X토지의 반환 및 소유권이전등기의 말소를 청구할 수 있다.

물음 3

1. 쟁점의 정리

갑과 을은 X토지에 대한 증여계약을 합의해제하였다. 법정해제의 경우에는 계약을 해제하더라도 제3자의 권리를 해하지 않는다는 규정(548조 1항 단서)이 있지만 합의해제의 경우에는 규정이 없다. 이 경우에도 X토지를 전득한 제3자 병이 보호될 수 있는지가 관건이다.

2. 합의해제와 제3자 보호

(1) 합의해제

1) 합의해제란 해제권의 유무를 불문하고 당사자의 합의로 계약을 소급적으로 소멸시키는 새로운 계약이다.

2) 사안의 경우

을은 기존의 합의를 없던 것으로 제안하였고 갑이 그 제안을 받아들였으므로 이는 합의해제에 해당한다. 따라서 2021. 6.10 기존계약은 실효되었다.

(2) 합의해제와 제3자보호

1) 합의해제와 소유권복귀

계약을 합의해제하면 등기말소와 관계없이 소유권은 당연히 복귀하며, 등기말소청구권은 소유권에 기한 물권적 청구권이므로 소멸시효의 대상이 되지 아니한다(판례).

2) 제3자 보호
① 계약을 합의해제하면 등기말소와 관계없이 소유권은 당연히 복귀하므로 해제 전에 권리를 취득한 제3자 보호의 문제가 생긴다. 법정해제에서 계약의 해제는 제3자의 권리를 침해하지 못하는 규정(548조 1항 단서)은 합의해제에서도 동일하게 적용된다(판례).
② 제3자의 의미
㉠ 해제의 의사표시가 있기 이전에 해제된 계약에서 생긴 법률적 효과를 기초로 하여 새로운 이해관계를 가졌을 뿐 아니라 등기 인도 등으로 완전한 권리를 취득한 자를 말한다.
㉡ 제3자 보호의 확대 : 판례는 해제의 의사표시가 있은 후에라도 그 등기 등을 말소하지 않은 동안에 새로운 권리를 취득한 선의의 제3자도 보호되어야 한다고 한다.

3. 사안에의 적용

병은 합의해제 후 말소등기 전에 X토지를 매수하여 소유권을 취득하여 이해관계를 갖게 되었다. 엄밀히 말하면 병은 제548조 제1항 단서의 제3자는 아니지만 판례는 제3자 보호를 확대하므로 선의인 경우에는 보호된다. 따라서 병이 갑과 을의 합의해제 사실을 모르고 X토지를 매수하였다면 갑은 병을 상대로 X토지 소유권의 원상회복을 청구할 수 없다.

문제 04

갑과 을이 토지를 2분의 1 지분으로 공유하고 있는데, 이 토지를 병 교회의 신축 건물 부지로 증여하겠다고 하였다. 갑이 그 약속을 지키지 않자 을은 임의로 갑의 등기관계서류를 병에게 교부하여 위 토지는 증여를 원인으로 병 교회 앞으로 소유권이전등기를 마쳤다. 갑은 10년이 지난 후에 병을 상대로 위 증여가 서면이 아님을 이유로 민법 555조를 근거로 해제하고 자신의 지분에 대한 소유권이전등기 말소를 청구하였다. 인용될 수 있는가? (무권대리 부분은 논하지 않고 555조에 의한 해제만을 논할 것)

1. 서면에 의한 증여

증여의 의사가 서면으로 표시되지 않은 경우에는 증여자는 증여를 해제할 수 있다(555조). 서면에 의한 증여란 증여계약 당사자 사이에 있어서 증여자가 자기의 재산을 상대방에게 준다는 취지의 증여 의사가 문서를 통하여 확실히 알 수 있는 정도로 서면에 나타난 것을 말하는 것으로, 이는 수증자에 대하여 서면으로 표시되어야 한다(판례).

2. 해제권의 법적 성질

(1) 일반적인 해제권의 제척기간

형성권에 관해서 그 존속기간이 정해져 있지 않은 경우, 10년의 제척기간에 걸린다(판례).

(2) 555조의 해제권

1) 555조에서 말하는 증여계약의 해제는 543조 이하에서 규정한 본래 의미의 해제와는 달리 형성권의 제척기간의 적용을 받지 않는 특수한 철회이다(판례).

2) 증여에서의 해제는 주로 수증자가 이행청구를 하여 왔을 경우에 증여자가 방어의 수단으로 인정된 항변권이라는 점에서, 항변관계가 존속하는 동안에는 따로 제척기간이 적용되지 않는 것으로 보는 것이다.

(3) 갑의 청구의 인용 여부

1) 이미 경료된 등기의 효력

증여자의 의사에 기하지 아니한 원인무효의 등기가 경료된 경우에는 증여계약의 적법한 이행이 있다고 볼 수 없으므로 서면에 의하지 아니한 증여자의 증여계약의 해제에 대해 수증자가 실체관계에 부합한다는 주장으로 대항할 수 없다(판례).

2) 증여계약이 성립된 때로부터 10년이 경과한 후에 이루어진 갑의 해제의 의사표시는 정당하므로 갑의 소유권이전등기 말소청구는 인용될 수 있다.

제2절 매매계약

문제 01
▶ 2015년 약술형 20점

매매예약완결권에 대하여 설명하고 그 가등기에 관하여 약술하시오.

1. 의의

예약의 종류에 관하여 당사자간의 약정으로 정하지 않은 경우, 민법은 일방예약으로 추정한다(564조 1항). 이 때 예약권리자는 예약의무자에 대하여 매매완결의 의사를 표시함으로써 매매의 본계약을 성립시킬 수 있는데 이를 예약완결권이라고 한다.

2. 법적 성질

(1) 예약완결권은 일방적 의사표시에 의하여 본계약인 매매를 성립케 하는 형성권이고, 또한 재산권으로서의 성질도 있어 양도성이 있다. 그 양도시에는 채권양도의 대항요건을 갖추어야 한다.

(2) 부동산소유권이전의무를 발생시키는 예약완결권은 가등기할 수 있다(부동산등기법). 판례는 가등기된 예약완결권도 이전등기를 통해 양도할 수 있다고 한다.

3. 행사방법

예약완결권은 예약의무자에 대하여 예약완결의 의사표시를 하는 방법으로 행사한다(564조 1항). 형성권이므로 상대방의 승낙이 없어도 본계약이 성립한다.

4. 예약완결권의 소멸

(1) 제척기간

1) 당사자는 예약완결권의 행사기간을 계약에서 정할 수 있으며, 그 기간이 지나면 완결권은 소멸한다.

2) 그 기간을 정하지 않은 때에는 예약이 성립한 때부터 10년 내에 행사하여야 한다. 위 기간을 도과한 때에는 상대방이 예약목적물인 부동산을 인도받은 경우라도 예약완결권은 제척기간의 경과로 인하여 소멸된다. 완결권행사의 시기에 대하여 약정한 경우에도 마찬가지이다(판례).

3) 매매예약완결권의 제척기간이 도과하였는지 여부는 소위 직권조사 사항으로서 이에 대한 당사자의 주장이 없더라도 법원이 당연히 직권으로 조사하여야 한다(판례).

4) 예약완결의 의사표시 기간을 정하지 아니한 때에는 예약자는 상당한 기간을 정하여 매매완결 여부의 확답을 상대방에게 최고할 수 있다. 예약자가 전항의 기간 내에 확답을 받지 못한 때에는 예약은 그 효력을 잃는다(564조).

(2) 목적물의 멸실

매매예약이 성립한 이후 상대방의 매매예약 완결의 의사표시 전에 목적물이 멸실 기타의 사유로 이전할 수 없게 되어 예약완결권의 행사가 이행불능이 된 경우에는 예약완결권을 행사할 수 없고, 이행불능 이후에 상대방이 매매예약 완결의 의사표시를 하여도 매매의 효력이 생기지 아니한다(판례).

문제 02

을은 갑소유 X부동산을 대해서 갑과 장차 매매계약을 체결하기로 하는 매매예약을 2010. 2. 1. 체결하였다. 그리고 X부동산을 인도받고 장차 발생하게 될 소유권이전등기청구권을 보전하기 위하여 가등기를 경료하였다. 그 후 2022. 2. 1.에 을이 예약완결권을 행사하자, 갑은 을의 예약완결권 행사가 10년을 지났기 때문에 매매계약은 성립되지 않는다는 이유로 을에게 가등기의 말소를 청구하였다. 이에 대해서 을은 자신이 위 예약의 목적물인 부동산을 인도받아 사용수익하고 있으므로 위 예약완결권의 제척기간은 진행하지 않는다고 주장하였다. 을의 주장이 타당한가?

1. 쟁점의 정리

매매의 일방예약에서 예약완결권의 존속기간을 묻는 문제이다. 예약완결권은 형성권인데 목적물의 인도를 받은 경우에는 예약완결권의 제척기간이 진행되지 않느냐가 핵심이다. 소멸시효에서는 목적물의 인도를 받으면 소멸시효가 진행하지 않는다는 판례가 있기 때문에 제척기간에도 동일하게 적용되는 것인지가 문제되는 것이다.

2. 예약완결권의 존속기간

(1) 매매의 일방예약에서 예약자의 상대방이 매매예약 완결의 의사표시를 하여 매매의 효력을 생기게 하는 권리 즉, 매매예약 완결권은 일종의 형성권으로서 당사자 사이에 그 행사기간을 약정한 때에는 그 기간 내에 행사하면 된다. 당사자 사이에 약정하는 예약 완결권의 행사기간에 특별한 제한은 없다(대법원 2017. 1. 25. 선고 2016다42077).

(2) 그러한 약정이 없는 때에는 그 예약이 성립한 때로부터 10년 내에 이를 행사하여야 하고, 그 기간을 지난 때에는 상대방이 예약 목적물인 부동산을 인도받은 경우라도 예약완결권은 제척기간의 경과로 인하여 소멸한다(대법원 1997. 7. 25. 선고 96다47494, 47500).

3. 사안의 경우

갑과 을은 매매예약을 2010. 2. 1. 체결하였다. 을의 예약완결권은 형성권으로서 10년의 제척기간에 걸린다. 따라서 2022. 2. 1.에 행사된 을의 예약완결권은 인정될 수 없다. 이는 을이 예약의 목적물인 부동산을 인도받아 사용수익하고 있더라도 마찬가지이다(판례).

문제 03
▶ 2017년 약술형문제 20점

매매계약 체결시 교부되는 계약금의 종류를 약술하고, 해약금의 효력에 관하여 설명하시오.

1. 서론

(1) 의의

계약금은 계약을 체결함에 있어서 그 계약에 부수하여 당사자 일방이 상대방에게 교부하는 금전 기타 유가물을 말한다.

(2) 법적 성질

1) 종된 계약

계약금계약은 주계약에 부수해서 행해지는 종된 계약이다. 따라서 주계약이 무효나 취소가 되면 계약금계약도 당연히 효력을 상실한다.

2) 요물계약

① 계약금계약은 금전 기타 유가물의 교부를 요건으로 하므로 단지 계약금을 지급하기로 약정만 한 단계에서는 아직 계약금으로서의 효력, 즉 위 민법 규정에 의해 계약해제를 할 수 있는 권리는 발생하지 않는다(대법원 2008. 3. 13. 선고 2007다73611).

② 교부자가 계약금의 잔금 또는 전부를 지급하지 아니하는 한 계약금계약은 성립하지 아니하므로 당사자가 임의로 주계약을 해제할 수는 없다 할 것이다(대법원 2008. 3. 13. 선고 2007다73611). 다만 매도인측이 매매계약을 해제하고자 한다면 계약금 전부를 받은 뒤 계약금의 배액을 상환하고 계약을 해제할 수 있을 것이다.

2. 계약금의 종류

(1) 증약금

계약체결의 증거로서의 의미를 갖는 계약금이다. 이는 계약금의 최소한의 성질이다.

(2) 위약금

1) 위약금이란 계약을 위반하는 경우 손해배상의 금액을 미리 예정해 놓는 것을 말한다. 계약금이 위약금의 성질을 갖기 위해서는 위약금 특약이 있어야 한다. 보통 위약시에는 교부자는 그것을 몰수당하고 교부받은 자는 그 배액을 상환한다 는 약정을 한다. 이 경우에는 실손해가 더 많다고 하여 추가로 청구할 수 없다.

2) 위약벌

① 위약벌이란 계약을 위반하는 경우 벌금으로 몰수하는 금액을 미리 정하여 놓은 것으로서 손해배상을 추가로 청구할 수 있다.

② 위약금은 손해배상액의 예정의 성질을 가지는 것과 위약벌의 성질을 가지는 것이 있는데 그것이 불분명하면 민법은 손해배상액의 예정으로 추정한다(398조 4항).

(3) 해약금
해제권을 보류하는 작용을 하는 계약금이다. 민법은 계약금이 교부된 때에는 약정해제권을 보류한 것으로 추정한다(565조).

3. 해약금의 효력
계약금이 교부된 때에는 당사자의 일방이 이행에 착수할 때까지 교부자는 이를 포기하고 수령자는 그 배액을 상환하여 매매계약을 해제할 수 있다(565조 1항).

(1) 해약금에 의한 해제의 요건
1) 당사자 일방이 이행에 착수하기 전까지 행사할 것

  당사자의 일방이 이행에 착수한 후에는 해제할 수 없다. 이행에 착수한다는 것은 채무의 이행행위의 일부를 하거나 또는 이행을 하기 위하여 필요한 전제행위를 하는 경우를 말하는 것으로서 단순히 이행의 준비를 하는 것만으로는 부족하다(판례). 중도금을 지급한 것은 이행의 착수에 해당한다.

2) 교부자는 포기하고 수령자는 배액을 상환하여야 한다.
   ① 이행기의 약정이 있는 경우라 하더라도 이행기 전에 이행에 착수하지 아니하기로 하는 특약을 하는 등 특별한 사정이 없는 한 이행기 전에 이행에 착수할 수 있다(판례).
   ② 계약금의 일부만을 받은 경우에 해약금의 기준이 되는 금원은 실제 교부받은 계약금이 아니라 약정 계약금이다(판례).
   ③ 계약금 교부자는 이를 포기하고 해제할 수 있으나 계약금 수령자는 반드시 그 배액을 제공하여야 한다. 그러나 상대방이 이를 수령하지 아니한다 하여 이를 공탁까지 할 필요는 없다(판례).

(2) 해약금에 의한 해제의 효과
1) 계약은 소급적으로 소멸된다.

2) 이행의 착수 전에만 가능하므로 원상회복의무는 발생하지 않는다.

3) 채무불이행을 이유로 한 해제가 아니므로 손해배상청구권은 인정되지 않는다.

4) 법정해제와의 관계

  계약금이 교부된 경우에도 채무불이행이 있으면 법정해제를 선택적으로 행사할 수 있다.

문제 04
▶ 2018년 케이스 문제 40점

甲은 2018. 2. 1. 자신의 소유인 X주택을 매매대금 10억 원에 乙에게 매각하는 매매계약을 체결하면서, 계약금은 1억 원으로 약정하였다. 乙은 甲에게 계약금 1억 원 중 3,000만원은 계약 당일에 지급하였고, 나머지 7,000만원은 2018. 2. 15. 지급하기로 약정하였다. 다음 각 독립된 물음에 답하시오.

물음 1 甲이 2018. 2. 10. 계약금에 기하여 매매계약을 해제하고자 할 때, 계약금의 법적 의미와 甲은 얼마의 금액을 乙에게 지급하고 매매계약을 해제할 수 있는지에 관하여 설명하시오. (20점)

물음 2 乙은 甲에게 2018. 2. 15. 지급하기로 한 나머지 계약금 7,000만 원을 지급하였다. 한편, 위 매매계약에서 중도금 3억원은 2018. 6. 1. 지급하기로 약정하였다. 乙은 X주택의 시가 상승을 예상하면서 2018. 5. 1. 甲을 만나 중도금 3억원의 지급을 위하여 자기앞수표를 교부하였으나, 甲은 이의 수령을 거절하였다. 그 후, 甲은 2018. 5. 5. 수령한 계약금의 2배인 2억원의 자기앞수표를 乙에게 교부하면서 매매계약 해제의 의사표시를 하였다. 乙은 이의 수령을 거절하였으며, 甲은 2억원을 공탁하였다. 이러한 경우, 매매계약이 해제되었는지 여부에 관하여 설명하시오. (20점)

물음 1

1. 문제의 소재

(1) 계약금의 법적 의미를 묻고 있다.

(2) 계약금이 일부만 지급된 경우에 계약금계약이 성립하는지가 문제되며 이 경우 매도인이 해약금에 의한 해제를 하기 위해서는 얼마의 금액을 상환해야 되는지가 문제된다.

2. 계약금의 법적 의미

(1) 의의

계약금은 계약을 체결함에 있어서 그 계약에 부수하여 당사자 일방이 상대방에게 교부하는 금전 기타 유가물을 말한다.

(2) 법적 성질

1) 종된 계약

계약금계약은 주계약에 부수해서 행해지는 종된 계약이다. 따라서 주계약이 무효나 취소가 되면 계약금계약도 당연히 효력을 상실한다.

2) 요물계약

① 계약금계약은 금전 기타 유가물의 교부를 요건으로 한다. 단지 계약금을 지급하기로 약정만 한 단계에서는 아직 계약금으로서의 효력, 즉 위 민법 규정에 의해 계약해제를 할 수 있는 권리는 발생하지 않는다(대법원 2008. 3. 13. 선고 2007다73611).

② 교부자가 계약금의 잔금 또는 전부를 지급하지 아니하는 한 계약금계약은 성립하지 아니하므로 당사자가 임의로 주계약을 해제할 수는 없다 할 것이다(대법원 2008. 3. 13. 선고 2007다73611).

(3) 계약금의 효력

1) 증약금
계약체결의 증거로서의 의미를 갖는 계약금이다. 이는 계약금의 최소한의 성질이다.

2) 위약금
위약금이란 계약을 위반하는 경우 손해배상의 금액을 미리 예정해 놓는 것을 말한다. 계약금이 위약금의 성질을 갖기 위해서는 위약금 특약이 있어야 한다.

3) 해약금의 추정
매매의 당사자 일방이 계약 당시에 금전 기타 물건을 계약금 등의 명목으로 상대방에게 교부한 때에는 해제권을 유보하기 위해 수수된 것으로 추정한다.

3. 계약금의 일부만 지급한 경우

(1) 교부자가 계약금의 잔금 또는 전부를 지급하지 아니하는 한 계약금계약은 성립하지 아니하므로 당사자가 임의로 주계약을 해제할 수는 없다 할 것이다(대법원 2008. 3. 13. 선고 2007다73611).다만 매도인측이 매매계약을 해제하고자 한다면 계약금 전부를 받은 뒤 계약금의 배액을 상환하고 계약을 해제할 수 있을 것이다.

(2) 계약금 일부만 지급된 경우 해제의 요건
해약금의 기준이 되는 금원은 실제 교부받은 계약금이 아니라 약정 계약금이라고 봄이 타당하므로, 매도인이 계약금의 일부로서 지급받은 금원의 배액을 상환하는 것으로는 매매계약을 해제할 수 없다 (판례).

4. 사안에의 적용

갑과 을은 계약금을 1억원으로 약정하였고 을이 갑에게 지급한 것은 3,000만원이다. 갑이 해제시 반환하여야 할 금액은 약정계약금 1억원이 기준이 되므로 갑은 이미 받은 3,000만원에 더하여 약정계약금 1억원을 합한 1억3천만원을 지급하여야 계약을 해제할 수 있다.

물음 2

1. 논점의 제기

해약금에 의한 해제는 당사자 일방이 이행에 착수하기 전에 하여야 한다. 사안에서 을이 이행기 전에 자기앞수표로 중도금을 지급하였는 것이 이행의 착수로 볼 수 있는지가 관건이다. 이를 이행의 착수로 보게 되면 갑은 계약금에 의한 해제를 할 수 없기 때문이다.

2. 계약금의 해약금 추정

(1) 의의
당사자 간에 다른 약정이 없는 한 당사자의 일방이 이행에 착수할 때까지 교부자는 계약금을 포기하고, 수령자는 그 배액을 상환하여 매매계약을 해제할 수 있다(565조 1항).

(2) 이행의 착수
1) 이행에 착수한다는 것은 채무의 이행행위의 일부를 하거나 또는 이행을 하기 위하여 필요한 전제행위를 하는 경우를 말하는 것으로서 단순히 이행의 준비를 하는 것만으로는 부족하다(판례).

2) 당사자의 일방이 이행에 착수한 후에는 해제할 수 없다. 이행에 착수하면 비용을 지출하게 되고 또 계약이행을 기대하기 때문에 제한을 둔 것이다. 중도금을 지급한 것은 이행의 착수에 해당한다.

3) 이행기 전의 이행의 착수
이행기의 약정이 있는 경우라 하더라도 이행기 전에 이행에 착수하지 아니하기로 하는 특약을 하는 등 특별한 사정이 없는 한 이행기 전에 이행에 착수할 수 있다(판례). 채무자는 기한의 이익을 포기한 것이라고 할 수 있다.

(3) 해제의 방법
계약금 교부자는 이를 포기하고 해제할 수 있으니 계약금 수령자는 반드시 그 배액을 제공하여야 한다. 그러나 상대방이 이를 수령하지 아니한다 하여 이를 공탁까지 할 필요는 없다(판례).

3. 사안에의 적용
사안에서 이행기 전의 이행의 착수가 허용되어서는 안 되는 특별한 사정은 없으므로 2018. 5. 1. 을의 자기앞수표 제공은 이행의 착수로 인정된다. 매매대금은 현금으로 제공하여야 하지만 자기앞수표는 현금과 동일하게 인정된다. 따라서 갑은 그 수령을 거절할 수 없다. 해약금에 의한 해제는 당사자 일방이 이행에 착수한 후에는 갑과 을 모두 해약금에 의한 해제를 할 수 없다. 따라서 2018. 5. 5. 갑의 해제는 적법하지 않으므로 매매계약은 해제되지 않는다.

문제 05

매수인의 대금지급거절권을 약술하시오.

1. 의의

(1) 민법 제588조는 매매의 목적물에 대하여 권리를 주장하는 자가 있는 경우에 매수인이 매수한 권리의 전부나 일부를 잃은 염려가 있는 때에는 매수인은 그 위험의 한도에서 대금의 전부나 일부의 지급을 거절할 수 있다고 하여, 일정한 경우 매수인에게 대금지급거절권을 인정하고 있다.

(2) 성질

매매에서 매도인은 매매의 목적이 된 권리를 이전할 의무를 지고, 한편 매매는 유상계약이어서 매도인이 이전한 권리 또는 그 목적물에 흠이 있는 때에는 매수인에 대해 일정한 담보책임을 부담한다. 담보책임이 사후구제수단인 것에 대응하여 이것은 사전구제수단으로 기능하는 것에 그 의의가 있다. 그리고 그 성질은 항변권이다.

2. 요건

(1) 매매의 목적물에 대하여 권리를 주장하는 자가 있어야 한다. 제3자가 주장하는 권리에는 소유권뿐만 아니라, 용익권 또는 저당권 그 밖의 담보물권을 포함한다.

(2) 매수인이 매수한 권리의 전부나 일부를 잃은 염려가 있어야 한다.

3. 효과

(1) 매수인은 그 위험의 한도에서 대금의 전부나 일부의 지급을 거절할 수 있다. 근저당권이 설정되어 있는 부동산을 매수한 경우, 등기된 채권최고액이, 매수인이 실제의 채무액을 안 때에는 그 채무액이, 각각 매수인이 그에 상응하는 대금의 지급을 거절할 수 있는 위험의 한도가 된다.

(2) 매수인이 갖게 되는 위험이 제거될 수 있는 경우, 즉 매도인이 상당한 담보를 제공한 때에는 매수인은 이 거절권을 행사하지 못한다.

(3) 매수인이 거절권을 행사한 경우, 매도인은 매수인에 대하여 대금의 공탁을 청구할 수 있다.

(4) 불안의 항변권과의 관계

선이행의무를 지는 채무자라도 채권자의 이행이 곤란할 현저한 사유가 있는 때에는 자기의 채무이행을 거절할 수 있으므로(536조 2항) 이행지체책임을 지지 않는다. 그래서 일정한 경우에는 채무자는 불안의 항변권과 대금지급거절권을 병존하여 행사할 수도 있다.

문제 06

채무불이행책임와 비교해 볼 때 담보책임의 특질을 약술하시오.

1. 유상계약과 담보책임

(1) 담보책임의 의의

매매의 목적인 권리의 흠결 또는 그 권리의 객체인 물건에 하자가 있는 경우에 유상계약의 등가성 유지를 위하여 매도인이 지는 책임을 담보책임이라고 한다. 민법은 이를 '매도인의 담보책임'이라고 이름하여 제570조 내지 제584조에 걸쳐 자세한 규정을 두고 있다.

(2) 매매이외의 유상계약

매매에 관한 규정은 매매 이외의 다른 유상계약에도 준용되므로, 매도인의 담보책임에 관한 규정은 다른 유상계약에도 준용된다(567조).

2. 담보책임의 특징

민법이 정하는 매도인의 담보책임은 채무불이행책임과는 다른 몇 가지 특징이 있다.

(1) 무과실책임

권리 또는 권리의 객체인 물건의 흠에 대해 매도인의 과실 여부를 묻지 않는 '무과실책임'이다. 유상계약에서 대가성의 유지를 실현하는 데에 그 목적을 두기 때문이다.

(2) 원시적 하자

그 흠은 계약 당시를 기준으로 하여 그 때에 이미 존재하는, '원시적 하자'에 대한 책임이다. 판례도 하자의 존부는 매매계약 성립시를 기준으로 판단하여야 한다고 하여, 통설과 같은 견해를 취한다. 매매계약 이후에 생긴 하자는 그 하자에 매도인의 과실이 있는지 여부에 따라 채무불이행 또는 위험부담의 법리가 적용된다.

(3) 단기 제척기간

민법은 많은 경우 매수인이 담보책임상의 권리를 6개월 내지 1년의 '단기의 제척기간' 내에 행사하여야 하는 것으로 정한다. 빈번하게 이루어지는 매매계약에서 원시적 하자에 관한 분쟁을 조속히 확정하여 매매거래의 안정을 도모하기 위한 취지에서이다.

(4) 손해배상

1) 매수인의 선의를 요건으로 한다.

2) 신뢰이익의 배상

계약의 목적이 원시적으로 전부 불능인 경우에는 그 계약은 무효가 되므로 채무를 인정할 수 없고, 따라서 채무가 이행되었을 경우에 장래 얻을 이행이익을 지향할 수는 없다. 이 경우에는 민법 제535조에 의해 신뢰이익을 배상하여야 하는데, 이것은 원시적 일부하자를 규율하는 담보책임에 관해서도 동일하게 적용된다. 따라서 담보책임으로서 손해배상은 신뢰이익의 배상을 지향한다.

(5) 기타의 특질

1) 매수인이 선의인지 악의인지에 따라 그 인정 여부를 달리하는 경우가 많다.

2) 손해배상이나 계액해제뿐만 아니라 경우에 따라서는 대금감액청구권, 완전물급부청구권이 인정될 때가 있다.

〈참고〉

구분	담보책임	채무불이행책임
법적 성질	무과실책임	과실책임
요건	원시적 하자	계약성립 후의 불이행
효과	손해배상 혹은 해제 외에도 대금감액청구 등 가능	손해배상 혹은 해제
권리 행사기간	제척기간	소멸시효

〈참고 : 담보책임의 개별적 유형〉

해제권	① 계약목적을 달성할 수 없을 때만 인정 ② 최고 없이 행사 가능 ③ 손해배상청구는 별도의 규정이 있어야 가능 ④ 전부 타인 권리의 매매의 경우에는 악의자도 행사 가능
손해배상청구	선의자에게만 인정되는 것이 원칙
대금감액청구(2가지)	① 일부타인 권리의 매매(572조) : 악의자에게도 인정. ② 수량지정매매에서 수량부족·일부멸실(574조) : 선의자에게만 인정
선의 = 악의자	저당권의 실행(576조)

문제 07

권리의 전부가 타인에게 속한 경우의 담보책임을 약술하시오.

1. 의의

매매의 목적인 권리의 흠결 또는 그 권리의 객체인 물건에 하자가 있는 경우에 유상계약의 등가성 유지를 위하여 매도인이 지는 책임을 담보책임이라고 한다. 이는 매도인의 고의나 과실을 요구하지 않는 무과실책임이다.

2. 권리의 전부가 타인에게 속한 경우의 담보책임

(1) 요건

1) 매매의 목적이 된 권리가 타인에게 속한 경우에도 매매계약은 유효하다(569조). 이 때 매도인이 그 권리를 취득하여 매수인에게 이전하지 못한 경우에는 담보책임을 진다(570조).

2) 권리가 타인에게 속하는지 여부는 법률적 관점에서 판단한다. 따라서 부동산 미등기전매의 경우에 주류적인 판례는 타인 권리의 매매라고 본다.

3) 다만 매도인의 권리이전불능이 오직 매수인의 귀책사유에 기인한 경우에는 매도인은 담보책임을 지지 않는다(대판 1979. 6.26, 79다564).

(2) 책임의 내용

1) 계약해제권
    ① 매수인은 선의·악의를 불문하고 계약을 해제할 수 있다. 매수인은 상대방에게 최고할 필요가 없고, 또 매도인의 귀책사유도 묻지 않는다.
    ② 해제의 효과로서 원상회복의무는 법에 특별한 규정이 없으므로 일반해제와 동일하게 해석하면 된다.

2) 손해배상청구권
    ① 선의의 매수인은 손해배상을 청구할 수 있으나 악의의 매수인은 원칙적으로 없다.
    ② 채무불이행책임과의 경합 여부 : 타인의 권리를 매매의 목적으로 한 경우에 있어서 그 권리를 취득하여 매수인에게 이전하여야 할 매도인의 의무가 매도인의 귀책사유로 인하여 이행불능이 되었다면 매수인이 매도인의 담보책임에 관한 민법 제570조 단서의 규정에 의해 손해배상을 청구할 수 없다 하더라도 채무불이행 일반의 규정에 쫓아서 계약을 해제하고 손해배상을 청구할 수 있다고 할 것이다(대법원 1993. 11. 23. 선고 93다37328).
    ③ 손해액 산정 시기 : 손해액의 산정은 일반 채무불이행으로 인한 손해배상액의 확정시기와 마찬가지로 원칙으로 매매의 목적이 된 권리를 취득하여 이전함이 불능하게 된 때의 싯가를 표준으로 하여 결정한다(대판 1967. 5. 18. 선고 66다2618 전원합의체 판결).

④ 이행이익 배상 인정 : 매도인은 계약이 완전히 이행된 것과 동일한 경제적 이익을 배상함이 상당할 것임으로 그 손해는 매수인이 입은 손해뿐만 아니라 얻을 수 있었던 이익의 상실도 포함된다(대판 1967. 5. 18. 선고 66다2618 전원합의체 판결).

3) 제척기간

권리의 행사가 일부 타인에게 속한 경우(1년)와 달리 권리의 전부가 타인에게 속한 경우에는 제척기간의 적용을 받지 않는다.

문제 08
▶ 2022년 준케이스문제 20점

X토지가 甲소유임을 알고 있는 乙은 자신의 명의로 X토지를 丙에게 매도하기로 하는 계약을 체결하였다. 乙과 丙사이에 체결된 X토지에 대한 매매계약의 효력 및 乙이 X토지의 소유권을 丙에게 넘겨주지 못하는 경우에 丙이 乙에게 물을 수 있는 담보책임의 내용에 관하여 설명하시오.

1. 쟁점의 정리

X토지가 갑의 소유임을 알고 있는 을이 그 토지를 병에게 매도하였으므로 을은 타인소유의 권리를 매매하였다. 먼저 그 매매계약이 효력이 있는지가 문제되고, 효력이 있다면 을이 그 토지의 소유권을 병에게 넘겨주지 못하는 경우의 책임이 문제된다.

2. 권리의 전부가 타인에게 속하는 경우의 매매계약의 효력

(1) 매매행위는 의무부담행위로서 처분권한이 없는 자의 계약도 효력이 있다. 민법은 매매의 목적이 된 권리가 타인에게 속한 경우에는 매도인은 그 권리를 취득하여 매수인에게 이전하여야 한다(569조)고 하여 타인 권리의 매매가 효력이 있음을 규정하고 있다.

(2) 사안에의 적용

따라서 을이 갑의 X토지를 병에게 매도하여도 그 매매계약은 효력이 있다. 다만 을은 갑으로부터 소유권을 취득하여 병에게 이전할 의무가 있다.

3. 병이 을에게 물을 수 있는 담보책임의 내용

을은 갑으로부터 소유권을 취득하여 병에게 이전할 의무가 있는데 그 의무를 이행하지 못한다면 병은 을에게 다음의 담보책임을 을에게 물을 수 있다.

(1) 담보책임의 성질

매매의 목적인 권리의 흠결 또는 그 권리의 객체인 물건에 하자가 있는 경우에 유상계약의 등가성 유지를 위하여 매도인이 지는 책임을 담보책임이라고 한다. 이는 매도인의 고의나 과실을 요구하지 않는 무과실책임이다.

(2) 권리의 전부가 타인에게 속한 경우의 담보책임

1) 계약해제권

매수인은 자신의 선의·악의를 불문하고 계약을 해제할 수 있다. 해제의 효과로서 원상회복의무는 법에 특별한 규정이 없으므로 일반해제와 동일하게 해석하면 된다.

2) 손해배상청구권

① 선의의 매수인만 손해배상을 청구할 수 있다.

② 채무불이행책임과의 경합

다만 매도인의 귀책사유가 있는 때에는 채무불이행을 이유로 손해배상을 청구할 수 있다. 이 경우에는 악의의 매수인도 손해배상을 청구할 수 있는 실익이 있다(대판 1993. 11.23. 93다37328).

③ 손해배상의 범위

타인 권리의 매매는 원시적 하자가 있었던 것이 아니라 권리이전의무 위반, 즉 채무불이행이 있었다고 할 수 있으므로 이행이익을 배상하여야 한다(판례).

(3) 제척기간

권리의 행사가 일부 타인에게 속한 경우(1년)와 달리 권리의 전부가 타인에게 속한 경우에는 제척기간의 적용을 받지 않는다.

(4) 사안에의 적용

을이 갑으로부터 소유권을 취득하여 매수인 병에게 이전하지 못한다면 병은 을에게 담보책임을 물을 수 있다. 즉 병은 선의나 악의를 불문하고 계약을 해제할 수 있다. 다만 손해배상청구는 선의자에게만 인정되므로 병이 악의자라면 인정되지 않는데, 판례에 의하면 악의라고 하여도 채무불이행책임을 물을 수 있다.

문제 09

▶ 2024년 준케이스문제 20점

갑은 을과 병 소유의 건물에 대한 매매계약을 체결하였으나, 그 후 병 명의의 소유권이전등기가 원인무효로 밝혀져 진정 소유자가 제기한 소유권이전등기 말소등기청구소송에서 병이 패소함으로써 위 매매계약에 기한 건물의 소유권이전이 불능으로 되었다. 이 경우 을이 갑에게 주장할 수 있는 권리에 관하여 설명하시오.

1. 문제의 소재

갑은 을에게 병 소유의 건물에 대한 매매계약을 체결하였으므로 타인권리를 매매한 것이다. 그런데 그 소유권이전이 불능으로 되었을 때 갑의 담보책임이 문제된다.

2. 권리의 전부가 타인에게 속하는 경우의 매매계약의 효력

(1) 매매행위는 의무부담행위로서 처분권한이 없는 자의 계약도 효력이 있다. 민법은 매매의 목적이 된 권리가 타인에게 속한 경우에는 매도인은 그 권리를 취득하여 매수인에게 이전하여야 한다(569조)고 하여 타인 권리의 매매가 효력이 있음을 규정하고 있다. 따라서 갑이 병의 건물을 을에게 매도하여도 그 매매계약은 효력이 있다. 다만 갑은 병으로부터 소유권을 취득하여 을에게 이전할 의무가 있다.

(2) 권리의 전부가 타인에게 속한 경우의 담보책임

1) 계약해제권

매수인은 자신의 선의·악의를 불문하고 계약을 해제할 수 있다. 해제의 효과로서 원상회복의무는 법에 특별한 규정이 없으므로 일반해제와 동일하게 해석하면 된다.

2) 손해배상청구권

① 선의의 매수인만 손해배상을 청구할 수 있다.

② 채무불이행책임과의 경합

다만 매도인의 귀책사유가 있는 때에는 채무불이행을 이유로 손해배상을 청구할 수 있다. 이 경우에는 악의의 매수인도 손해배상을 청구할 수 있는 실익이 있다(대판 1993. 11.23. 93다37328).

③ 손해배상의 범위

타인 권리의 매매는 원시적 하자가 있었던 것이 아니라 권리이전의무 위반, 즉 채무불이행이 있었다고 할 수 있으므로 이행이익을 배상하여야 한다(판례).

3) 제척기간

권리의 행사가 일부 타인에게 속한 경우(1년)와 달리 권리의 전부가 타인에게 속한 경우에는 제척기간의 적용을 받지 않는다.

3. 사안에의 적용

갑이 병으로부터 소유권을 취득하여 을에게 이전하지 못한다면 을은 선의나 악의를 불문하고 계약을 해제할 수 있다. 다만 손해배상청구는 선의자에게만 인정되므로 병이 악의자라면 인정되지 않는데, 판례에 의하면 악의라고 하여도 채무불이행책임을 물을 수 있다. 이의 제척기간은 없다.

행정사 2차 민법 계약법 "판례 및 핵심이론"

문제 10
▶ 2016년 케이스 문제 40점

2016. 9. 1. 갑은 별장으로 사용하는 X건물에 대하여 을(매수인)과 매매계약을 체결하였다. 이 계약에 따라 을은 계약체결 당일에 계약금을 지급하였고, 2016. 9. 30. 을의 잔금지급과 동시에 갑은 을에게 소유권이전에 필요한 서류를 교부해주기로 하였다. 다음 각 독립된 물음에 답하시오.

물음 1 2016. 9. 1. 계약체결 당시 위 X건물이 갑의 소유가 아니라 제3자 병의 소유인 경우에, 위 매매계약의 효력 및 갑과 을 사이의 법률관계에 관하여 논하시오. (20점)

물음 2 만약 갑의 소유인 X건물이 계약체결 전날인 2016. 8. 31. 인접한 야산에서 발생한 원인불명의 화재로 인하여 전부 멸실되었을 경우에, 위 매매계약의 효력 및 갑과 을 사이의 법률관계에 관하여 논하시오. (20점)

물음 1

1. 문제의 소재

(1) 사안은 갑이 타인 소유의 권리를 매매한 경우이다. 이 경우 그 매매계약이 효력이 있는지가 문제된다.

(2) 효력이 있다면 갑이 그 권리를 취득하여 이전하지 못한 경우의 담보책임이 문제된다.

(3) 한편 갑이 선의자이면 계약을 해제할 수 있다. 이는 담보책임은 아니지만 선의의 매도인에게 인정되는 특혜이다.

2. 권리의 전부가 타인에게 속하는 경우의 매매계약의 효력

(1) 매매행위는 의무부담행위로서 처분권한이 없는 자의 계약도 효력이 있다.
민법은 매매의 목적이 된 권리가 타인에게 속한 경우에는 매도인은 그 권리를 취득하여 매수인에게 이전하여야 한다(569조)고 하여 타인 권리의 매매가 효력이 있음을 규정하고 있다.

(2) 따라서 갑이 병의 X건물을 을에게 매도하여도 그 매매계약은 효력이 있다. 다만 갑은 병으로부터 그 소유권을 취득하여 을에게 이전할 의무가 있다.

3. 권리의 전부가 타인에게 속한 경우의 담보책임

매도인은 그 권리를 취득하여 매수인에게 이전하지 못한 경우이다. 이 때 유상계약의 등가성 유지를 위하여 매도인이 지는 책임을 담보책임이라고 하는데 이는 매도인의 고의나 과실을 요구하지 않는 무과실책임이다.

116 | 제2장 계약각론

(1) 계약해제권

매수인은 자신의 선의·악의를 불문하고 계약을 해제할 수 있다. 해제의 효과로서 원상회복의무는 법에 특별한 규정이 없으므로 일반해제와 동일하게 해석하면 된다.

(2) 손해배상청구권

1) 선의의 매수인만 손해배상을 청구할 수 있다.

2) 채무불이행책임과의 경합

다만 매도인의 귀책사유가 있는 때에는 채무불이행을 이유로 손해배상을 청구할 수 있다. 이 경우에는 악의의 매수인도 손해배상을 청구할 수 있는 실익이 있다(대판 1993. 11.23. 93다37328).

3) 손해배상의 범위

타인 권리의 매매는 원시적 하자가 있었던 것이 아니라 권리이전의무 위반, 즉 채무불이행이 있었다고 할 수 있으므로 이행이익을 배상하여야 한다(판례).

(3) 제척기간

권리의 행사가 일부 타인에게 속한 경우(1년)와 달리 권리의 전부가 타인에게 속한 경우에는 제척기간의 적용을 받지 않는다.

(4) 사안에의 적용

갑이 병으로부터 X건물의 소유권을 취득하여 을에게 이전하지 못한다면 을은 선의나 악의를 불문하고 계약을 해제할 수 있다. 다만 손해배상청구는 선의자에게만 인정되므로 병이 악의자라면 인정되지 않는데, 판례에 의하면 악의라고 하여도 채무불이행책임을 물을 수 있다. 이의 제척기간은 없다.

4. 선의의 매도인의 해제권

선의의 매도인은 매수인이 선의인 경우에는 그 손해를 배상하고, 계약을 해제할 수 있고, 매수인이 악의인 경우에는 손해배상 없이 계약을 해제할 수 있다(571조). 이는 담보책임은 아니며 선의의 매도인에게 인정되는 특혜이다.

5. 사안에의 적용

(1) 갑은 병의 X건물을 매매한 경우로서 이는 타인 권리의 매매에 속한다. 이 경우에도 매매계약은 유효하다.

(2) 갑은 병으로부터 그 소유권을 취득하여 매수인 을에게 이전할 의무가 있다. 만약 그 의무를 이행하지 못한다면 을은 갑에게 담보책임을 주장할 수 있다. 즉 을은 자신의 선의·악의를 불문하고 계약을 해제할 수 있다. 다만 손해배상은 을이 선의인 경우에만 인정되지만 판례는 매도인의 귀책사유가 있는 때에는 채무불이행을 이유로 악의의 매수인도 손해배상을 청구할 수 있다고 한다.

(3) 갑이 선의자라면 갑은 계약을 해제할 수 있다. 갑은 선의의 을에게는 손해배상을 하여야 하지만 악의의 을에게는 그러하지 않아도 된다.

물음 2

1. 쟁점의 제기

X건물은 갑과 을의 매매계약 성립 전에 전부 멸실되었으므로 원시적 불능에 해당한다. 이 경우 매매계약의 효력 및 갑과 을 사이의 법률관계를 검토한다.

2. 원시적 불능인 매매계약의 유효성 여부

계약이 유효하기 위해서는 가능하여야 한다. 사안의 경우에는 원시적 불능이므로 그 계약은 무효이다. 특히 원시적 불능인 경우에는 신뢰이익의 배상을 하여야 하므로(535조) 이를 뒷받침한다.

3. 계약체결상의 과실책임

(1) 의의

이는 계약체결을 준비하는 과정이나 성립과정에서 당사자 일방의 과실로 상대방에게 손해를 준 경우에 배상하여야 할 책임을 말한다. 민법은 원시적 불능인 계약을 체결한 경우에 이를 규정하고 있다.

(2) 발생요건

1) 원시적·객관적·전부불능일 것

원시적 불능이란 계약체결 전부터 계약 내용이 사회통념상 실현을 기대할 수 없는 것을 말한다. 목적물이 타인에게 속하는 주관적 불능이나 목적물의 일부가 원시적 불능일 경우에는 담보책임의 문제가 발생할 뿐이다.

2) 채무자가 이를 알았거나 알 수 있었을 것

3) 상대방의 손해발생 및 선의·무과실일 것

상대방은 계약을 유효한 것으로 믿었기 때문에 손해를 입어야 한다. 그리고 원시적 불능에 대하여 선의·무과실이어야 한다.

(3) 효과

1) 부당이득반환

계약체결상 과실책임에서 체결된 계약은 무효이다. 따라서 이행하지 않은 부분은 이행할 의무가 없고, 이미 이행한 부분은 부당이득반환을 청구할 수 있다.

2) 신뢰이익의 손해배상

① 계약체결상 과실책임에서 계약의 유효를 믿은 상대방은 신뢰이익의 손해배상을 청구할 수 있다.
② 신뢰이익 손해배상액은 이행이익(전매차익 등)의 손해배상액의 범위를 초과할 수 없다.

4. 사안에의 적용

(1) 계약금반환
X건물에 대한 매매계약은 무효이므로 을은 이미 지급한 계약금에 대해서 부당이득반환을 청구할 수 있다.

(2) 신뢰이익의 배상
원인불명의 화재이므로 을에게는 그 불능에 대한 과실이 없다. 갑에게 X건물멸실을 확인하지 못한 과실이 있는 것으로 입증되면 갑은 을이 그 계약의 유효를 믿었음으로 인하여 받은 손해를 배상하여야 한다. 다만 이는 계약이 유효함으로 인하여 생길 이익액을 넘지 못한다.

문제 11

권리의 일부가 타인에게 속한 경우의 담보책임을 약술하시오.

1. 서론

(1) 의의

매매의 목적이 된 권리의 일부가 타인에게 속함으로 인하여 매도인이 그 권리를 취득하여 매수인에게 이전할 수 없는 때를 말한다(572조).

(2) 담보책임의 성질

매매의 목적인 권리의 흠결 또는 그 권리의 객체인 물건에 하자가 있는 경우에 유상계약의 등가성 유지를 위하여 매도인이 지는 책임을 담보책임이라고 한다. 이는 매도인의 고의나 과실을 요구하지 않는 무과실책임이다.

2. 담보책임의 내용

(1) 대금감액청구권

매수인은 선의·악의에 관계없이 타인에게 속하는 부분의 비율로 대금의 감액을 청구할 수 있다. 이는 일부해제권의 성질을 갖는 형성권이다.

(2) 계약해제권

선의의 매수인은 잔존한 부분만이면 이를 매수하지 않았으리라는 사정이 있는 경우에는, 계약의 전부를 해제할 수 있다.

(3) 손해배상청구권

선의의 매수인은 대금감액 또는 계약해제 외에 손해배상도 청구할 수 있다.

3. 제척기간

매수인이 선의인 경우에는 사실을 안 날로부터 1년, 악의인 경우에는 계약한 날로부터 1년 내에 행사하여야 한다.

> **문제 12**
>
> 목적물의 수량부족 또는 일부멸실의 경우의 담보책임을 약술하시오. 혹은 갑이 을 소유 토지 200평을 평당 20만원으로 해서 4,000만원에 매수하였는데 실측을 해본 결과 180평으로 확인된 경우, 을의 담보책임을 약술하시오.

1. 서론

(1) 의의

수량을 지정한 매매의 목적물이 부족되는 경우와 매매목적물의 일부가 계약당시에 이미 멸실된 경우에 담보책임이 발생한다.

(2) 담보책임의 성질

매매의 목적인 권리의 흠결 또는 그 권리의 객체인 물건에 하자가 있는 경우에 유상계약의 등가성 유지를 위하여 매도인이 지는 책임을 담보책임이라고 한다. 이는 매도인의 고의나 과실을 요구하지 않는 무과실책임이다.

2. 요건

(1) 수량을 지정한 매매이어야 한다.

1) 수량을 지정한 매매라 함은 계약당사자가 면적을 가격을 정하는 여러 요소 중 가장 중요한 요소로 파악하여 가격을 정한 것이다.

2) 목적물이 일정한 면적을 가지고 있다는 데 주안을 두고 대금도 면적을 기준으로 정하여지는 아파트분양계약은 수량지정매매에 해당한다.

(2) 목적물의 일부가 계약 당시에 이미 멸실되어 있을 것

1) 매매목적물의 일부가 계약 당시에 멸실되어야 한다. 즉 원시적 일부 불능에 해당되어야 한다. 원시적 전부 불능은 무효이어서 계약체결상의 과실책임이 문제되고, 후발적 불능은 채무불이행이나 위험부담의 문제가 된다.

2) 부동산매매계약에 있어서 실제면적이 계약면적에 미달하는 경우에는 그 매매가 수량지정매매에 해당할 때에 한하여 민법 제574조, 제572조에 의한 대금감액청구권을 행사함은 별론으로 하고, 그 매매계약이 그 미달 부분만큼 일부 무효임을 들어 이와 별도로 일반 부당이득반환청구를 하거나 그 부분의 원시적 불능을 이유로 민법 제535조가 규정하는 계약체결상의 과실에 따른 책임의 이행을 구할 수 없다(판례).

3. 책임의 내용

(1) 수량부족을 모른 선의의 매수인에 한해 권리의 일부가 타인에게 속한 경우의 담보책임 규정을 준용한다(574조).

(2) 선의의 매수인은 대금감액청구권과 손해배상청구권을 가지며 또 나머지 부분만이면 그 권리를 매수하지 않았을 때는 계약 전부를 해제할 수 있다(572조, 574조).

(3) 제척기간

선의의 매수인은 그 사실을 안 날로부터 1년 내에 행사하여야 한다.

문제 13

매매의 목적인 권리에 제한물권 등이 있는 경우의 담보책임을 약술하시오.

1. 의의

(1) 매매의 목적인 권리가 제한물권 등에 의해 제한되는 경우 매도인이 매수인에 대하여 부담하는 담보책임을 말한다.

(2) 담보책임의 성질

매매의 목적인 권리의 흠결 또는 그 권리의 객체인 물건에 하자가 있는 경우에 유상계약의 등가성 유지를 위하여 매도인이 지는 책임을 담보책임이라고 한다. 이는 매도인의 고의나 과실을 요구하지 않는 무과실책임이다.

2. 담보책임의 요건

(1) 매매의 목적인 권리가 지상권 전세권 질권 유치권 또는 등기된 임차권이나 주택임대차보호법 또는 상가건물임대차보호법의 적용을 받는 임차권 등 타인의 제한물권 등에 의하여 그 용익권능에서 제한되어 있어야 한다.

(2) 매매의 목적인 부동산을 위하여 존재하여야 할 지역권이 없는 경우에도 적용된다.

3. 담보책임의 내용

(1) 해제권

용익권능 등의 제한으로 인하여 매매의 목적을 달성할 수 없는 경우에 한하여 선의의 매수인은 계약을 해제할 수 있다.

(2) 손해배상

선의의 매수인만 손해배상을 청구할 수 있다.

(3) 제척기간

매수인이 그 사실을 안 날로부터 1년 동안만 존속한다.

문제 14

저당권·전세권 행사의 경우의 담보책임에 대해서 약술하시오.

1. 담보책임의 성질

매매의 목적인 권리의 흠결 또는 그 권리의 객체인 물건에 하자가 있는 경우에 유상계약의 등가성 유지를 위하여 매도인이 지는 책임을 담보책임이라고 한다. 이는 매도인의 고의나 과실을 요구하지 않는 무과실책임이다.

2. 요건

(1) 소유권을 취득할 수 없을 때

1) 저당권 또는 전세권이 설정된 부동산에 대해 매매계약을 체결하고 아직 소유권이전등기를 하지 않은 상태에서, 저당권 등에 기한 경매로 인해 매수인이 그 소유권을 취득할 수 없게 되는 것을 말한다.

2) 가등기된 부동산의 매수인이 가등기에 기한 본등기로 인해 권리를 상실한 경우에 대해서도 576조의 담보책임을 부담한다(대판 1992.10.27. 92다21784).

(2) 취득한 소유권을 잃은 때

저당권 등이 설정된 부동산을 매수인이 취득한 경우로서, 그 후 저당권의 실행으로 제3자가 소유권을 취득하는 결과 매수인이 취득한 소유권을 잃게 되는 것을 말한다.

(3) 소유권을 보존한 때

위의 경우에 매수인이 그의 출재로 소유권을 보존한 경우이다.

3. 책임의 내용

(1) 계약해제권과 상환청구권

매수인은 선의·악의에 관계없이 계약을 해제할 수 있고, 매수인은 출재로 피담보채무를 변제하면 그 상환을 청구할 수 있다.

(2) 손해배상청구권

계약해제나 상환청구와 함께 손해의 배상을 청구할 수 있다.

(3) 책임의 배제

매수인이 저당권의 피담보채무 또는 전세금의 반환채무를 인수한 경우나 이행인수한 경우에는 매도인에게 담보책임을 물 수 없다(대판 2002.9.4. 2002다11151).

> 문제 15
>
> 경매의 담보책임에 대해서 약술하시오.

1. 의의

(1) 경매의 목적인 권리에 하자가 있는 경우에 채무자 등이 경락인에게 책임을 진다.

(2) 권리의 하자일 것

경매에서의 담보책임은 권리의 하자에 대해서만 인정되며, 물건의 하자에 대해서는 담보책임을 인정하지 않는다(580조 2항).

(3) 특색

1) 먼저 채무자가 담보책임을 진다. 채무자가 무자력인 경우에 한하여 경매대금을 배당받은 채권자가 담보책임을 진다.

2) 손해배상청구는 원칙적으로 인정되지 않는다. 경매는 채무자의 의사에 의한 것이 아니기 때문이다.

2. 요건

(1) 공경매에 의할 것

경매는 통상의 강제경매 등 국가기관이 법률에 의해 행하는 공경매를 말한다. 사경매는 포함되지 않는다. 경락인은 매수인의 지위에, 채무자는 매도인의 지위에 있다.

(2) 경매절차는 유효할 것

경매절차 자체가 무효인 경우에는 경매의 채무자나 채권자의 담보책임은 인정될 여지가 없다.

(3) 경매된 권리에 570조 ~ 575조의 결과가 발생하여 경락인이 불이익을 받는 경우이다. 법조문에는 전8조라고 되어 있지만 576조와 577조는 적용될 여지가 없다. 저당권 등은 경매로 당연히 소멸되기 때문이다.

3. 담보책임의 내용

(1) 계약해제권·손해배상청구권

경락 받은 권리에 하자가 있는 경우에는 하자의 유형에 따라 경락인은 1차적으로 채무자에게 경매계약의 해제(원상회복청구) 또는 대금감액의 청구를 할 수 있다.

(2) 대금반환청구권

계약을 해제하거나 대금감액을 청구하면 이미 지급한 대금의 전부 또는 일부를 반환청구할 수 있다. 그 상대방은 1차적으로 채무자이고, 채무자가 무자력이면 배당을 받은 채권자에 대하여 그 대금전부나 일부의 반환을 청구할 수 있다.

(3) 손해배상청구권

경락인은 손해배상을 청구할 수 없는 것이 원칙이지만, 채무자가 물건 또는 권리의 흠결을 알고 고지하지 아니하거나 채권자가 이를 알고 경매를 청구한 때에는 경락인은 그 흠결을 안 채무자나 채권자에 대하여 손해배상을 청구할 수 있다.

문제 16

채권 매도인의 담보책임을 약술하시오.

1. 의의

채권을 매도한 경우에 채권의 존재나 채권액에 하자가 있어 매수인이 만족을 얻지 못하는 경우이다. 채권도 권리인 점에서 그 유형에 따라 570조 이하의 규정이 적용된다.

2. 채무자의 변제자력

(1) 문제점

채권을 매매한 경우에 매도인은 채무자의 변제자력까지 책임을 지는 것은 아니다. 그러나 채권의 매매에 수반하여 매도인이 채무자의 자력을 담보하는 특약을 맺은 때에는 채무자의 무자력에 대해서도 책임을 지는데, 어느 때의 채무자의 자력을 담보하는지가 문제된다.

(2) 내용

1) 변제기에 도달한 채권 : 매매계약 당시의 자력을 담보한 것으로 추정된다.

2) 변제기에 도달하지 아니한 채권 : 변제기의 자력을 담보한 것으로 추정한다.

문제 17

물건의 하자에 담보책임에 대해서 약술하시오.

〈참고〉

구분	권리의 하자	물건의 하자
경매의 경우	담보책임 O	×
매수인의 선의·무과실 필요 여부	무과실은 × (선의는 보통 필요함)	O
제척기간	1년이 보통	6월

1. 담보책임의 성질

매매의 목적인 권리의 흠결 또는 그 권리의 객체인 물건에 하자가 있는 경우에 유상계약의 등가성 유지를 위하여 매도인이 지는 책임을 담보책임이라고 한다. 이는 매도인의 고의나 과실을 요구하지 않는 무과실책임이다.

2. 요건

(1) 매매의 목적물에 하자가 있을 것

1) 하자의 개념

매매의 목적물이 거래통념상 기대되는 객관적 성질·성능을 결여하거나(객관적 하자) 당사자가 예정 또는 보증한 성질을 결여(주관적 하자)하여야 한다. 물건이 통상의 품질이나 성능을 갖추고 있는 경우에도 당사자의 특약에 의하여 보유하여야 하는 성질·성능을 결여하고 있으면 하자가 인정된다.

2) 법률상 장애

① 매매목적물이 법률상의 장애로 사용가치가 떨어지는 경우를 말한다. 건축을 목적으로 매매된 토지에 대하여 법적 제한 때문에 건축허가를 받을 수 없어 건축이 불가능한 경우가 이에 속한다. 특히 경매에서 담보책임을 물을 수 있는지 관건이 된다.

② 판례는 이를 물건의 하자로 본다. 따라서 경매목적물에 법률상 장애가 있어도 담보책임의 문제는 발생하지 않는다. 경매과정에서 이를 발견하기가 쉽지 않다고 보는 것이다.

3) 하자판단의 기준시기

하자의 존부는 매매계약시를 기준으로 판단한다. 따라서 계약 성립 이후에 하자가 발생하면 이는 채무불이행책임이나 위험부담의 문제가 된다.

(2) 매수인의 선의·무과실

담보책임을 주장하는 매수인은 물건의 하자만 입증하면 되고 매수인의 악의나 과실은 매도인이 입증한다.

3. 효과

(1) 계약해제권

특정물의 하자로 인하여 매매의 목적을 달성할 수 없는 때에는, 매수인은 계약을 해제할 수 있다.

(2) 손해배상청구권

매매의 목적을 달성할 수 없는 때에는 매수인은 계약의 해제와 아울러 손해배상을 청구할 수 있다. 계약의 목적을 달성할 수 없을 정도로 중대한 하자가 아니면 매수인은 손해배상만을 청구할 수 있다.

1) 담보책임은 무과실책임이므로 신뢰이익의 배상이 원칙이다. 하자가 없다고 믿고서 매매계약을 체결함으로 인하여 입은 손해를 말하는 것으로 하자에 상응하는 대금감액의 실질을 가진다.

2) 그러나 종류물매매에서 판례는 이행이익의 배상을 인정하였다.

3) 하자로 인한 확대손해를 매도인에게 배상책임을 지우기 위해서는 의무위반에 대한 매도인의 귀책사유가 인정될 수 있어야만 한다(대판 1997. 5.7. 96다39455).

(3) 종류물의 경우에는 완전물급부청구권 인정

매수인은 계약의 해제 또는 손해배상의 청구를 하지 아니하고 그에 갈음하여 하자 없는 물건의 급부를 청구할 수 있다.

(4) 권리행사기간

1) 위 권리는 매수인이 그 사실을 안 날부터 6개월 내에 행사하여야 한다.

2) 제척기간과 소멸시효의 중복적용 여부

하자담보에 기한 매수인의 손해배상청구권은 그 권리의 내용·성질 및 취지에 비추어 민법 제162조 제1항의 채권 소멸시효의 규정이 적용된다고 할 것이고, 민법 제582조의 제척기간 규정으로 인하여 위 소멸시효 규정의 적용이 배제된다고 볼 수 없다.

문제 18

을은 주택의 신축을 목적으로 갑소유 X대지를 매수하였는데, 매매계약 체결 당시에는 그 목적에 따라 건축허가를 받는데에 법률상의 제한이 없었으나, 이 후에 매수인 을이 사업계획을 변경하여 아파트를 건축 분양하기로 함에 따라 주택건설촉진법의 적용을 받게 되어 그 허가를 신청한 결과 부결이 되었다. 결국 을은 X대지 위에 아파트를 건설할 수 없게 되었다.음 물음에 답하시오.

물음 1 을은 X대지 위에 아파트를 건설할 수 없는 법률상의 하자는 물건의 하자인가?

물음 2 그 하자가 물건의 하자이면 권리의 하자인 경우와 비교하여 어떤 차이가 있는지를 약술하시오.

물음 3 을은 갑에게 580조 담보책임을 물을 수 있는가?

물음 1

매매의 목적물이 거래통념상 기대되는 객관적 성질·성능을 결여하거나, 당사자가 예정 또는 보증한 성질을 결여한 경우에 매도인은 매수인에 대하여 그 하자로 인한 담보책임을 부담한다 할 것이고, 한편 건축을 목적으로 매매된 토지에 대하여 건축허가를 받을 수 없어 건축이 불가능한 경우, 위와 같은 법률적 제한 내지 장애 역시 매매목적물의 하자에 해당한다 할 것이다(대법원 2000. 1. 18. 선고 98다18506).

물음 2

1. 경매의 경우

경매를 통하여 취득한 권리에 하자가 있으면 담보책임을 물을 수 있지만, 매매로 취득한 물건에 하자가 있으면 담보책임을 물을 수 없다(580조 2항).

2. 매수인의 선의, 무과실의 여부

권리의 하자의 경우에는 담보책임을 묻기 위한 요건으로서 매수인의 무과실은 요건이 아니고, 선의는 요건인 경우가 있다. 물건의 하자의 경우에는 매수인이 매도인에게 담보책임을 묻기 위해서는 선의와 무과실이 동시에 요구된다.

3. 제척기간

권리의 하자의 경우에는 제척기간이 1년인 경우가 많고 아예 제척기간이 없는 경우도 있다. 물건의 하자의 경우에는 제척기간이 하자를 안 날로부터 6개월이다(582조).

물음 3

하자의 존부는 매매계약 성립시를 기준으로 판단하여야 할 것이다. 따라서 원시적 하자에 대해서만 담보책임을 물을 수 있다. 사안의 경우에는 매매계약시에는 법률상의 장애가 없었으나 계약 성립 후에 하자가 발생한 후발적 하자이므로 을은 갑에게 담보책임을 물을 수 없다.

문제 19

B는 1998. 7. 21. A 소유 토지를 매수하고, 1998. 9. 14.에 인도를 받았다. 2005. 6. 16. B가 위 토지를 C에게 45억원에 매도하여, C 앞으로 소유권이전등기가 경료되었다. 2006. 8. C가 위 토지상에 지점을 신축하기 위해 공사를 하는 과정에서 1만톤 이상의 폐기물이 발견되었고, 2006. 8. 7. C가 이 사실을 B에게 통지하였다. 2006. 8. 17. B가 A에게 폐기물을 처리할 것과 미처리시 손해배상을 청구할 예정으로 있다고 내용증명우편으로 통지하였다. 2006. 11. 9. C가 폐기물을 처리한 뒤 B를 상대로 손해배상청구의 소를 제기하여 승소 판결을 받아, 2008. 10. 2. B는 C에게 위 금액을 지급하였다. 2009. 8. 7. B는 민법 제580조 소정의 하자담보에 기한 손해배상으로서 A를 상대로 B가 C에게 지급한 금원의 배상을 구하는 소를 제기하였다. B의 청구는 이유가 있는가? 그 청구에 대해 A는 그 손해배상청구권이 시효로 소멸되었다고 항변할 수 있는가? (20점)

1. 쟁점

물건의 하자에 대한 B의 손해배상청구권이 제척기간 내에 준수하였다고 하더라도 소멸시효가 완성되었다면 손해배상청구권은 인정되는가?의 문제이다. 즉 제척기간과 소멸시효가 중복적용되는지가 쟁점이다.

2. 물건의 하자 여부

(1) 매매의 목적물이 거래통념상 기대되는 객관적 성질·성능을 결여하거나, 당사자가 예정 또는 보증한 성질을 결여한 경우에 매도인은 매수인에 대하여 그 하자로 인한 담보책임을 부담한다.

(2) 매매의 목적물인 토지의 지하에 통상 예견할 수 있는 범위를 넘어서는 많은 양의 폐기물이 묻혀 있는 경우, 580조 소정의 물건의 하자에 해당한다.

3. 제척기간

물건의 하자에 대한 담보책임은 매수인이 그 사실을 안 날로부터 6월 내에 행사하여야 한다(582조). B는 A를 상대로 그 하자를 안 때인 2006. 8. 7.부터 6개월 내인 2006. 8. 17. 하자담보에 기한 손해배상청구를 하였으므로 582조 소정의 제척기간을 준수하였다고 할 수 있다. 따라서 B가 580조 소정의 하자담보에 기한 손해배상청구는 이유가 있다고 할 수 있다.

4. 소멸시효의 중복 적용 여부

(1) 판례

매도인에 대한 하자담보에 기한 손해배상청구권에 대하여는 582조의 제척기간이 적용되고, 이는 법률관계의 조속한 안정을 도모하고자 하는 데에 취지가 있다. 그런데 하자담보에 기한 매수인의 손해배상청구권은 권리의 내용·성질 및 취지에 비추어 162조 1항의 채권 소멸시효의 규정이 적용되고, 582조의 제척기간 규정으로 인하여 소멸시효 규정의 적용이 배제된다고 볼 수 없으며, 이때 다른 특별한 사정이 없는 한 무엇보다도 매수인이 매매 목적물을 인도받은 때부터 소멸시효가 진행한다고 해석함이 타당하다(판례).

(2) 사안의 경우

1) 제척기간을 준수하였다고 하더라도 목적물을 인도받은 때인 1998. 9. 14.부터 위 손해배상청구권의 시효는 별도로 진행되는데, B는 그로부터 10년이 지난 2009. 8. 7.에 재판상 청구를 한 것이므로, A는 그 손해배상청구권이 시효로 소멸되었다고 항변할 수 있다.

2) 제척기간 내인 2006. 8. 17.에 권리행사를 한 것을 최고로 보아 시효중단의 사유로 삼을 수 있다고 하더라도, 그로부터 6개월 내에 시효중단의 효력이 유지되는 다른 조치를 취하지 않은 이상 그 효력을 잃게 된다.

3) 따라서 B의 하자담보에 기한 손해배상청구권은 B가 A에게서 부동산을 인도받았을 것으로 보이는 소유권이전등기일로부터 소멸시효가 진행하는데, B가 그로부터 10년이 경과한 후 소를 제기하였으므로, B의 하자담보책임에 기한 손해배상청구권은 이미 소멸시효 완성으로 소멸되었다.

> **문제 20**
>
> 갑은 고서화 소매업을 운영하는 사람이다. 갑이 김홍도의 산수화 1점을 보유하고 있음을 알게 된 을법인의 대표이사 A는 위 산수화를 전시하기 위해 2014. 3. 1. 갑의 화랑을 방문하여 을 명의로 위 산수화를 대금 1억원에 매수하는 내용의 매매계약을 체결하였다. 갑은 다음 날 A로부터 대금 전액을 받고 산수화를 인도하였다. A는 갑과 위 매매계약을 체결할 당시 산수화가 단원의 진품이라고 감정된 한국고미술협회의 감정서를 갑으로부터 받았다. 갑과 A는 한국고미술협회의 권위를 믿고 산수화가 진품이라는 것에 대해 별다른 의심을 하지 않았다. 그런데 위 작품의 진위 여부에 관해 우연한 기회에 의구심을 갖게 된 A는 2019. 2. 28. 한국미술품 감정평가원에 감정을 의뢰하였고, 2019. 3. 3. 산수화가 위작이라는 회신을 받았다. 2019. 7. 1.을 기준으로 을 법인이 갑과의 매매계약의 구속에서 벗어날 수 있는 방법을 담보책임과 착오를 중심으로 검토하고 양자의 관계를 서술하시오.

1. 쟁점의 정리

을법인이 매매계약의 구속에서 해방되는 것은 계약에 무효나 취소 원인이 있거나 계약을 해제할 수 있는 경우이다. 당 사안에서는 물건의 하자에 대한 담보책임의 인정 여부와 착오가 문제된다.

2. 담보책임에 의한 계약의 해제 여부

(1) 요건

1) 물건에 하자가 있어야 한다(580조 1항). 매매의 목적물이 거래통념상 기대되는 객관적 성질·성능을 결여하거나, 당사자가 예정 또는 보증한 성질을 결여한 경우에 매도인은 매수인에 대하여 그 하자로 인한 담보책임을 부담한다.

2) 진품을 전제로 맺은 매매계약이 위작임이 드러난 경우, 이는 특정물에 하자가 있는 것으로서 민법 제580조 1항이 적용된다.

(2) 책임의 내용

1) 매매의 목적물에 하자가 있는 때에는 이로 인하여 계약의 목적을 달성할 수 없는 경우에 한하여 매수인은 계약을 해제할 수 있다. 기타의 경우에는 손해배상만을 청구할 수 있다. 그러나 매수인이 하자있는 것을 알았거나 과실로 인하여 이를 알지 못한 때에는 그러하지 아니하다(580조 1항).

2) 그 권리는 매수인이 그 사실을 안 날로부터 6월 내에 행사하여야 한다(582조). 582조 소정의 매수인의 권리행사 기간은 재판상 또는 재판 외에서의 권리행사에 관한 기간이므로 매수인은 소정 기간 내에 재판 외에서 권리행사를 함으로써 그 권리를 보존할 수 있고, 재판 외에서의 권리행사는 특별한 형식을 요구하는 것이 아니므로 매수인이 매도인에 대하여 적당한 방법으로 물건에 하자가 있음을 통지하고, 계약의 해제나 하자의 보수 또는 손해배상을 구하는 뜻을 표시함으로써 충분하다(판례).

(3) 사안의 경우

산수화가 진품이라고 한국고미술협회가 감정한 점에 비추어 을에게 선의, 무과실이 인정되고, 을은 위작임을 안 때부터 6개월 내에 갑을 상대로 담보책임을 물을 수 있는데, 2019. 7. 1.은 그 기간 내이므로, 을은 매도인의 담보책임에 기해 갑과의 매매계약을 해제할 수 있다.

3. 착오에 의한 취소 가능 여부

(1) 착오에 의한 취소 요건

의사표시는 법률행위의 내용의 중요부분에 착오가 있는 때에는 취소할 수 있다. 그러나 그 착오가 표의자의 중대한 과실로 인한 때에는 취소하지 못한다(109조 1항).

(2) 사안의 경우

진품을 전제로 맺은 매매계약이 위작임이 드러난 경우에 법률행위의 중요부분의 착오가 인정되고, 진품임을 모른 점에 을에게 중과실이 있다고 인정될 수 없으므로 을은 착오를 이유로 매매계약을 취소할 수 있다. 취소권의 제척기간(146조)도 지나지 않았다.

4. 담보책임과 착오의 관계

(1) 판례

109조 1항에 의하면 법률행위 내용의 중요 부분에 착오가 있는 경우 착오에 중대한 과실이 없는 표의자는 법률행위를 취소할 수 있고, 580조 1항, 575조 1항에 의하면 매매의 목적물에 하자가 있는 경우 하자가 있는 사실을 과실 없이 알지 못한 매수인은 매도인에 대하여 하자담보책임을 물어 계약을 해제하거나 손해배상을 청구할 수 있다. 착오로 인한 취소 제도와 매도인의 하자담보책임 제도는 취지가 서로 다르고, 요건과 효과도 구별된다. 따라서 매매계약 내용의 중요 부분에 착오가 있는 경우 매수인은 매도인의 하자담보책임이 성립하는지와 상관없이 착오를 이유로 매매계약을 취소할 수 있다.

(2) 결론

을은 매도인의 담보책임에 기해 갑과의 매매계약을 해제할 수 있고, 동시에 착오에 기해서 매매계약을 취소할 수도 있다.

문제 21

농업용 난로의 동력전달장치의 부품업자인 갑으로부터 여러 등급의 커플링이 있음에도 을은 그 중에서 가장 싼 커플링을 구입하여 농업용 난로를 제조하여 이를 병에게 판매하였고, 병은 이를 비닐하우스 안에 설치하여 가동하였는데, 그 동안 별 이상이 없다가 혹한기에 이르러 그 난로가 제대로 작동하지 않아 비닐하우스 안의 농작물이 죽어 피해를 입었다.

물음 1 갑이 판매한 부품에 하자가 있는가?

물음 2 갑은 확대손해에 대해서 손해배상책임을 져야 하는가?

물음 1

1. 부품의 하자 여부

1) 매도인이 매수인에게 공급한 부품이 통상의 품질이나 성능을 갖추고 있는 경우, 나아가 내한성이라는 특수한 품질이나 성능을 갖추고 있지 못하여 하자가 있다고 인정할 수 있기 위하여는, 매수인이 매도인에게 완제품이 사용될 환경을 설명하면서 그 환경에 충분히 견딜 수 있는 내한성 있는 부품의 공급을 요구한 데 대하여, 매도인이 부품이 그러한 품질과 성능을 갖춘 제품이라는 점을 명시적으로나 묵시적으로 보증하고 공급하였다는 사실이 인정되어야만 할 것이다.

2) 사안의 경우

   가격이 싼 커플링에 대해 내한성이 있는 것으로 보증하는 등 물건의 특수한 품질과 성능에 대해 당사자 간에 합의가 없는 이상 그 물건에 하자가 있다고 볼 수 없다.

물음 2

1. 확대손해에 대한 손해배상책임

1) 매매목적물의 하자로 인하여 확대손해 내지 2차 손해가 발생하였다는 이유로 매도인에게 그 확대손해에 대한 배상책임을 지우기 위하여는 채무의 내용으로 된 하자 없는 목적물을 인도하지 못한 의무위반사실 외에 그러한 의무위반에 대하여 매도인에게 귀책사유가 인정될 수 있어야만 한다.

2) 사안의 경우

   당 사안에서는 이를 인정하기 어려우므로 을은 갑에게 손해배상을 청구할 수 없다(판례).

문제 22

갑이 을 주식회사로부터 자동차를 매수하여 인도받은 지 5일 만에 계기판의 속도계가 작동하지 않는 하자가 발생하였다. 이를 이유로 갑은 을 회사를 상대로 신차 교환을 청구할 수 있는가?

1. 완전물급부청구권의 제한

(1) 민법의 하자담보책임에 관한 규정은 매매라는 유상·쌍무계약에 의한 급부와 반대급부 사이의 등가관계를 유지하기 위하여 민법의 지도이념인 공평의 원칙에 입각하여 마련된 것인데, 종류매매에서 매수인이 가지는 완전물급부청구권을 제한 없이 인정하는 경우에는 오히려 매도인에게 지나친 불이익이나 부당한 손해를 주어 등가관계를 파괴하는 결과를 낳을 수 있다.

(2) 따라서 매매목적물의 하자가 경미하여 수선 등의 방법으로도 계약의 목적을 달성하는 데 별다른 지장이 없는 반면 매도인에게 하자 없는 물건의 급부의무를 지우면 다른 구제방법에 비하여 지나치게 큰 불이익이 매도인에게 발생되는 경우와 같이 하자담보의무의 이행이 오히려 공평의 원칙에 반하는 경우에는, 완전물급부청구권의 행사를 제한함이 타당하다.

2. 사안의 경우

위 하자는 계기판 모듈의 교체로 큰 비용을 들이지 않고서도 손쉽게 치유될 수 있는 하자로서 하자수리에 의하더라도 신차구입이라는 매매계약의 목적을 달성하는 데에 별다른 지장이 없고, 하자보수로 자동차의 가치하락에 영향을 줄 가능성이 희박한 반면, 매도인인 을 회사에 하자 없는 신차의 급부의무를 부담하게 하면 다른 구제방법에 비하여 을 회사에 지나치게 큰 불이익이 발생되어서 오히려 공평의 원칙에 반하게 되어 매수인의 완전물급부청구권의 행사를 제한함이 타당하므로, 갑의 완전물급부청구권 행사가 허용되지 않는다(대법원 2014. 5. 16. 선고 2012다72582).

문제 23

환매권의 행사와 효과에 대해서 약술하시오.

1. 환매권의 행사방법

(1) 매도인은 환매기간 내에 대금과 매매비용을 매수인에게 제공하고 환매의 의사표시를 해야 한다. 매도인은 기간 내에 대금과 매매비용을 매수인에게 제공하지 않으면 환매할 권리를 잃는다.

(2) 형성권이므로 환매권의 행사는 상대방의 승낙을 요하지 않는다.

(3) 환매권은 재산권이고 일신전속권이 아니므로 양도성이 있고 채권자대위권의 대상이 된다.

2. 환매의 효과

(1) **소유권의 복귀**

부동산의 매매계약에 있어 당사자 사이의 환매특약에 따라 소유권이전등기와 함께 592조에 따른 환매등기가 마쳐진 경우, 매도인이 환매기간 내에 적법하게 환매권을 행사하면 환매등기 후에 마쳐진 제3자의 근저당권 등 제한물권은 소멸한다(판례).

(2) **과실과 이자의 상계**

목적물의 과실과 대금의 이자는 특별한 약정이 없으면 상계한 것으로 본다.

(3) **비용상환**

매수인이나 전득자가 목적물에 대하여 비용을 지출한 때에는 매도인은 그 비용을 상환하여야 한다. 이 비용은 환매권 행사시에 제공하지 않고 나중에 상환해도 되지만, 비용지출자는 유치권을 행사할 수 있다.

문제 24
▶ 2019년 케이스 문제 20점

甲은 乙에게 금전을 차용하기 위하여 2016년 5월 2일 자신의 1억 상당의 X토지를 乙에게 8천만 원에 매도하는 계약을 체결한 후 등기도 이전해 주었다. 그 후 2016년 5월 12일에 甲과 乙은 X 토지를 3년 후에 甲에게 다시 매도할 것을 약정하는 계약을 체결하고, 이 청구권을 보전하기 위하여 甲은 가등기를 하였다. 甲은 2019년 5월13일에 乙에게 8천만원을 제시하면서 X 토지를 자신에게 매도할 것을 요구하고 있다. 이에 대하여 甲은 본 약정은 환매계약이라고 주장하고, 乙은 재매매의 예약이라고 주장하고 있다. 환매와 재매매의 예약과의 차이점에 관하여 설명하고 甲의 주장이 타당한지 검토하시오.

1. 문제의 소재

갑이 매도하고 등기를 이전한 토지에 대해서 10일 이후에 다시 매수하기로 한 약정의 법적 성질이 문제된다.

2. 환매와 재매매의 예약

(1) 환매

환매란 매도인이 매매계약과 동시에 특약으로 환매권을 보류한 경우에, 그 환매권을 일정한 기간 내에 행사함으로써, 매매의 목적물을 다시 사 오는 것을 말한다.

(2) 재매매의 예약

이에 반해 재매매의 예약은 장래 매수인이 다시 그 매매 목적물을 매도인에게 매각할 것을 예약하는 것이다.

3. 환매와 재매매의 예약의 차이점

(1) 민법의 규정

환매에 관해서는 590조 내지 595조에서 이를 정하는데, 재매매의 예약에 관해 따로 규정하는 것은 없다. 590조 내지 595조가 적용되는 경우는 재매매의 예약 중에서도 특히 환매라 하고, 그 요건에 해당하지 않는 그 밖의 경우는 재매매의 예약으로 본다.

1) **특약의 시기**

환매의 특약은 매매계약과 동시에 하여야 하나, 재매매의 예약은 그러한 제한이 없다.

2) **대금**

특별한 약정이 없으면 환매권자는 최초의 매매대금과 매수인이 부담한 매매비용을 반환하고 환매할 수 있으나, 재매매의 예약은 그러한 제한이 없다.

3) **기간**

환매기간은 부동산은 5년, 동산은 3년을 넘지 못하나, 재매매의 예약은 그러한 제한이 없다.

제2절 매매계약 | **139**

(2) 등기

환매의 경우에는 환매권의 보류를 등기할 수 있으나, 재매매의 예약은 청구권 보전의 가등기를 할 수 있을 뿐이다.

4. 사안에의 적용

(1) X 토지를 3년 후에 갑에게 다시 매도할 것을 약정하는 계약은 원래의 매매계약이 성립된 이후에 체결된 것이므로 이는 재매매의 예약에 해당한다. 따라서 환매계약이라는 갑의 주장은 타당하지 않다.

(2) 갑이 2019년 5월 13일에 을에게 8천만 원을 제시하면서 X 토지를 자신에게 매도할 것을 요구하는 것은 재매매의 예약에 따른 예약완결권의 행사로 볼 수 있다. 이로써 두 번째 매매계약이 성립하게 되어 갑은 을에게 X 토지의 소유권 이전을 청구할 수 있다.

제3절 소비대차

문제 01

소비대차의 효력에 대해서 약술하시오.

1. 소비대차의 의의

소비대차는 당사자 일방이 금전 기타 대체물의 소유권을 상대방에게 이전할 것을 약정하고 상대방은 그와 같은 종류, 품질 및 수량으로 반환할 것을 약정함으로써 그 효력이 생기는 이른바 낙성계약이므로, 차주가 현실로 금전 등을 수수하거나 현실의 수수가 있은 것과 같은 경제적 이익을 취득하여야만 소비대차가 성립하는 것은 아니다(대법원 1991. 4. 9. 90다14652).

2. 대주의 의무

(1) 목적물 이전의무

대주는 차주가 목적물을 이용할 수 있도록 하기 위하여 목적물의 소유권을 차주에게 이전하여야 한다.

(2) 대주의 담보책임

1) 이자 있는 소비대차

매도인의 하자담보책임의 규정을 준용하므로 선의이고 무과실인 차주는 소비대차의 목적을 달성할 수 없는 때에 계약을 해제하고 손해배상을 청구할 수 있다. 또는 이에 갈음하여 하자 없는 물건을 청구할 수도 있다. 이러한 권리는 차주가 그 사실을 안 날부터 6개월 내에 행사하여야 한다.

2) 이자 없는 소비대차

대주는 담보책임을 지지 않지만 하자를 알고 차주에게 고지하지 아니한 때에는 이자 있는 소비대차와 같은 담보책임을 부담한다.

3. 차주의 의무

(1) 목적물반환의무

1) 원칙

차주는 대주로부터 받은 것과 동종 동질 동량의 물건을 반환하여야 한다.

2) 예외

① 차주가 차용물과 같은 것으로 반환할 수 없는 때에는 불능 당시의 시가로 상환하면 된다.
② 하자있는 물건을 받은 경우 : 무이자 소비대차에서 목적물에 하자가 있는 때에는 차주는 그 하자 있는 물건의 가액으로 반환할 수 있다.

(2) 이자지급의무

이자있는 소비대차는 차주가 목적물의 인도를 받은 때로부터 이자를 계산하여야 하며 차주가 그 책임 있는 사유로 수령을 지체할 때에는 대주가 이행을 제공한 때로부터 이자를 계산하여야 한다.

(3) 대물대차의 경우

1) 대물대차의 의의

금전을 소비대차의 목적으로 약정하면서 대주가 금전에 갈음하여 약속어음, 국채 또는 예금통장과 인장 등 유가증권 기타 물건을 교부할 때가 있는데 이를 대물대차라고 한다.

2) 대물대차의 효력

① 이러한 대물대차도 유효하지만 대주가 반환가액을 물건의 시가보다 높이 정하여 폭리를 취할 가능성이 있다. 따라서 그 '인도시의 가액'으로써 차용액으로 한다(606조).
② 이는 대주의 폭리를 방지하기 위한 규정이므로 강행규정이며, 이에 위반하는 특약을 하더라도 그 것이 차주에게 불리하면 무효이다(608조).

(4) 반환시기

1) 차주는 약정시기에 차용물과 같은 종류, 품질 및 수량의 물건을 반환하여야 한다.

2) 반환시기의 약정이 없는 때에는 대주는 상당한 기간을 정하여 반환을 최고하여야 한다. 그러나 차주는 언제든지 반환할 수 있다.

문제 02

대물반환의 예약에 대해서 약술하시오.

1. 의의

1) 소비대차를 하면서 차주가 본래의 급부에 갈음하여 다른 재산권을 이전할 것을 미리 예약한 경우를 말한다.

2) 폭리 규제

대물반환의 예약은 폭리를 취하는 수단으로 이용되는 경우가 많다. 이에 민법은 607조, 608조를 두어 규제를 하지만, 이들 규정만으로 불충분하여 대물반환의 예약과 함께 (가)등기를 한 때는 엄격한 청산 절차를 거치는 가담법을 시행하고 있다.

2. 607조, 608조의 요건

(1) 소비대차(또는 준소비대차)에 의한 채무일 것

소비대차 또는 준소비대차에 의하여 차주가 반환할 의무가 있는 것만을 의미하는 것이다. 따라서 매매대금채무, 전세금반환채무를 위한 대물변제 예약의 경우에는 그 적용이 없다.

(2) 목적물

대물반환의 예약에는 아무런 제한이 없으므로 동산, 부동산, 그밖의 재산권을 목적으로 할 수 있다.

(3) 대물반환의 예약을 할 것

변제기 전에 예약을 하여야 한다. 따라서 변제기 후에 한 약정, 즉 대물변제에는 적용이 없으므로 그대로 유효하다.

(4) 차용물 가액이 차용액 및 이에 붙인 이자의 합산액을 넘을 것

차용물 가액이 차용액 및 이에 붙인 이자의 합산액을 넘는지 여부는 예약당시를 기준으로 판단한다. 소유권 이전시를 기준으로 할 것이 아니다.

3. 효과

(1) 차용물의 반환에 관하여 차주가 차용물에 갈음하여 다른 재산권을 이전할 것을 예약한 경우에는 그 재산의 예약 당시의 차용액 및 이에 붙인 이자의 합산액을 넘지 못한다(607조).

(2) 이에 위반한 당사자의 약정으로서 차주에 불리한 것은 환매 기타 여하한 명목이라도 그 효력이 없다(608조).

(3) 차주에게 불리한 것은 효력이 없다는 의미

판례는 약한 의미의 양도 담보의 효력은 있다고 본다. 즉 전면적으로 무효가 되는 것은 아니고 그 초과부분을 채무자에게 반환하여 청산하여야 한다는 의미이다.

문제 03

▶ 2015년 약술형문제 20점

준소비대차의 의의, 성립요건 및 효과에 관하여 설명하시오.

1. 의의

(1) 준소비대차의 개념

소비대차에 의하지 아니하고 다른 계약에 의하여 당사자 일방이 금전 기타의 대체물을 지급할 의무가 있는 경우에, 당사자가 그 목적물을 소비대차의 목적으로 할 것을 약정한 경우를 말한다(605조).

(2) 경개와의 구별

1) 기존채무를 소멸케 하고 신채무를 성립시키는 계약인 점에 있어서는 경개와 동일하지만 경개에 있어서는 기존채무와 신채무 사이에 동일성이 없는 반면, 준소비대차에 있어서는 원칙적으로 동일성이 인정된다는 점에 차이가 있다.

2) 기존채권, 채무의 당사자가 그 목적물을 소비대차의 목적으로 할 것을 약정한 경우 그 약정을 경개로 볼 것인가 또는 준소비대차로 볼 것인가는 일차적으로 당사자의 의사에 의하여 결정되고, 만약 당사자의 의사가 명백하지 않을 때에는 준소비대차로 보아야 한다(판례).

2. 요건

1) 당사자

기존채무의 당사자와 준소비대차계약의 당사자가 일치하여야 한다.

2) 기존채무가 유효할 것

기존채무가 부존재하거나 무효인 경우에는 신채무는 성립하지 않고 신채무가 무효이거나 취소된 때에는 기존채무는 소멸하지 않았던 것이 된다.

3) 합의

기존채무의 목적물을 소비대차의 목적으로 한다는 합의가 있어야 한다.

3. 효과

1) 구채무의 소멸·신채무의 성립

준소비대차는 소비대차의 효력이 생긴다(605조). 기존채무는 소멸하고 소비대차에 의한 신채무가 성립한다.

2) 구채무와 신채무간 동일성 유지

기존채무와 신채무의 동일성이란 기존채무에 동반한 담보권, 항변권 등이 당사자의 의사나 그 계약의 성질에 반하지 않는 한 신채무에도 그대로 존속한다는 의미이다.

3) 소멸시효에 있어서 독립성
  ① 기존채무의 시효는 준소비대차로 중단되고
  ② 신채무의 소멸시효 기산점은 준소비대차로 인해 발생한 신채권을 행사할 수 있는 때이며
  ③ 신채무의 소멸시효기간은 기존채무가 아니라 준소비대차에 의하여 성립하는 신채무를 기준으로 정한다(판례).

제4절 사용대차

문제 01

사용대차의 효력에 대해서 약술하시오.

1. 사용대차의 의의

당사자 일방이 상대방에게 무상으로 사용 수익케 하기 위하여 목적물을 인도할 것을 약정하고, 상대방은 이를 사용 수익한 후 그 물건을 반환할 것을 약정함으로써 성립하는 계약이다(609조). 사용차주가 차용물 자체를 반환한다는 점에서 차용물 자체를 반환하지 않는 소비대차와는 다르다.

2. 사용대차의 효력

(1) 대주의 의무

1) 목적물 인도의무 및 사용·수익하게 할 의무

대주는 차주가 사용 수익할 수 있도록 목적물을 인도할 의무를 지고, 인도 후에는 차주의 정당한 용익을 방해하지 않을 의무를 진다. 이러한 의무는 적극적인 의무는 아니며, 차주의 사용·수익을 방해하지 않을 소극적 의무이다. 따라서, 대주는 임대인과 같은 수선의무를 부담하지 않는다. 무상이기 때문이다.

2) 대주의 담보책임

사용대차와 증여는 무상계약인 점에서 동일하므로 증여자의 담보책임이 준용된다. 즉 대주는 원칙적으로 담보책임이 없으나, 대주가 목적물의 하자나 흠결을 알고 있으면서 차주에게 고지하지 않은 때에는 담보책임을 진다.

(2) 차주의 사용·수익권

1) 차주는 계약 또는 그 목적물의 성질에 의하여 정하여진 용법으로 이를 사용, 수익하여야 한다.

2) 차주는 대주의 승낙이 없으면 제삼자에게 차용물을 사용, 수익하게 하지 못한다.

3) 차주가 전2항의 규정에 위반한 때에는 대주는 계약을 해지할 수 있다.

(3) 차주의 의무

1) 차용물보관의무

    차주는 특정물인도채무를 부담하므로 반환할 때까지 선량한 관리자의 주의로 보존할 의무를 진다(374조).

2) 차용물에 대한 비용의 부담

    ① 차용물의 통상의 필요비는 차주가 부담한다.
    ② 통상의 필요비가 아닌 기타의 비용에 대하여는 제594조 제2항이 준용된다. 따라서 유익비는 그 가액의 증가가 현존한 경우에 한하여 대주의 선택에 좇아 그 지출한 금액이나 증가액의 상환을 대주에게 청구할 수 있다.
    ③ 비용의 상환청구는 대주가 물건의 반환을 받은 날부터 6개월 내에 하여야 한다.

3) 원상회복의무

    차주가 차용물을 반환하는 때에는 이를 원상에 회복하여야 한다. 이에 부속시킨 물건은 철거할 수 있다.

4) 공동차주의 연대의무

    수인이 공동하여 물건을 차용한 때에는 연대하여 그 의무를 부담한다. 이는 부진정연대채무가 아닌 순수 연대채무이다.

제5절 임대차

문제 01

임대인의 수선의무에 대해서 약술하시오.

1. 의의

(1) 임대인은 임대차기간 중 임대목적물을 사용·수익에 필요한 상태를 유지하게 할 의무를 부담하므로(623조) 목적물의 상태가 사용·수익에 적합하지 아니하면 수선해야 할 적극적인 의무를 부담한다.

(2) **임차인의 인용의무**

1) 임대인이 보존에 필요한 행위를 하는 때에는 임차인은 이를 거절하지 못한다(624조).

2) 임대인이 임차인의 의사에 반하여 보존행위를 하는 경우, 임차인이 이로 인하여 임차의 목적을 달성할 수 없는 때에는 계약을 해지할 수 있다(625조).

2. 수선의 원인과 범위

(1) 목적물에 파손 또는 장해가 생긴 경우 그것이 임차인이 별 비용을 들이지 아니하고도 손쉽게 고칠 수 있을 정도의 사소한 것이어서 임차인의 사용·수익을 방해할 정도의 것이 아니라면 임대인은 수선의무를 부담하지 않는다.

(2) 그것을 수선하지 아니하면 임차인이 계약에 의하여 정하여진 목적에 따라 사용·수익할 수 없는 것이라면, 임대인에게 귀책사유가 있는 임대차 목적물의 훼손의 경우에는 물론 자신에게 귀책사유가 없는 훼손의 경우에도 마찬가지로 수선의무가 있다(대판 2010. 4. 29. 선고 2009다96984).

3. 수선의무 면제에 대한 특약

(1) 임대인의 수선의무는 특약에 의하여 이를 면제하거나 임차인의 부담으로 돌릴 수 있으며, 그러한 특약에서 수선의무의 범위를 명시하고 있다면 그대로 따르면 된다.

(2) 특약에서 수선의무의 범위를 명시하고 있지 않는 한 이것은 통상 생길 수 있는 파손의 수선 등 소규모의 수선에 한하고, 대파손의 수리, 건물의 주요 구성부분에 대한 대수선, 기본적 설비부분의 교체 등과 같은 대규모의 수선에 대해서는 여전히 임대인이 그 수선의무를 부담한다(대판 2000.3.23., 98두18053).

4. 수선의무 위반의 효과

(1) 차임지급과의 관계

1) 임대인이 목적물에 대한 수선의무를 불이행하여 임차인이 목적물을 전혀 사용할 수 없을 경우에는 임차인은 차임전부의 지급을 거절할 수 있으나, 수선의무 불이행으로 인하여 부분적으로 지장이 있는 상태에서 그 사용수익이 가능할 경우에는 그 지장이 있는 한도내에서만 차임의 지급을 거절할 수 있을 뿐 그 전부의 지급을 거절할 수는 없으므로 그 한도를 넘는 차임의 지급거절은 채무불이행이 된다(대법원 1989. 6. 13. 선고 88다카13332, 13349).

2) 이는 임대인이 수선의무를 이행함으로써 목적물의 사용·수익에 지장이 초래된 경우에도 마찬가지이다(대판 2015. 2. 26. 선고 2014다65724).

(2) 계약해제

임차목적을 달성할 수 없을 때는 임차인은 계약을 해제할 수 있다.

5. 수선의무에 속하는 것을 임차인이 대신 한 경우

(1) 필요비 청구

1) 임대인의 수선의무에 속하는 것을 임차인이 대신 한 경우에는 임차인은 즉시 임대인에게 필요비의 상환을 청구할 수 있다(626조 1항).

2) 임대인의 필요비상환의무는 특별한 사정이 없는 한 임차인의 차임지급의무와 서로 대응하는 관계에 있으므로, 임차인은 지출한 필요비 금액의 한도에서 차임의 지급을 거절할 수 있다(대판 2019. 11. 14. 선고 2016다227694).

(2) 유치권

임대차 종료 후에는 유치권으로 항변할 수 있다9320조).

문제 02

을은 임대인 갑으로부터 X주택의 일부를 보증금 2천만원 및 월차임 4십만원에 임대하였는데, 임대목적물은 반지하로서 방범창이 설치되어 있지 아니하고 주위 담장이 낮을 뿐만 아니라 대문도 없이 바로 길에 연하여 절도범이 쉽게 침입할 수 있게 되어있다. 그 후 을은 위 임차목적물에 거주하던 중, 1996. 6월경 임대목적물에 절도범이 침입하여 2백만원 상당의 금품을 절취당하였다. 이 경우 을은 갑이 자신에 위 임대목적물을 임대하면서 임대인으로서 임차인이 정상적으로 주거생활을 영위할 수 있도록 할 안전배려의무에 위반하였다는 이유로 갑에게 손해배상을 청구할 수 있는가? 만약 갑이 숙박업자라면 결과가 달라지는가?

1. 통상의 임대차의 경우

임대인의 임차인에 대한 의무는 특별한 사정이 없는 한 단순히 임차인에게 임대목적물을 제공하여 임차인으로 하여금 이를 사용·수익하게 함에 그치는 것이고, 더 나아가 임차인의 안전을 배려하여 주거나 도난을 방지하는 등의 보호의무까지 부담한다고 볼 수 없을 뿐만 아니라 임대인이 임차인에게 임대목적물을 제공하여 그 의무를 이행한 경우 임대목적물은 임차인의 지배 아래 놓이게 되어 그 이후에는 임차인의 관리하에 임대목적물의 사용·수익이 이루어지는 것이다(대법원 1999. 7. 9. 선고 99다10004).

2. 숙박업자의 투숙객에 대한 보호의무

(1) 숙박계약의 법적 성질

공중접객업인 숙박업을 경영하는 자가 투숙객과 체결하는 숙박계약은 숙박업자가 고객에게 숙박을 할 수 있는 객실을 제공하여 고객으로 하여금 이를 사용할 수 있도록 하고 고객으로부터 그 대가를 받는 일종의 일시 사용을 위한 임대차계약

(2) 숙박업자의 신의칙상 투숙객 보호의무

1) 객실 및 관련 시설은 오로지 숙박업자의 지배 아래 놓여 있는 것이므로 숙박업자는 통상의 임대차와 같이 단순히 여관 등의 객실 및 관련 시설을 제공하여 고객으로 하여금 이를 사용·수익하게 할 의무를 부담하는 것에서 한 걸음 더 나아가 고객에게 위험이 없는 안전하고 편안한 객실 및 관련 시설을 제공함으로써 고객의 안전을 배려하여야 할 보호의무를 부담한다.

2) 이러한 의무는 숙박계약의 특수성을 고려하여 신의칙상 인정되는 부수적인 의무로서 숙박업자가 이를 위반하여 고객의 생명, 신체를 침해하여 투숙객에게 손해를 입힌 경우 불완전이행으로 인한 채무불이행책임을 부담하고, 이 경우 피해자로서는 구체적 보호의무의 존재와 그 위반 사실을 주장·입증하여야 하며 숙박업자로서는 통상의 채무불이행에 있어서와 마찬가지로 그 채무불이행에 관하여 자기에게 과실이 없음을 주장·입증하지 못하는 한 그 책임을 면할 수는 없다.

3) 이와 같은 법리는 장기투숙의 경우에도 마찬가지이다(대판 1997. 10. 10. 선고 96다47302).

문제 03

임차인의 비용상환청구권에 대해서 약술하시오.

1. 의의

임대인이 계약존속 중 목적물에 대한 수선의무를 부담하므로(623조) 임차인이 목적물의 보존에 관하여 필요비를 지출하였다면 임대인에게 상환을 청구할 수 있다(626조 1항).

2. 요건

(1) 임차목적물의 보존에 관하여 비용을 지출할 것.

따라서 건물을 임차한 후 그곳에서 삼계탕집을 경영하기 위하여 지출한 장식비용 등은 어디까지나 피고가 위 건물에서 삼계탕집을 경영하기 위한 것이지 건물의 보존을 위한다거나 그 객관적 가치를 증가시키기 위한 것이 아니어서 이를 필요비 또는 유익비라고 할 수 없다(대법원 1993. 10. 8. 선고 93다25738, 93다25745).

(2) 임대인의 수선의무 범위 내일 것

(3) 필요비의 지출에 임대인의 동의가 있을 것을 요하지 않으며, 임대인이 그로 인하여 이득을 요하지도 않는다.

3. 효과

(1) 즉시 청구

임차인은 필요비를 지출한 즉시 임대인에게 상환을 청구할 수 있다(626조 1항). 필요비의 현존여부와 상관없이 임대인에게 지출한 비용 전액을 청구할 수 있다.

(2) 행사기간

필요비를 상환받지 못한 채 임대인에게 임차목적물을 인도한 때에는 그로부터 6개월 이내에 행사하여야 한다(654조, 617조).

(3) 동시이행관계

임대인의 필요비상환의무는 특별한 사정이 없는 한 임차인의 차임지급의무와 서로 대응하는 관계에 있으므로, 임차인은 지출한 필요비 금액의 한도에서 차임의 지급을 거절할 수 있다(대판 2019. 11. 14. 선고 2016다227694).

(4) 유치권

임대차 종료 후에는 유치권으로 항변할 수 있다9320조).

(5) 임의규정
비용상환에 관한 규정은 임의규정이므로 당사자가 특약으로 배제할 수 있다(652조 참조).

문제 04

▶ 2014년 약술형문제 20점

유익비상환청구권에 대해서 약술하시오.

1. 의의

유익비는 임차물 자체의 보존이나 객관적 가치를 증가시키기 위해 투입된 비용을 말한다. 이는 임대인이 부담할 성질은 아니지만 민법은 그 가치증가에 따른 이익을 임대인이 얻는 점에서 상환을 청구할 수 있도록 한다(626조 2항).

2. 요건

(1) 유익비의 개념

1) 유익비는 임차인의 편의를 위해서 지출한 것으로는 부족하고 임차물의 객관적 가치를 증가시키기 위해 투입된 비용에 한정된다.

2) 임차인이 간이음식점을 경영하기 위하여 부착시킨 간판은 건물의 객관적 가치를 증가시키기 위한 것이라고 보기 어려울 뿐만 아니라, 그로 인한 가액의 증가가 현존하는 것도 아니어서 그 간판설치비를 유익비라 할 수 없다(대판 1994.9.30., 94나20389).

3) 음식적 영업을 위한 내부시설비용도 마찬가지이다. 즉 임차인이 임차한 점포에 카페영업을 위한 내부시설 공사는 피고가 카페를 위한 필요에 의한 음식적 영업을 위한 필요에 의해 행하여진 것이고 그로 인한 이 사건 점포의 객관적 가치가 증가된 것은 아니어서 유익비에 해당하지 아니한다(대판 1991.8.27. 91다8029).

(2) 독립성 여부

임차인이 지출한 결과가 임차목적물의 구성부분으로 되어 임차물에 부합하여야 유익비상환의 대상이 되고, 비용지출의 결과물이 독립성이 있어서 그 소유권이 임차인에게 귀속되는 경우에는 부속물매수청구권의 대상이 된다.

(3) 가액의 증가가 현존하여야 한다.

(4) 유익비의 지출에 임대인의 동의가 있을 것을 요건으로 하지 않는다.

3. 효과

(1) 임대차 종료시에 임대인에게 그 상환을 청구할 수 있다.

1) 임차인은 그 가액의 증가가 현존한 때에 그가 지출한 금액이나 현존하는 증가된 가액 중 임대인이 선택한 것을 청구할 수 있다.

2) 임차인은 유익비상황청구권에 대하여 유치권을 가지지만, 법원이 임대인에게 상당한 상환기간을 허여한 때에는(626조 2항) 그러하지 않다.

(2) 행사기간

유익비를 상환받지 못한 채 임대인에게 임차목적물을 인도한 때에는 그로부터 6개월 이내에 행사하여야 한다(654조, 617조).

4. 포기 특약의 유효성

비용상환청구권에 관한 규정은 임의규정이므로 당사자가 특약으로 배제할 수 있다(652조 참조). 따라서 미리 각종 비용상환의무를 면제하거나 제한할 수 있다.

(1) 건물의 임차인이 임대차관계 종료시에는 건물을 원상으로 복구하여 임대인에게 명도하기로 약정한 것은 건물에 지출한 각종 유익비 또는 필요비의 상환청구권을 미리 포기하기로 한 취지의 특약이라고 볼 수 있어 임차인은 유치권을 주장을 할 수 없다(대판 1975. 4. 22. 선고 73다2010).

(2) '임차인은 설치한 모든 시설물에 대하여 임대인에게 시설비를 요구하지 않는다'는 약정은 임차인이 비용상환청구를 포기하는 대신 원상복구의무도 부담하지 않기로 하는 합의가 있었다고 보아야 한다(대판 1998.5.29. 98다6497).

(3) 임차인은 임대인의 승인하에 개축 또는 변조할 수 있으나 계약대상물을 명도시에는 임차인이 일체 비용을 부담하여 원상복구하여야 하는 약정은 비용상환청구권을 포기하는 합의가 원·피고 사이에 있었다.

(4) 건물임차인이 증축한 부분을 임대인 소유로 귀속시키기로 하는 약정은 임차인이 원상회복의무를 면하는 대신 투입비용의 변상이나 권리주장을 포기하는 내용이 포함된 것으로서 특별한 사정이 없는 한 유효하다(대법원 1996. 8. 20. 선고 94다44705, 44712).

문제 05

을은 갑에게 보증금을 지급하고 X주택을 임차하여 사용하던 중에 화장실을 개량하는 데 400만원을 지출하였고, 그 현존 가치는 400만원임이 인정된다. 갑과 을이 위 임대차계약을 체결할 때 "임차인은 임대인의 승인하에 개축 또는 변조할 수 있으나 부동산의 반환 기일 전에 임차인의 부담으로 원상복구한다"고 약정하였다. 갑이 적법하게 임대차계약을 해지하자 을은 보증금과 화장실 개량에 따른 400만원의 유익비를 받을 때까지는 인도 청구에 응할 수 없다고 동시이행의 항변을 하였다. 을의 주장은 타당한가? (20점)

1. 쟁점

갑과 을이 약정한 내용의 법적 의미가 문제되고, 임대차계약이 해지되었을 때 유익비와 보증금상환이 주택인도와 동시이행관계인지가 문제된다.

2. 임차인의 비용상환청구권

(1) 의의

임차인이 임차물의 보존에 관한 필요비를 지출한 때에는 임대인에 대하여 그 상환을 청구할 수 있다. 임차인이 유익비를 지출한 경우에는 임대인은 임대차 종료시에 그 가액의 증가가 현존한 때에 한하여 임차인의 지출한 금액이나 그 증가액을 상환하여야 한다. 이 경우에 법원은 임대인의 청구에 의하여 상당한 상환기간을 허여할 수 있다(626조).

(2) 행사기간

비용상환청구는 임차인이 임대인에게 목적물을 반환한 날로부터 6개월 이내에 행사하여야 한다(654조).

(3) 임의규정

비용상환에 관한 규정은 임의규정이므로 당사자가 특약으로 배제할 수 있다.

1) 임대차계약을 체결함에 있어 "임차인은 임대인의 승인하에 개축 또는 변조할 수 있으나 부동산의 반환기일 전에 임차인의 부담으로 원상복구키로 한다"라고 약정하면, 이는 임차인이 임차목적물에 지출한 각종 유익비의 상환청구권을 미리 포기하기로 한 취지의 특약이다(판례).

2) 임대차계약서에 "임차인은 임대인의 승인하에 개축 또는 변조할 수 있으나 계약대상물을 명도시에는 임차인이 일체 비용을 부담하여 원상복구하여야 함."이라는 내용이 인쇄되어 있기는 하나, 한편 원·피고는 위 계약체결 당시에 특약사항으로 "보수 및 시설은 임차인이 해야 하며 앞으로도 임대인은 해주지 않는다. 임차인은 설치한 모든 시설물에 대하여 임대인에게 시설비를 요구하지 않기로 한다." 등의 약정을 한 사실이 인정되므로, 원고는 시설비용이나 보수비용의 상환청구권을 포기하는 대신 원상복구의 의무도 부담하지 않기로 하는 합의가 원·피고 사이에 있었다(판례).

3. 보증금반환과 임차물반환의무의 동시이행 여부

임대차계약의 기간이 만료된 경우에 임차인이 임차목적물을 명도할 의무와 임대인이 보증금 중 연체차임 등 당해 임대차에 관하여 명도 시까지 생긴 모든 채무를 청산한 나머지를 반환할 의무는 모두 이행기에 도달하고 이들 의무 상호 간에는 동시이행의 관계가 있다(판례).

4. 사안의 경우

1) 626조는 임차인의 비용상환청구권을 정하고 있지만, 이는 강행규정이 아니어서, 당사자 간의 약정으로 임차인이 이를 포기하는 것으로 정하는 것은 유효한데, 설문과 같은 약정을 한 경우에는 비용상환청구권을 미리 포기하는 것으로 볼 수 있다. 그러므로 을은 유익비 400만원에 대해서는 상환을 청구할 수 없다.

2) 한편 임대차계약은 임차인 을의 해지통지에 따라 적법하게 해지되었으므로, 임차인 을은 X주택을 갑에게 인도할 의무가 있는데, 이는 임대인 갑의 보증금 반환의무와 동시이행의 관계에 있으므로, 갑의 청구에 대해 법원은 상환이행판결을 하여야 한다. 즉 을이 주택을 갑에게 인도하는 것과 동시에 갑은 을에게 보증금을 반환하여야 하는 것으로 판결해야 한다.

문제 06

▶ 2020년 약술형문제 20점

임차인의 부속물매수청구권의 의의와 요건 및 효과에 관하여 설명하시오.

1. 의의

건물 기타 공작물의 임차인이 임대인의 동의를 얻어 부속하거나 임대인으로부터 매수한 부속물이 있는 경우에 임대차 종료시에 임대인에게 그 매수를 청구할 수 있는 권리를 말한다. 이는 임차인의 투하비용 회수의 편의를 주는 동시에 그것을 철거함으로써 생기는 사회경제적 손실을 방지하는 기능을 한다.

2. 요건

(1) 건물 기타 공작물의 임대차일 것

(2) 임차인이 임차물의 사용편익을 위하여 부속시킨 것일 것

1) 건물에 부속된 임차인의 소유에 속하고 건물의 구성부분으로는 되지 아니한 독립한 물건이어야 한다. 따라서 기존건물과 분리되어 독립한 소유권의 객체가 될 수 없는 증축부분이나 임대인의 소유에 속하기로 한 부속물은 매수청구의 대상이 될 수 없다.

2) 건물의 사용에 객관적인 편익을 가져오게 하는 물건이어야 한다. 따라서 부속된 물건이 오로지 임차인의 특수목적에 사용하기 위하여 부속된 것일 때에는 이에 해당하지 않는다(대판 1993. 2.26. 92다41627).

(3) 임대인의 동의를 얻거나 임대인으로부터 매수한 부속물일 것.

유리 출입문과 새시는 점포의 사용에 객관적인 편익을 가져오게 하는 물건으로서 점포의 구성부분이 되었다고 보이지는 아니하고, 위와 같은 시설을 부속시키는 데에 대한 임대인측의 묵시적인 동의는 있었다고 볼 여지가 많다 할 것이므로, 부속물매수청구권을 행사할 수 있다고 보아야 할 것이다(대법원 1995. 6. 30. 선고 95다12927).

(4) 임대차가 종료하였을 것

다만 임차인의 채무불이행으로 임대차계약이 해지된 경우에는 임차인은 부속물매수청구권을 행사할 수 없다(대판 1990. 1.23. 88다카7245).

(5) 일시사용을 위한 임대차가 아닐 것(653조).

3. 효과

(1) 매매계약의 성립

부속물매수청구권은 형성권이므로, 임차인의 매수청구의 의사표시만으로 그 부속물에 대해 매매계약이 성립한다. 매매대금은 매수청구시의 시가가 된다.

(2) 동시이행의 항변권과 유치권의 인정 여부

1) 부속물매매대금의 지급과 부속물의 인도는 동시이행의 관계에 있다.

2) 부속물매수청구권은 임차물 자체에 관한 채권이 아니므로 유치권은 인정되지 않는다.

(3) 포기 특약의 유효성

부속물매수청구권은 강행규정으로서, 이에 위반하는 약정으로 임차인에게 불리한 것은 무효이다(652조 : 편면적 강행규정).

문제 07

임차인의 비용상환청구권과 부속물매수청구권를 비교하시오.

1. 공통점

임대차 목적물의 객관적 편익을 가져와야 한다. 따라서 임차인의 특수목적을 위한 것은 비용상환청구권이나 부속물매수청구권의 대상이 될 수 없다.

2. 차이점

(1) 성질

비용상환청구권은 청구권이고, 부속물매수청구권은 형성권이다.

(2) 요건

1) 임차인의 비용상환청구권은 모든 임대차에 적용되지만 부속물매수청구권은 건물 기타 공작물의 임대차에 적용된다.

2) 건물의 구성부분이 되면 비용상환의 문제가 된다. 그러나 부속물은 건물과 독립된 물건으로서 임차인의 소유에 속하는 것이다. 부속물은 임대인의 동의를 얻거나 임대인으로부터 매수한 것이어야 한다.

(3) 임의규정 여부

1) 임차인의 비용상환청구권은 임의규정이므로 당사자가 특약으로 배제할 수 있다.

2) 부속물매수청구권은 편면적 강행규정으로 이에 위반한 약정으로 임차인에게 불리한 것은 그 적용이 없다(652조).

(4) 임대차가 임차인의 채무불이행으로 해지된 경우

임차인은 비용상환청구권을 행사할 수 있으나, 부속물매수청구권을 행사할 수 없다(판례).

(5) 효과

1) 필요비는 즉시, 유익비는 임차차종료시에 상환청구권이 발생한다. 이는 6개월 이내에 행사하여야 하지만, 일시사용을 위한 임대차에도 적용된다.

2) 부속물매수청구권은 임대차종료시에 발생한다. 이는 이런 제척기간이 없으며, 일시사용을 위한 임대차에는 적용없다.

문제 08

▶ 2017년 케이스 문제 40점

乙 소유의 X건물은 5층 건물로서 1층과 2층의 공부상 용도는 음식점이었다. 甲은 乙로부터 X건물의 1층과 2층을 5년간 임차하여 대중음식점을 경영하면서 음식점영업의 편익을 위하여 乙의 동의를 얻어 건물과는 별개인 차양과 유리 출입문 등 영업에 필요한 시설을 1층에 부속시켰다. 한편 甲은 임차한 지 얼마 되지 않아 음식점영업이 부진하자 丙에게 그 건물의 2층에 대한 임차권을 양도하였다. 다음 각 독립된 물음에 답하시오.

물음 1 甲은 임대차 종료시 위 차양과 유리 출입문 등 영업에 필요한 시설에 대하여 부속물매수청구권을 행사할 수 있는지 여부를 설명하시오. (20점)

물음 2 丙에게 위 건물의 2층에 대한 임차권을 양도한 경우의 법률관계를 乙의 동의가 있는 경우와 乙의 동의가 없는 경우로 나누어 설명하시오. (20점)

물음 1

1. 논점의 제기

(1) 갑이 부속시킨 차양과 유리출입문이 부속물인지 여부가 문제된다.

(2) 갑이 을의 동의를 받아 차양과 유리출입문을 부속시킨 경우에 그 매수청구권을 행사할 수 있는지가 관건이다.

2. 부속물매수청구권

(1) 의의

건물 기타 공작물의 임차인이 임대인의 동의를 얻어 부속하거나 임대인으로부터 매수한 부속물이 있는 경우에 임대차 종료시에 인대인에게 그 매수를 청구할 수 있는 권리를 말한다. 이는 임차인의 투하비용 회수의 편의를 주는 동시에 그것을 철거함으로써 생기는 사회경제적 손실을 방지하는 기능을 한다.

(2) 성립요건

1) 건물 기타 공작물의 임대차일 것

2) 임차인이 임차물의 사용편익을 위하여 부속시킨 것일 것

① 건물에 부속된 임차인의 소유에 속하고 건물의 구성부분으로는 되지 아니한 독립한 물건이어야 한다. 따라서 기존건물과 분리되어 독립한 소유권의 객체가 될 수 없는 증축부분이나 임대인의 소유에 속하기로 한 부속물은 매수청구의 대상이 될 수 없다.

② 건물의 사용에 객관적인 편익을 가져오게 하는 물건이어야 한다. 따라서 부속된 물건이 오로지 임차인의 특수목적에 사용하기 위하여 부속된 것일 때에는 이에 해당하지 않는다(대판 1993. 2.26. 92다41627).

3) 임대인의 동의를 얻거나 임대인으로부터 매수한 부속물일 것

4) 임대차가 종료하였을 것

다만 임차인의 채무불이행으로 임대차계약이 해지된 경우에는 임차인은 부속물매수청구권을 행사할 수 없다(대판 1990. 1.23. 88다카7245).

5) 일시사용을 위한 임대차가 아닐 것(653조)

(3) 효과

1) 매매계약의 성립

부속물매수청구권은 형성권이므로, 임차인의 매수청구의 의사표시만으로 그 부속물에 대해 매매계약이 성립한다. 매매대금은 매수청구시의 시가가 된다.

2) 동시이행의 항변권과 유치권의 인정 여부

① 부속물매매대금의 지급과 부속물의 인도는 동시이행의 관계에 있다.
② 부속물매수청구권은 임차물 자체에 관한 채권이 아니므로 유치권은 인정되지 않는다.

3) 포기 특약의 유효성

부속물매수청구권은 강행규정으로서, 이에 위반하는 약정으로 임차인에게 불리한 것은 무효이다(652조 : 편면적 강행규정).

3. 사안에의 적용

차양과 유리 출입문 등 영업에 필요한 시설은 음식점에 객관적인 편익을 가져오고 독립성이 있으므로 부속물에 해당한다. 갑은 임대인 을의 동의하에 이를 부속시킨 것이므로 부속물매수청구권을 행사할 수 있다. 다만 갑의 채무불이행으로 인하여 임대차계약이 해지된 경우에는 그러하지 않다.

물음 2

1. 쟁점의 정리

임차권의 양도는 임차권의 동일성을 유지하면서 제3자에게 임차권을 이전하는 채권양도로서 임차인은 임대차관계에서 탈퇴한다. 임차권의 양도는 임대인의 동의 없이는 하지 못하므로(629조 1항), 임대인의 동의 여하에 따라서 법률관계가 어떻게 바뀌는지 검토한다.

2. 을의 동의 있는 임차권양도

(1) 임차권의 이전

임차권은 그 동일성을 유지하면서 양수인에게 확정적으로 이전하므로 갑은 임대차관계에서 벗어나게 된다. 차임지급의무도 당연히 병에게 이전하나, 갑의 연체차임채무나 기타 다른 의무위반에 의한 손해배상의무 등은 그것을 인수하는 데 관한 특약이 없는 한 병에게 이전하지 않는다.

(2) 임차보증금반환채권

이는 임차권과는 별개의 지명채권으로 보아 특약이 없는 한 당연히 병에게 이전되는 것은 아니다(판례).

3. 을의 동의 없는 임차권양도

(1) 임차인 갑과 양수인 병의 관계

갑과 병의 임차권 양도계약은 유효하다. 갑은 병을 위하여 을의 동의를 받아 줄 의무를 부담하고, 을의 동의를 얻지 못하면 병에 대하여 담보책임을 진다.

(2) 임대인 을과 양수인 병의 관계

① 병의 점유는 을에게는 불법점유가 되어, 을은 소유권에 기한 방해배제청구를 할 수 있다.
② 을은 갑과의 임대차를 해지하지 않는 한, 직접 자기에게 인도할 것을 병에게 청구하지는 못하며, 갑에게 반환할 것을 청구할 수 있을 뿐이다.
③ 을이 임대차계약을 해지하지 않으면 을은 갑에 대하여 여전히 차임청구권을 가지므로, 병에게 불법점유를 이유로 한 차임상당 손해배상청구나 부당이득반환청구를 할 수 없다(판례).

(3) 임대인 을과 임차인 갑의 관계

① 을은 임대차계약을 해지할 수 있다.
② 그러나, 갑의 무단양도가 을에 대한 배신적 행위라고 인정할 수 없는 특별한 사정이 있는 경우에는 을의 해지권은 발생하지 않는다(판례).

행정사 2차 민법 계약법 "판례 및 핵심이론"

문제 09

▶ 2023년 약술형문제 20점

건물의 소유를 목적으로 한 토지임차인의 지상물매수청구권에 관하여 설명하시오.

▶ 2023년 약술형문제 20점

토지임차인의 지상물매수청구권의 의의와 법적 성질, 그 권리의 행사로 발생하는 법률관계를 설명하고, 임대차 종료 전에 임차인이 그 지상물매수청구권을 포기하기로 임대인과 약정한 경우 그 약정의 효력에 관하여 약술하시오.

1. 지상물매수청구권의 의의

(1) 의의

토지임차인은 임대차의 존속기간이 만료되었을 때 지상물이 현존하면 1차적으로 임대인에게 계약의 갱신을 청구할 수 있고, 임대인에 의하여 갱신청구가 거부되었을 때에 지상물의 매수를 청구할 수 있다(643조).

(2) 법적 성질

1) 계약갱신청구권은 청구권이므로 임대인이 거절할 수 있다.

2) 임대인이 계약갱신을 거절하면 임차인은 지상물매수청구를 할 수 있는데 이는 형성권이다.

2. 요건

(1) 당사자

지상물매수청구권은 지상물의 소유자에 한하여 행사할 수 있다. 건물을 양도하였다면 양도인은 매수청구권을 행사할 수 없다(판례). 임대인이 토지를 양도하면 대항력을 갖춘 임차인은 양수인에게 지상물매수청구권을 행사할 수 있다(판례).

(2) 목적물의 범위

1) 그 지상 건물이 객관적으로 경제적 가치가 있는지 여부나 임대인에게 소용이 있는지 여부가 그 행사요건이라고 볼 수 없다.

2) 또한 반드시 임대차계약 당시의 기존건물이거나 임대인의 동의를 얻어 신축한 것에 한정된다고는 할 수 없다(판례).

3) 건물 소유를 목적으로 하는 토지임대차에 있어서 임차인 소유 건물이 임대인이 임대한 토지 외에 임차인 또는 제3자 소유의 토지 위에 걸쳐서 건립되어 있는 경우에는, 임차지 상에 서 있는 건물 부분 중 구분소유의 객체가 될 수 있는 부분에 한하여 임차인에게 매수청구가 허용된다(대법원 1996. 3. 21. 선고 93다42634 전원합의체).

(3) 임대차 기간의 만료로 종료할 것

① 기간의 약정이 없는 토지임대차계약을 임대인이 해지한 경우에는 계약갱신을 거절한 것으로 볼 수 있으므로 토지임차인은 곧바로 지상물의 매수를 청구할 수 있다.

② 다만 토지임차인의 채무불이행으로 임대차계약이 해지되었을 때에는 계약의 갱신을 청구할 여지가 없고, 따라서 지상물매수청구도 할 수 없다(판례).

3. 효과

(1) 지상물매수청구권은 형성권이므로 임차인의 행사만으로 지상물에 대해서 시가에 의한 매매 유사의 법률관계가 성립한다.

(2) 임차인의 지상물소유권이전의무와 임대인의 대금지급의무는 동시이행관계이다(판례).

(3) 편면적 강행규정

이에 위반한 약정으로 임차인에게 불리한 것은 그 적용이 없다.

1) 토지를 점유할 권원이 없어 건물을 철거하여야 할 처지에 있는 건물소유자에게 토지소유자가 은혜적으로 명목상 차임만을 받고 토지의 사용을 일시적으로 허용하는 취지에서 토지 임대차계약이 체결된 경우라면, 임대인의 요구시 언제든지 건물을 철거하고 토지를 인도한다는 특약이 임차인에게 불리한 약정에 해당하지 않는다(대법원 1997. 4. 8. 선고 96다45443).

2) 토지 임대인과 임차인 사이에 임대차기간 만료후 임차인이 지상건물을 철거하여 토지를 인도하고 만약 지상건물을 철거하지 아니할 경우에는 그 소유권을 임대인에게 이전하기로 한 약정은 민법 제643조 소정의 임차인의 지상물매수청구권을 배제키로 하는 약정으로서 임차인에게 불리한 것이므로 민법 제652조의 규정에 의하여 무효이다(대판 1991.4.23. 90다19695).

문제 10

▶ 2018년 케이스문제 20점

甲은 乙이 소유한 X토지상에 건물을 지어 음식점을 경영할 목적으로 乙과 X토지에 대한 임대차계약을 체결하였다. 그 후 甲은 건물을 신축하여 음식점을 경영하고 있다. 한편, 임대차 계약서에는 '임대차기간 만료시 甲은 X토지상의 건물을 철거하고 원상회복하여 X토지를 반환한다'는 특약이 기재되어 있다. 이러한 경우 임대차기간이 만료된 때에, 甲이 신축한 건물과 관련하여 乙에게 주장할 수 있는 지상물매수청구권에 관하여 설명하시오.

1. 쟁점의 정리

토지임차인이 타인의 토지에 세운 지상물에 대한 매수청구권을 특약으로 포기할 수 있는지가 쟁점이다.

2. 지상물매수청구권

(1) 의의

1) 일정한 목적의 토지임대차에서 그 존속기간이 만료한 경우에 그 지상시설이 현존한 때에, 토지임차인은 임대인을 상대로 계약의 갱신을 청구할 수 있고, 임대인이 이를 거절한 때에는 상당한 가액으로 지상시설의 매수를 청구할 수 있다.

2) 법적 성질

계약갱신청구권은 청구권이므로 임대인이 거절할 수 있다. 그런데 임대인이 계약갱신을 거절하면 임차인은 지상물매수청구를 할 수 있는데 이는 형성권이다.

(2) 성립요건

1) 건물 기타 공작물의 소유 또는 식목, 채염, 목축을 목적으로 한 토지임대차일 것

2) 임대차기간의 만료로 임차권이 소멸하고 임대인의 갱신거절이 있을 것

다만 임차인의 차임연체 등 채무불이행으로 인해 임대인이 임대차계약을 해지한 때에는 임차인은 지상물의 매수청구를 할 수 없다.

3) 임대차기간의 만료 시 임차인 소유의 지상시설이 현존할 것

3. 효과

(1) 매매계약의 성립

지상물매수청구권은 형성권이므로, 행사만으로 지상물에 관해 시가에 의한 매매계약이 성립한다.

(2) 동시이행의 항변권

임차인의 지상물 이전의무와 임대인의 지상물 대금지급의무는 동시이행관계이다.

(3) 포기특약의 유효성

1) 지상물매수청구권 규정은 강행규정이며, 이에 위반하는 것으로서 임차인에게 불리한 약정은 효력이 없다(652조).

2) 토지를 점유할 권원이 없어 건물을 철거하여야 할 처지에 있는 건물소유자에게 토지소유자가 은혜적으로 명목상 차임만을 받고 토지의 사용을 일시적으로 허용하는 취지에서 토지 임대차계약이 체결된 경우라면, 임대인의 요구시 언제든지 건물을 철거하고 토지를 인도한다는 특약이 임차인에게 불리한 약정에 해당하지 않는다(대법원 1997. 4. 8. 선고 96다45443).

3) 토지 임대인과 임차인 사이에 임대차기간 만료후 임차인이 지상건물을 철거하여 토지를 인도하고 만약 지상건물을 철거하지 아니할 경우에는 그 소유권을 임대인에게 이전하기로 한 약정은 민법 제643조 소정의 임차인의 지상물매수청구권을 배제키로 하는 약정으로서 임차인에게 불리한 것이므로 민법 제652조의 규정에 의하여 무효이다(대판 1991.4.23. 90다19695).

4. 사안의 경우

지상물매수청구권 규정은 강행규정이므로 그 포기특약으로서 임차인에게 불리한 약정은 무효이다. 임대차 계약서에 '임대차기간 만료시 甲은 X토지상의 건물을 철거하고 원상회복하여 X토지를 반환한다'는 특약이 있다면 이는 임차인에게 불리한 약정으로 무효이다. 따라서 갑은 건물에 대한 매수를 청구할 수 있다.

문제 11

임차권 양도에 대해서 약술하시오.

1. 임차권의 양도

(1) 임차권의 양도는 임차권의 동일성을 유지하면서 제3자에게 임차권을 이전하는 채권양도로서 처분계약이다. 따라서 임차권을 양도하면 임차인은 임대차관계에서 탈퇴한다.

(2) 판례는 임차권의 양도를 지명채권의 양도로 보아 임대인의 동의를 임대인에게 대항하기 위한 요건으로 본다.

(3) 임차보증금반환채권은 임차권과는 별개의 지명채권으로 보아 임대인의 동의를 얻은 임차권의 양도가 있더라도 특약이 없는 한 당연히 임차권의 양수인에게 이전되는 것은 아니라고 한다(대판 1998.7.14. 96다17202).

2. 임대인의 동의가 없는 양도

(1) 임차인과 양수인의 관계

임차인과 양수인 사이에는 유효하다. 임차인은 양수인을 위하여 임대인의 동의를 받아 줄 의무를 부담하고, 임대인의 동의를 얻지 못하면 양수인에 대하여 담보책임을 진다.

(2) 임대인과 양수인의 관계

1) 양수인의 점유는 불법점유가 되어, 임대인은 소유권에 기한 방해배제청구를 할 수 있다.

2) 임대인은 임차인과의 임대차를 해지하지 않는 한, 직접 자기에게 인도할 것을 양수인에게 청구하지는 못하며, 양도인에게 반환할 것을 청구할 수 있을 뿐이다.

3) 임대인이 임대차계약을 해지하지 않으면 임대인은 임차인에 대하여 여전히 차임청구권을 가지므로, 양수인에게 불법점유를 이유로 한 차임상당 손해배상청구나 부당이득반환청구를 할 수 없다(대판 2008.2.28., 2006다10323).

(3) 임대인과 임차인의 관계

1) 임대인은 임대차계약을 해지할 수 있다.

2) 그러나, 임차인의 무단양도가 임대인에 대한 배신적 행위라고 인정할 수 없는 특별한 사정이 있는 경우(임차인과 양수인이 부부)에는 갑의 해지권은 발생하지 않는다(대판 1993.4.27., 92다45308).

3. 임대인의 동의 있는 양도

(1) 임차권은 그 동일성을 유지하면서 양수인에게 확정적으로 이전하므로 양도인은 임대차관계에서 벗어나게 된다.

(2) 차임지급의무도 당연히 양수인에게 이전하나, 양도인의 연체차임채무나 기타의 다른 의무위반에 의한 손해배상의무 등은 그것을 인수하는 데 관한 특약이 없는 한 양수인에게 이전하지 않는다.

행정사 2차 민법 계약법 "판례 및 핵심이론"

문제 12

임차물의 전대에 대해서 약술하시오.

1. 의의

임차물의 전대는 임차인(전대인)이 다시 임대인이 되어 임차물을 제3자(전차인)로 하여금 사용 수익하게 하는 계약이다. 임차인은 종전의 계약상의 지위를 그대로 유지한다. 임차인과 제3자 간의 관계는 임대차인 것이 보통이지만 사용대차이어도 무방하다.

2. 임대인의 동의 없는 임차물전대

(1) 전대인과 전차인의 관계

1) 전대차계약은 유효하게 성립하므로 전차인은 임차권을 취득하고 전대인은 차임청구권을 가진다.

2) 전대인은 임대인의 동의를 얻을 의무를 전차인에 대하여 부담한다.

(2) 임대인과 전차인의 관계

1) 전차인의 임차권은 임대인에게는 대항하지 못한다.

2) 임대인은 임대차계약을 해지하지 않고도 소유권에 기한 방해배제를 행사하여 전대인에게 반환할 것을 청구할 수 있다.

3) 전대차되었다는 사실만으로 임대인에게 손해가 생겼다고 볼 수 없다. 따라서 임대인은 전차인에 대하여 불법점유를 이유로 차임에 갈음하는 손해배상을 청구하지 못한다.

(3) 임대인과 임차인의 관계

1) 임대인은 임차인에 대하여 차임을 청구할 수도 있고 임대차계약을 해지할 수 있다.

2) 다만 민법은 임차인을 보호하기 위해, 건물임차인이 그 건물의 소부분을 타인에게 전대한 때에는 임대인은 전대를 이유로 임대차를 해지하지 못하도록 하였다.

3. 임대인의 동의 있는 임차물의 전대

(1) 임대인과 전차인의 관계

1) 임대인과 전차인 사이에 직접 임대차관계가 성립하는 것은 아니므로 전차인은 임대인에 대하여 임대차상의 권리를 갖지 않는다. 따라서 전차인은 임대인에 대하여 수선이나 비용상환을 청구하지는 못한다.

2) 전차인의 의무부담

전차인은 임대인에 대하여 직접 의무를 부담한다. 임대인을 보호하기 위함이다. 예를 들어 전차인은 전대인에 대한 차임의 지급으로써 임대인에 대하여 대항하지 못한다.

(2) 임차인과 전차인의 관계

1) 전대차계약의 내용에 의하여 결정된다.

2) 전차인이 임대인에 대하여 직접 차임을 지급하면, 그 한도에서 전대인에 대한 차임지급의무를 면한다.

3) 임대인 임차인 사이의 임대차와 전대인 전차인 사이의 전대차가 동시에 종료하는 경우에, 전차인이 임대인에게 목적물을 반환하면 전대인에 대한 반환의무를 면하게 된다.

(3) 임대인과 임차인의 관계

1) 전대차의 성립에 의하여 아무런 영향도 받지 않는다. 즉 임대인은 차임의 청구나 해지권의 행사 등을 임차인에게 할 수 있다.

2) 전차인의 보호

① 임대차계약이 해지의 통고로 인하여 종료된 경우에 그 임대물이 적법하게 전대되었을 때에는 임대인은 전차인에 대하여 그 사유를 통지하지 아니하면 해지로써 전차인에게 대항하지 못한다(638조).

② 전차인에게 부속물매수청구권(647조), 지상물매수청구권(644조)이 일정한 요건하에 인정된다.

문제 13

▶ 2016년 약술형문제 20점

갑의 동의 없이 을이 임대목적물을 제3자 병에게 전대한 경우에 갑, 을, 병 사이의 법률관계에 관하여 설명하시오.

1. 임차물의 전대

(1) 임차물의 전대란 임차인이 다시 임대인이 되어 임차목적물을 제3자에게 임대하는 계약을 말한다.

(2) 임차인은 임대인은 동의 없이 임차물을 전대하지 못한다. 만약 임차인 을이 임대인 갑의 동의 없이 전대한 경우에는 갑은 을과의 임대차계약을 해지할 수 있다.

2. 임대인의 동의 없는 전대

(1) 임차인 을과 전차인 병의 관계

전대차계약은 유효하게 성립하며, 을은 갑의 동의를 얻을 의무를 병에 대하여 부담한다. 갑의 동의를 얻지 못하면 을은 병에게 담보책임을 진다.

(2) 임대인 갑과 전차인 병의 관계

① 병은 을로부터 취득한 임차권을 가지고 갑에게 대항하지 못하므로 병의 점유는 갑에 대해서는 불법점유이다. 갑은 을과의 임대차계약을 해지하지 않는 한, 병에 대해서 직접 자기에게 반환할 것을 청구하지는 못하고, 을에게 반환할 것을 청구할 수 있을 뿐이다.
② 갑이 을과의 임대차계약을 해지하지 않는 한 갑에게 손해가 생겼다고 볼 수 없다. 따라서 갑은 병에 대하여 불법점유를 이유로 차임에 갈음하는 손해배상을 청구하지 못한다(판례).

(3) 임대인 갑과 임차인 을의 관계

① 갑은 무단전대를 이유로 을과의 임대차계약을 해지할 수 있다.
② 그러나 을의 무단전대가 갑에 대한 배신행위가 아니라고 인정되는 특별한 사정이 있는 때에는 갑은 해지할 수 없다(판례).

문제 14

갑과 을은 부부이다. 을은 건물의 소유를 목적으로 병 소유의 토지를 보증금 1억원에 임차하여, 그 지상에 조립식 2층 건물을 신축하고 소유권보존등기를 경료하였다. 갑, 을은 함께 위 건물 1층에서 전자제품 대리점을 운영하고 2층에 거주하였다.

물음 1 사업 곤란 등으로 가정불화가 계속되자 을은 갑과 협의이혼을 하면서 재산분할로서 자신의 전 재산인 위 건물 소유권 등을 양도하기로 하고, 갑 명의로 건물의 소유권이전등기를 경료하여 주었다. 그 당시의 갑과 병 사이의 법률관계를 논하시오.

물음 2 토지 임대차기간 만료시 토지 소유자 병에게 주장할 수 있는 을의 권리에 관하여 논하시오.

물음 1

1. 쟁점

(1) 을은 건물의 소유를 목적으로 병 소유의 토지를 임차하였으므로 이에 관한 법률관계를 살펴보아야 한다.

(2) 을의 건물소유권 양도에는 임차권의 양도가 포함된 것인지, 그렇다면 임대인 병의 동의 없는 임차권 양도의 효력을 검토해볼 필요가 있다.

2. 건물의 소유를 목적으로 한 토지임대차

(1) 대항력

건물의 소유를 목적으로 한 토지임대차는 이를 등기하지 아니한 경우에도 임차인이 그 지상건물을 등기한 때에는 제3자에 대하여 임대차의 효력이 생긴다(622조 1항).

(2) 효력

제3자가 임차권을 방해하면 토지임차인은 제3자에게 임차권의 효력을 주장할 수 있다.

(3) 사안의 경우

을은 건물의 소유를 목적으로 병 소유의 토지를 임차하여 그 지상에 건물을 신축하고 그 소유권보존등기를 하였으므로, 토지 임차권의 등기를 하지 않았더라도, 622조 1항에 의해 토지 임차권을 제3자에게도 주장할 수 있다.

3. 임차권의 양도

(1) 주물, 종물 이론의 권리에의 유추적용

1) 쟁점

을의 갑에 대한 소유권 양도에는 임차권의 양도도 포함되어 있는지가 문제된다.

2) 주물·종물 이론

① 물건 상호간의 관계이지만 주된 권리, 종된 권리의 관계에도 유추적용된다. 이 때 어떤 권리를 종된 권리라고 하기 위해서는 종물과 마찬가지로 그 권리가 다른 권리의 경제적 효용에 이바지하는 관계에 있어야 한다.
② 건물 소유를 위해 타인의 대지에 임차권이나 지상권을 가지고 있는데 건물이 양도되면 그 건물을 위한 대지의 임차권 내지 지상권도 함께 양도된다(판례).

3) 사안의 경우

을은 토지 임차권이 있는 위 건물을 그의 아내 갑에게 양도하고, 갑 명의로 소유권이전등기가 마쳐졌다. 이러한 건물 소유권의 양도에는 건물의 사용을 위해 필요한 종된 권리인 토지 임차권도 함께 양도한 것으로 볼 수 있다.

(2) 임차권의 양도

1) 쟁점

병은 그러한 토지 임차권의 양도에 자신의 동의가 없었음을 이유로 을과의 토지임대차계약을 해지할 수 있는지가 문제된다.

2) 임차권의 양도의 의의

임차권의 양도는 임차권의 동일성을 유지하면서 제3자에게 임차권을 이전하는 채권양도로서 처분계약이다. 따라서 임차권을 양도하면 임차인은 임대차관계에서 탈퇴한다.

3) 임대인과 임차인의 관계

① 임차인은 임대인의 동의없이 그 권리를 양도하거나 임차물을 전대하지 못한다. 임차인이 이를 위반한 때에는 임대인은 계약을 해지할 수 있다(629조).
② 그러나, 임차인의 무단양도가 임대인에 대한 배신적 행위라고 인정할 수 없는 특별한 사정이 있는 경우에는 임대인의 해지권은 발생하지 않는다(판례).

4) 사안의 경우

판례는, 임차권의 양도가 임대인에 대해 배신행위가 아닌 특별한 사정이 있는 때에는 예외로 보는데, 본 사안에서는 토지 임차권의 양수인 갑이 임차인 을과 부부로서 이미 토지를 사용하여 왔고, 건물의 소유를 목적으로 토지임대차계약을 맺은 경우 임대인은 건물의 부담을 용인한 것이며, 그리고 그 대지에 대한 사용은 임차인이 누구냐에 따라 특별히 달라질 것이 없는 점에서, 629조의 적용이 제한될 만한 특별한 사정이 있다고 볼 수 있다. 따라서 갑은 병에게 토지 임차권을 주장할 수 있다고 본다. 그리고 갑은 을의 제3자에 대한 토지 임차권의 대항력을 승계한 것으로 볼 수 있으므로 제3자에게도 토지 임차권을 주장할 수 있다.

물음 2

1. 쟁점

계약 만료시 을은 병에게 토지임대차의 계약갱신을 청구할 수 있는지. 그리고 이것이 거절되었을 때는 건물매수청구가 인용될 수 있는지가 쟁점이다.

2. 토지임차인의 지상물매수청구권

(1) 의의

토지임차인은 임대차의 존속기간이 만료되었을 때 지상물이 현존하면 1차적으로 임대인에게 계약의 갱신을 청구할 수 있고, 임대인에 의하여 갱신청구가 거부되었을 때에 지상물의 매수를 청구할 수 있다(643조).

(2) 요건

1) 당사자

지상물매수청구권은 지상물의 소유자에 한하여 행사할 수 있다. 건물을 양도하였다면 양도인은 매수청구권을 행사할 수 없다(판례). 임대인이 토지를 양도하면 대항력을 갖춘 임차인은 양수인에게 지상물매수청구권을 행사할 수 있다(판례).

2) 목적물의 범위

그 지상 건물이 객관적으로 경제적 가치가 있는지 여부나 임대인에게 소용이 있는지 여부가 그 행사요건이라고 볼 수 없다. 또한 반드시 임대차계약 당시의 기존건물이거나 임대인의 동의를 얻어 신축한 것에 한정된다고는 할 수 없다(판례).

3) 임대차 기간의 만료로 종료할 것

① 기간의 약정이 없는 토지임대차계약을 임대인이 해지한 경우에는 계약갱신을 거절한 것으로 볼 수 있으므로 토지임차인은 곧바로 지상물의 매수를 청구할 수 있다.
② 다만 토지임차인의 채무불이행으로 임대차계약이 해지되었을 때에는 계약의 갱신을 청구할 여지가 없고, 따라서 지상물매수청구도 할 수 없다(판례).

(3) 효과

지상물매수청구권은 형성권이므로 임차인의 행사만으로 지상물에 대해서 시가에 의한 매매 유사의 법률관계가 성립한다. 임차인의 지상물소유권이전의무와 임대인의 대금지급의무는 동시이행관계이다(판례).

(4) 사안의 경우

을은 병에게 1차적으로 계약의 갱신을 청구할 수 있고, 병이 이를 거절한 때에는 그 건물의 매수를 청구할 수 있다. 이것은 형성권으로서 매수청구의 의사표시에 의해 을과 병 사이에 건물에 대한 매매 유사의 법률관계가 생긴다. 이 경우 임대차계약은 종료되는 것이므로, 병은 받은 보증금을 을에게 반환하여야 한다.

문제 15

임대차 종료의 원인과 효과에 대해서 약술하시오.

1. 임대차 종료의 원인

(1) 존속기간의 만료

1) 임대차의 존속기간이 만료하면 임대차는 종료한다.

2) 묵시의 갱신

임대차기간이 만료한 후 임차인이 임차물의 사용, 수익을 계속하는 경우에 임대인이 상당한 기간내에 이의를 하지 아니한 때에는 전임대차와 동일한 조건으로 다시 임대차한 것으로 본다. 그러나 당사자는 제635조의 규정에 의하여 해지의 통고를 할 수 있다(639조).

(2) 해지통고

1) 기간의 약정이 없는 임대차

당사자는 언제든지 계약해지의 통고를 할 수 있고, 상대방이 전항의 통고를 받은 날로부터
① 토지, 건물 기타 공작물에 대하여는 임대인이 해지를 통고한 경우에는 6월, 임차인이 해지를 통고한 경우에는 1월
② 동산에 대하여는 5일의 기간이 경과하면 해지의 효력이 생긴다(635조).

2) 임차인의 파산

임대차기간의 약정이 있어도 임차인이 파산선고를 받으면 임대인 또는 파산관재인은 635조에 의해 임대차 해지통고를 할 수 있다(637조).

(3) 즉시 해지

1) 임대인이 임차인의 의사에 반하여 보존행위를 한 때(625조)

2) 임차물의 일부가 임차인의 과실 없이 멸실한 경우에 잔존부분만으로는 임차의 목적을 달성할 수 없는 경우(627조 2항)

3) 임차인이 임대인의 동의 없이 그 권리를 양도하거나 임차물을 전대한 때(629조 2항)

4) 차임 연체액이 2기의 차임액에 달한 때(640조)

5) 그 밖에 당사자 일방의 채무불이행으로 인하여 임대차의 목적을 달성할 수 없는 사정이 있는 경우

2. 임대차종료의 효과

(1) 비소급효
임대차는 계속적 계약으로서 그 종료의 효과는 장래에 대하여 생길 뿐이다.

(2) 원상회복의무
임대차가 종료하면 임차인은 목적물을 원상으로 회복하여 임대인에게 반환하여야 한다. 임차인은 비용상환청구권, 부속물매수청구권이 발생하고, 부속물철거 등을 할 수 있다.

문제 16

임대차보증금에 대해 약술하시오.

1. 서설

(1) 보증금의 담보적 기능

보증금은 임대차(특히 건물임대차)에 있어서 차임이나 손해배상금 등 임차인이 목적물을 인도할 때까지 임대인에 대하여 부담하는 임대차에 관한 모든 채무를 담보한다.

(2) 보증금계약

보증금계약은 임대차계약에 종된 계약이다. 이는 임대차계약과 동시에 하는 것이 보통이나, 반드시 동시에 해야 하는 것은 아니다.

2. 차임의 공제

(1) 일반론

1) 임차 목적물 반환 전

충당 여부는 임대인의 자유이므로 임대차계약 종료 전에는 연체차임 공제 등 별도의 의사표시 없이 임대차보증금에서 당연히 공제되는 것은 아니다.

2) 임대차 종료에 따라 목적물반환시

그 피담보채무액은 임대차관계의 종료 후 목적물이 반환될 때에 특별한 사정이 없는 한 별도의 의사표시 없이 임대차보증금에서 당연히 공제되는 것이므로, 특별한 사정이 없는 한 임대차계약이 종료되었다 하더라도 목적물이 명도되지 않았다면 임차인은 임대차보증금이 있음을 이유로 연체차임의 지급을 서설할 수 없다(대판 2007. 8. 23. 선고 2007다21856,21863).

(2) 구체적인 경우

1) 보증금반환채권이 양도된 경우

임차보증금이 압류 및 전부명령에 의하여 타인에게 이전된 경우에도 임차인의 임대차상의 채무가 공제된다(대판 1988. 1. 19. 선고 87다카1315).

2) 대항력을 갖춘 임차목적물이 양도된 경우

① 양수인이 양도인의 지위를 승계하므로 양수인은 임차인에게 임대보증금반환의무를 부담하고, 임차인은 양수인에게 차임지급의무를 부담한다. 그러나 임차건물의 소유권이 이전되기 전에 이미 발생한 연체차임이나 관리비 등은 별도의 채권양도절차가 없는 한 원칙적으로 양수인에게 이전되지 않고 임대인만이 임차인에게 청구할 수 있다. (차임이나 관리비 등은 임차건물을 사용한 대가로서 임차인에게 임차건물을 사용하도록 할 당시의 소유자 등 처분권한 있는 자에게 귀속된다고 볼

수 있기 때문이다)(대판 2017. 3. 22. 선고 2016다218874).

② 임차건물의 양수인이 건물 소유권을 취득한 후 임대차관계가 종료되어 임차인에게 임대차보증금을 반환해야 하는 경우에 임대인의 지위를 승계하기 전까지 발생한 연체차임이나 관리비 등이 있으면 이는 특별한 사정이 없는 한 임대차보증금에서 당연히 공제된다. (일반적으로 임차건물의 양도 시에 연체차임이나 관리비 등이 남아있더라도 나중에 임대차관계가 종료되는 경우 임대차보증금에서 이를 공제하겠다는 것이 당사자들의 의사나 거래관념에 부합하기 때문이다)(대판 2017. 3. 22. 선고 2016다218874).

3. 보증금의 반환

(1) 임대차보증금은 임대차종료후에 임대인에게 명도할 때 체불임료 등 모든 피담보채무를 공제한 잔액이 있을 것을 조건으로 하여 그 잔액에 관한 임차인의 보증금반환청구권이 발생한다(대판 1988. 1. 19. 선고 87다카1315).

(2) 보증금반환과 임차물반환이 동시이행관계인지 여부

1) 임대차계약의 기간이 만료된 경우에 임차인이 임차목적물을 명도할 의무와 임대인이 보증금 중 연체차임 등 당해 임대차에 관하여 명도 시까지 생긴 모든 채무를 청산한 나머지를 반환할 의무는 모두 이행기에 도달하고 이들 의무 상호 간에는 동시이행의 관계가 있다(1998.5.29. 98나6497).

2) 따라서 임차인이 동시이행의 항변권에 기하여 임차목적물을 점유하고 이를 사용수익한 경우 그 점유는 불법점유라고 할 수 없으므로 그로 인한 손해배상책임은 지지 아니할 것이며 다만 사용수익으로 인하여 실질적으로 얻은 이익이 있으면 이는 부당이득으로서 반환하여야 할 문제가 생긴다(대판 1992.4.14.91다45202).

(3) 보증금반환청구권의 소멸시효

임대차 종료 후 임차인이 동시이행항변권을 근거로 임차목적물을 계속 점유하는 경우 보증금반환채권에 대한 권리를 행사하는 것으로 보아야 한다. 임차인이 임대인에게 직접적인 이행청구를 하지 않았다고 해서 권리의 불행사라는 상태가 계속된다고 볼 수 없다(대판 2020.7.9. 2016다244224).

(4) 유치권 성립 여부

임차보증금채권은 임차물에 관하여 생긴 채권이 아니므로 유치권 행사를 할 수 없다.

문제 17

주택임대차보호법의 적용범위에 대해서 약술하시오.

1. 주택임대차보호법 규정

제2조 [적용 범위] 이 법은 주택의 전부 또는 일부의 임대차에 관하여 적용한다. 그 임차주택의 일부가 주거 외의 목적으로 사용되는 경우에도 또한 같다.

제3조 [대항력등] ② 주택도시기금을 재원으로 하여 저소득층 무주택자에게 주거생활 안정을 목적으로 전세임대주택을 지원하는 법인이 주택을 임차한 후 지방자치단체의 장 또는 그 법인이 선정한 입주자가 그 주택을 인도받고 주민등록을 마쳤을 때에는 제1항을 준용한다. 이 경우 대항력이 인정되는 법인은 대통령령으로 정한다.

제12조 [미등기 전세에의 준용] 주택의 등기를 하지 아니한 전세계약에 관하여는 이 법을 준용한다. 이 경우 "전세금"은 "임대차의 보증금"으로 본다.

제11조 [일시사용을 위한 임대차] 이 법은 일시사용하기 위한 임대차임이 명백한 경우에는 적용하지 아니한다.

2. 적용범위

(1) 주거용 건물

주택인지 여부는 임대차목적물의 공부상의 표시가 기준이 될 것이 아니라 실지용도에 따라 정해진다. 임차주택의 일부가 주거 외의 목적으로 사용되는 경우에도 본법이 적용된다.

1) 건물의 일부가 임대차의 목적이 되어 주거용과 비주거용으로 겸용되는 경우에는 구체적인 경우에 따라 그 임대차의 목적, 전체 건물과 임대차목적물의 구조와 형태 및 임차인의 임대차목적물의 이용관계 그리고 임차인이 그곳에서 일상생활을 영위하는지 여부 등을 아울러 고려하여 합목적적으로 결정하여야 한다.

2) 방 2개와 주방이 딸린 다방이 영업용으로서 비주거용 건물이라고 보여지고, 설사 그 중 방 및 다방의 주방을 주거목적에 사용한다고 하더라도 이는 어디까지나 다방의 영업에 부수적인 것으로서 그러한 주거목적 사용은 비주거용 건물의 일부가 주거목적으로 사용되는 것일 뿐, 주택임대차보호법 제2조 후문에서 말하는 '주거용 건물의 일부가 주거 외의 목적으로 사용되는 경우'에 해당한다고 볼 수 없다(대법원 1996. 3. 12. 선고 95다51953).

(2) 법인의 경우

1) 동법이 자연인인 서민들의 주거생활의 안정을 보호하려는 취지에서 제정된 것이지 법인을 그 보호대상으로 삼고 있다고는 할 수 없는 점 등에 비추어 보면, 법인의 직원이 주민등록을 마쳤다 하여

이를 법인의 주민등록으로 볼 수는 없으므로, 법인이 임차 주택을 인도받고 임대차계약서상의 확정일자를 구비하였다 하더라도 우선변제권을 주장할 수는 없다(1997.7.11. 96ek7236).

2) 그러나 전세임대주택을 지원하는 대통령령이 정하는 법인이나 중소기업이 소속 직원의 주거용으로 주택을 임차한 경우에는 동법을 준용한다(동법 3조 2항, 3항).

문제 18

주택임대차의 대항력의 요건에 대해서 약술하시오.

1. 주택임대차보호법의 규정

임대차는 그 등기가 없는 경우에도 임차인이 주택의 인도와 주민등록을 마친 때에는 그 다음 날부터 제3자에 대하여 효력이 생긴다. 이 경우 전입신고를 한 때에 주민등록이 된 것으로 본다(동법 3조 1항 전단).

2. 대항력의 요건

(1) 적법한 임대차가 있을 것

1) 주택임대차보호법이 적용되는 임대차로서는 반드시 임차인과 주택의 소유자인 임대인 사이에 임대차계약이 체결된 경우에 한정된다고 할 수는 없고, 주택의 소유자는 아니지만 주택에 관하여 적법한 임대권한을 가진 임대인과 임대차계약이 체결된 경우도 포함된다.

2) 매매계약의 이행으로 매매목적물을 인도받은 매수인은 그 물건을 사용·수익할 수 있는 지위에서 그 물건을 타인에게 적법하게 임대할 수 있으며, 이러한 지위에 있는 매수인으로부터 매매계약이 해제되기 전에 매매목적물인 주택을 임차하여 주택의 인도와 주민등록을 마침으로써 주택임대차보호법 제3조 제1항에 의한 대항요건을 갖춘 임차인은 민법 제548조 제1항 단서에 따라 계약해제로 인하여 권리를 침해받지 않는 제3자에 해당하므로 임대인의 임대권원의 바탕이 되는 계약의 해제에도 불구하고 자신의 임차권을 새로운 소유자에게 대항할 수 있다(대판 2008. 4. 10. 선고 2007다38908,38915).

(2) 주택의 인도가 있을 것

1) 주택의 인도는 임대인이 임차인에게 주택의 점유를 이전하는 것으로서, 공시의 기능을 갖게 하는 것이다.

2) 간접점유의 경우

간접점유자에 불과한 임차인 자신의 주민등록으로는 대항력의 요건을 적법하게 갖추었다고 할 수 없다. 그런데 주택임차인이 임대인의 승낙을 받아 임차주택을 전대하고 그 전차인이 주택을 인도받아 자신의 주민등록을 마친 때에는 그때로부터 임차인은 제3자에 대하여 대항력을 취득한다(대판 2001. 1. 19. 2000다55645).

(3) 주민등록

1) 공시효력

주민등록은 거래의 안전을 위하여 임차권의 존재를 제3자가 명백히 인식할 수 있게 하는 공시방법으로 마련된 것이라고 보아야 하므로, 주민등록이 어떤 임대차를 공시하는 효력이 있는지 여부는 일반사회통념상 그 주민등록으로 당해 임대차 건물에 임차인이 주소 또는 거소를 가진 자로 등록되어 있다고 인식할 수 있는지 여부에 따라 결정하여야 한다(대판 2009. 1. 30. 선고 2006다17850).

2) 존속요건
① 주택임대차보호법이 제3조 제1항에서 주택임차인에게 주택의 인도와 주민등록을 요건으로 명시하여 등기된 물권에 버금가는 강력한 대항력을 부여하고 있는 취지에 비추어 볼 때 달리 공시방법이 없는 주택임대차에 있어서 주택의 인도 및 주민등록이라는 대항요건은 그 대항력 취득시에만 구비하면 족한 것이 아니고 그 대항력을 유지하기 위하여서도 계속 존속하고 있어야 한다(대판 1998. 1. 23. 선고 97다43468).
② 주택의 임차인이 그 주택의 소재지로 전입신고를 마치고 그 주택에 입주함으로써 일단 임차권의 대항력을 취득한 후 어떤 이유에서든지 그 가족과 함께 일시적이나마 다른 곳으로 주민등록을 이전하였다면 대항요건의 상실로 소멸되는 것이고, 재전입한 때부터 그와는 동일성이 없는 새로운 대항력이 재차 발생하는 것이다(대판 1998. 1. 23. 선고 97다43468).
③ 그러나 임차인이 그 가족과 함께 그 주택에 대한 점유를 계속하고 있으면서 그 가족의 주민등록은 그대로 둔 채 임차인만 주민등록을 일시 다른 곳으로 옮긴 경우라면 전체적으로나 종국적으로 주민등록의 이탈이라고 볼 수 없는 만큼 임대차의 제3자에 대한 대항력을 상실하지 않는다.

(4) 임차권등기명령

임대차가 끝난 후에 보증금을 반환받지 못한 임차인이 임차권등기명령에 따라 임차권등기를 마치면 3조 1항에 따른 대항력과 3조의2 2항의 우선변제권을 상실하지 않는다.

3. 대항력의 취득시기와 내용

(1) 익일 오전 0시부터 발생

임차인이 주택의 인도와 수민등록을 마친 때에는 그 다음 날부터 제3자에 대하여 효력이 생긴다. 따라서 임차권의 대항요건으로서의 주택의 인도 및 주민등록전입신고와 그 주택에 대한 제3자의 저당권설정등기가 같은 날 이루어진 경우에는 제3자의 저당권이 우선하게 된다.

(2) 대항력의 내용

임차주택의 양수인은 임대인의 지위를 승계한 것으로 본다(동법 3조 4항).

문제 19

주택임차권 대항력의 내용에 대해서 약술하시오.

1. 임차목적물이 양도된 경우

(1) 양수인과 임차인 사이의 법률관계

1) 임대차 승계

① 임차주택의 양수인 기타 임대할 권리를 승계한 자(상속, 경락인 등)는 임대인의 지위를 승계한 것으로 본다(동법 3조 4항). 매매계약의 이행으로 매매목적물을 인도받은 매수인은 그 물건을 사용·수익할 수 있는 지위에서 그 물건을 타인에게 적법하게 임대할 수 있으며, 이러한 지위에 있는 매수인으로부터 매매계약이 해제되기 전에 매매목적물인 주택을 임차하여 주택의 인도와 주민등록을 마침으로써 주택임대차보호법 제3조 제1항에 의한 대항요건을 갖춘 임차인은 민법 제548조 제1항 단서에 따라 계약해제로 인하여 권리를 침해받지 않는 제3자에 해당하므로 임대인의 임대권원의 바탕이 되는 계약의 해제에도 불구하고 자신의 임차권을 새로운 소유자에게 대항할 수 있다(대판 2008. 4. 10. 선고 2007다38908,38915).

② 보증금반환채무의 승계
양수인이 임대인의 지위를 승계하는 경우에는 임대차보증금반환채무도 부동산의 소유권과 결합하여 일체로서 이전하는 것이므로 양도인의 임대인으로서의 지위나 보증금반환채무는 소멸하고 임차주택의 양수인에게만 할 수 있다.

2) 임차인의 승계거부권(이의권)

① 다만, 임차인이 임대인의 지위승계를 원하지 않는 경우에 임차인이 임차주택의 양도사실을 안 때로부터 상당한 기간 내에 이의를 제기한 경우에는 양도인의 임차인에 대한 보증금반환채무는 소멸하지 않는다(2002. 9.4. 2001다64615).

② 임차인이 원하지 아니하면 임대차의 승계를 임차인에게 강요할 수는 없는 것이어서 스스로 임대차를 종료시킬 수 있어야 한다는 공평의 원칙 및 신의성실의 원칙에 따라 임차인이 곧 이의를 제기함으로써 승계되는 임대차관계의 구속을 면할 수 있고, 임대인과의 임대차관계도 해지할 수 있다(대판 1998. 9. 2. 자 98마100).

(2) 양도인과 양수인 사이의 법률관계

매매의 목적물에 등기된 임차권이 있으면 매수인이 부동산을 사용할 수 없으므로 선의의 매수인은 양도인을 상대로 계약해제나 손해배상 등의 담보책임을 물을 수 있다(575조 2항).

2. 임차목적물이 경매된 경우

(1) 대항력이 있는 임차권과 저당권의 우선순위는 그 선후를 기준으로 그 우열이 정해진다. 특히 저당권은 경매로 모두 소멸하므로 최선순위의 저당권과 임차권대항력의 선후를 기준으로 우열이 정해진다(대판 1999. 4.23. 98다32939).

(2) 대항력의 취득시기가 최선순위의 담보권보다 우선하는 경우

1) 담보물권이 실행되어도 임차권은 소멸하지 않고 임차권은 그대로 존속한다. 양수인이 임대인의 지위를 승계한다.

2) 대항력과 우선변제권의 두 권리를 겸유하고 있는 임차인이 우선변제권을 선택하여 임차주택에 대하여 진행되고 있는 경매절차에서 보증금에 대한 배당요구를 하여 보증금 전액을 배당받을 수 있다(대판 2004. 8. 30. 선고 2003다23885). 즉 임대차계약을 해지하지 않고도 대항력 대신 배당요구를 할 수 있다.

(3) 대항력의 취득시기가 최선순위의 담보권보다 후순위인 경우

매각대금이 완납되면 임차권은 소멸하고 임차인은 경매대금에서 배당을 받을 수밖에 없다. 우선변제권이 있는 임차인이라도 경매법원이 이를 알 수 없으므로 반드시 배당요구를 하여야만 배당을 받을 수 있다.

문제 20

주택임대차의 보증금에 대한 우선변제권에 대해서 약술하시오.

1. 주택임대차보호법 규정

대항요건과 임대차계약증서상의 확정일자를 갖춘 임차인은 「민사집행법」에 따른 경매 또는 「국세징수법」에 따른 공매를 할 때에 임차주택(대지를 포함한다)의 환가대금에서 후순위권리자나 그 밖의 채권자보다 우선하여 보증금을 변제받을 권리가 있다(동법 3조의 2 2항).

2. 우선변제권의 요건

(1) 의의

대항요건과 임대차계약증서상의 확정일자를 갖춘 임차인은 민사집행법에 따른 경매 또는 국세징수법에 따른 공매시 임차주택의 환가대금에서 후순위권리자나 그 밖의 채권자보다 우선하여 보증금을 변제받을 권리가 있다.

(2) 우선변제권의 요건

1) 달리 공시방법이 없는 주택임대차에 있어서 임차인이 주택임대차보호법에 의한 대항력과 우선변제권을 인정받기 위한 주택의 인도와 주민등록이라는 요건은 그 대항력 및 우선변제권의 취득시에만 구비하면 족한 것이 아니고 경매절차의 배당요구의 종기인 경락기일까지 계속 존속하고 있어야 한다(대판 2002. 8. 13. 선고 2000다61466).

2) 주택의 임차인이 주택의 인도와 주민등록을 마친 당일 또는 그 이전에 임대차계약증서상에 확정일자를 갖춘 경우 우선변제권은 대항력과 마찬가지로 주택의 인도와 주민등록을 마친 다음날을 기준으로 발생한다(대판 1998. 9. 8. 선고 98다26002).

3) 우선변제청구권이 인정되는 임대차보증금반환채권은 현행법상 배당요구가 필요한 배당요구채권에 해당한다(대판 1998. 10. 13. 선고 98다12379).

4) 임차주택을 인도하여야 한다. 임차인은 임차주택을 인도하지 않고도 경매신청을 할 수 있으나(동법 3조의2 1항), 보증금을 수령하기 위하여는 임차주택을 명도한 증명을 하여야 한다는 것을 의미하는 것이고, 임차인의 주택명도의무가 보증금반환의무보다 선이행되어야 하는 것은 아니다(동법 3조의2 제2항)(대판 1994. 2. 22. 선고 93다55241).

3. 우선변제권의 내용

(1) 대항력과 확정일자를 모두 구비한 임차인은 그 구비 이후에 등기한 담보물권자나 압류채권자보다 보증금을 우선변제 받는다.

(2) 대항력을 갖춘 주택임차인이 임대인의 동의를 얻어 적법하게 임차권을 양도하거나 전대한 경우

1) 양수인이나 전차인에게 점유가 승계되고 주민등록이 단절된 것으로 볼 수 없을 정도의 기간 내에 전입신고가 이루어졌다면 비록 위 임차권의 양도나 전대에 의하여 임차권의 공시방법인 점유와 주민등록이 변경되었다 하더라도 원래의 임차인이 갖는 임차권의 대항력은 소멸되지 아니하고 동일성을 유지한 채로 존속한다고 보아야 한다.

2) 이러한 경우 임차권 양도에 의하여 임차권은 동일성을 유지하면서 양수인에게 이전되고 원래의 임차인은 임대차관계에서 탈퇴하므로 임차권 양수인은 원래의 임차인이 우선변제권을 행사할 수 있고, 전차인은 원래의 임차인이 가지는 우선변제권을 대위 행사할 수 있다(대판 2010. 6. 10. 선고 2009다101275).

(3) 대항력과 우선변제권을 모두 가지고 있는 임차인이 집행권원을 얻어 스스로 강제경매를 신청한 경우

1) 특별한 사정이 없는 한 대항력과 우선변제권 중 우선변제권을 선택하여 행사한 것으로 보아야 하고, 이 경우 우선변제권을 인정받기 위하여 배당요구의 종기까지 별도로 배당요구를 하여야 하는 것은 아니다(대판 2013. 11. 14. 선고 2013다27831).

2) 보증금 전액에 대하여 배당요구를 하였으나 전액을 배당받지 못한 경우

경락인에 대하여 이를 반환받을 때까지 임대차관계의 존속을 주장할 수 있을 뿐이고(보증금이 전액 변제되지 아니한 대항력 있는 임차권은 소멸하지 아니한다 :동법 제3조의 5 단서) 제2 경매절차에서 우선변제권에 의한 배당을 받을 수 없다. 즉 소멸하지 아니하는 임차권의 내용에 대항력뿐만 아니라, 우선변제권도 당연히 포함되는 것으로 볼 수는 없다(대판 2006. 2. 10. 선고 2005다21166).

문제 21

▶ 2020년 준사례형문제 20점

X주택의 임대인 갑이 임대차 종료 후 정당한 사유 없이 보증금을 반환하지 아니하자 임차인 을이 임차권등기명령을 신청하여 임차권등기가 이루어진 경우, 그 효과에 대하여 설명하시오.

1. 주택임대차보호법 규정

임차권등기명령제도란 임대차가 끝난 후 보증금을 반환받지 못한 임차인이 임차주택의 소재지를 관할하는 지방법원, 지방법원지원 또는 시 군법원에 임차권등기명령을 신청할 수 있는 제도를 말한다(동법 3조의3 1항).

2. 취지

(1) 임대차가 끝난 후에도 보증금을 반환받지 못한 임차인은 대항력 및 우선변제권을 유지하기 위해서는 전출을 할 수도 없고(주민등록 요건) 이사를 갈 수도 없어(점유 요건 때문) 이를 해결하기 위해 도입된 제도이다.

(2) 임차권등기명령의 신청은 임대인의 협력 없이 임차인이 단독으로 할 수 있다.

3. 임차권등기의 효력

(1) 주택인도 불필요

법원의 임차권등기명령의 집행에 의해 임차권등기가 경료되면, 임차인은 이사를 가더라도 예전의 대항력이나 우선변제권은 그대로 유지된다(동법 3조의3 5항).

(2) 배당요구 불필요

임차권등기명령에 의하여 임차권등기를 한 임차인은 별도로 배당요구를 하지 않아도 당연히 배당받을 채권자에 속한다(대판 2005. 9.15. 2005다33039).

(3) 보증금반환의무가 임차권등기말소의무보다 선이행의무

임차권등기는 임차인으로 하여금 기왕의 대항력이나 우선변제권을 유지하도록 해 주는 담보적 기능만을 주목적으로 하는 점 등에 비추어 볼 때, 임대인의 임대차보증금의 반환의무가 임차인의 임차권등기 말소의무보다 먼저 이행되어야 할 의무이다(대판 2005. 6.9. 2005다4529).

(4) 시효중단의 효력 불인정

임차권등기명령에 따른 임차권등기가 본래의 담보 기능을 넘어서 채무자의 일반재산에 대한 강제집행을 보전하기 위한 처분의 성질을 가진다고 볼 수는 없다. 그렇다면 임차권등기명령에 따른 임차권등기에는 민법 제168조 제2호에서 정하는 소멸시효 중단사유인 압류 또는 가압류, 가처분에 준하는 효력이 있다고 볼 수 없다(대판 2019. 5. 16. 선고 2017다226629).

(5) 비용

임차인은 임차권등기명령의 신청과 그에 따른 임차권등기와 관련하여 든 비용을 임대인에게 청구할 수 있다(동법 3조의3 8항).

문제 22

주택임대차의 소액보증금에 대한 최우선변제권을 약술하시오.

1. 의의

주택임차인은 보증금 중 일정액을 순위를 따지지 않고 다른 담보물권자보다 우선하여 변제받을 권리가 있다(주택임대차보호법 8조).

2. 요건

(1) 소액임차인일 것

대통령령으로 정하는 소액임차인이어야 한다.

(2) 주택의 경매신청등기 전에 대항력을 갖출 것

경매절차상의 다른 이해관계인들에게 피해를 입힐 수도 있는 점 등에 비추어 볼 때, 공시방법이 없는 주택임대차에 있어서 주택의 인도와 주민등록이라는 우선변제의 요건은 그 우선변제권 취득시에만 구비하면 족한 것이 아니고, 민사집행법상 배당요구의 종기까지 계속 존속하고 있어야 한다(대판 2007.6.14. 2007다17475).

(3) 배당요구

소액임차인의 소액보증금반환채권은 배당요구가 필요한 배당요구채권에 해당한다(대판 2002.1.22. 2001다70702). 소액임차인이 배당요구를 하지 않아 배당에서 제외된 경우, 후순위채권자를 상대로 부당이득반환을 청구할 수 없다.

3. 효과

(1) 일정액의 범위

주택(대지 포함)가액의 2분의 1의 범위에서 우선변제권이 있다. 그 범위는 주택임대차위원회의 심의를 거쳐 대통령령으로 정한다.

(2) 실제 사용·수익 목적

1) 임대차계약의 주된 목적이 주택을 사용·수익하려는 것에 있는 것이 아니고 소액임차인으로 보호받아 선순위 담보권자에 우선하여 채권을 회수하려는 것에 주된 목적이 있었던 경우에는, 그러한 임차인을 주택임대차보호법상 소액임차인으로 보호할 수 없다.

2) 실제 임대차계약의 주된 목적이 주택을 사용·수익하려는 것인 이상, 처음 임대차계약을 체결할 당시에는 보증금액이 많아 주택임대차보호법상 소액임차인에 해당하지 않았지만 그 후 새로운 임대차계약에 의하여 정당하게 보증금을 감액하여 소액임차인에 해당하게 되었다면, 그 임대차계약이 통정허위표시에

의한 계약이어서 무효라는 등의 특별한 사정이 없는 한 그러한 임차인은 같은 법상 소액임차인으로 보호받을 수 있다(대판 2008. 5. 15. 선고 2007다23203).

(3) 대항요건과 확정일자를 갖춘 임차인들이 주택임대차보호법 제8조 제1항에 의하여 보증금 중 일정액의 보호를 받는 소액임차인의 지위를 겸하는 경우, 먼저 소액임차인으로서 보호받는 일정액을 우선 배당하고 난 후의 나머지 임차보증금채권액에 대하여는 대항요건과 확정일자를 갖춘 임차인으로서의 순위에 따라 배당을 하여야 하는 것이다(대판 2007. 11. 15. 선고 2007다45562).

문제 23

주택임대차보호법상 존속기간에 대해서 약술하시오.

1. 주택임대차보호법은 임차인을 보호하기 위하여 최단기간 보장 및 묵시의 갱신을 인정하고 있다.

2. 최단기간의 보장

(1) 2년

1) 기간을 정하지 아니하거나 2년 미만으로 정한 임대차는 그 기간을 2년으로 본다. 다만, 임차인은 2년 미만으로 정한 기간이 유효함을 주장할 수 있다(동법 4조 1항). 다만 상가의 경우에는 1년이다.

2) 주택임대차보호법 제4조 제1항은 같은 법 제10조의 취지에 비추어 보면 임차인의 보호를 위한 규정이라고 할 것이므로, 그 규정에 위반되는 당사자의 약정을 모두 무효라고 할 것은 아니고 그 규정에 위반하는 약정이라도 임차인에게 불리하지 아니한 것은 유효하다고 풀이함이 상당한바, 임대차 기간을 2년 미만으로 정한 임대차의 임차인이 스스로 그 약정 임대차 기간이 만료되었음을 이유로 임차보증금의 반환을 구할 수 있다(대판 1995. 10. 12. 선고 95다22283).

(2) 또한 임대차기간이 끝난 경우에도 임차인이 보증금을 반환받을 때까지는 임대차관계가 존속되는 것으로 본다(동법 4조).

3. 묵시의 갱신

(1) 의의

주택임대차의 묵시적 갱신이란 일정한 요건을 갖추면 임대차계약이 갱신되도록 하는 것이며, 종전과 동일한 조건으로 다시 임대차한 것으로 간주되는 것을 말한다(동법 6조).

(2) 요건

1) 임대인의 경우

임대인이 임대차기간이 끝나기 6개월 전부터 2개월 전까지의 기간에 임차인에게 갱신거절의 통지를 하지 않거나 계약조건을 변경하지 않으면 갱신하지 않는다는 뜻의 통지를 하지 않았을 것(동법 6조 1항).

2) 임차인의 경우

① 임차인이 임대차기간이 끝나기 2개월 전까지 임대인에 대하여 갱신거절의 통지를 하지 않았을 것(1항)

② 그러나 임차인이 2기의 차임액에 달하도록 연체하거나 그 밖에 임차인으로서의 의무를 현저히 위반한 경우에는 묵시적 갱신을 주장할 수 없다(3항).

(3) 효과

1) 주택임대차기간이 만료된 때의 전 임대차와 동일한 조건으로 다시 임대차한 것으로 본다. 다만, 이 경우 존속기간은 2년으로 본다.

2) 다만 임차인은 언제든지 임대인에게 계약해지를 통지할 수 있으며, 임대인이 그 통지를 받은 날부터 3개월이 지나면 계약해지의 효력이 발생된다.

3) 편면적 강행규정

이 법에 위반된 약정으로서 임차인에게 불리한 것은 그 효력이 없다(동법 10조).

4. 계약갱신요구권

(1) 의의

동법 6조의 묵시적 갱신에 의하면 주택임대인은 임대차기간이 끝나기 6개월 전부터 2개월 전까지 갱신거절을 통지함으로써 임대차를 종료시킬 수 있다. 그런데 이러한 경우에도 임차인이 위 기간 내에 계약갱신을 요구하면 임대인은 정당한 사유없이 거절하지 못한다(동법 6조의3 1항).

(2) 주택임대인의 갱신거절사유(동법 6조의3 1항 단서)

1) 임차인이 2기의 차임액에 해당하는 금액에 이르도록 차임을 연체한 사실이 있는 경우

2) 임대인(임대인의 직계존속·직계비속을 포함한다)이 목적 주택에 실제 거주하려는 경우

3) 서로 합의하여 임대인이 임차인에게 상당한 보상을 제공한 경우 등

(3) 효력

1) 갱신되는 임대차는 전 임대차와 동일한 조건으로 다시 계약된 것으로 본다. 다만, 차임과 보증금은 제7조의 범위(차임이나 보증금의 20분의1)에서 증감할 수 있다.

2) 이 경우 갱신되는 임대차의 존속기간은 2년으로 본다(동법 6조의3 2항). 다만 임차인은 언제든지 임대인에게 계약해지를 통지할 수 있고, 임대인이 그 통지를 받은 날부터 3개월이 지나면 그 효력이 발생한다(동법 6조의3 4항).

3) 임차인의 계약갱신요구권을 1회에 한하여 행사할 수 있다. 묵시적 갱신은 갱신요구권의 행사에 포함되지 않는다. 기존 계약이 몇년이든 상관없이 법시행당시 계약기간이 남아있으면 1회에 한하여 행사할 수 있다.

4) 편면적 강행규정

묵시적 갱신은 편면적 강행규정이다. 임차인에게 계약갱신요구권을 인정하지 않는 특약은 임차인에게 불리하여 무효이다(동법 10조).

문제 24

▶ 2013년 약술형문제 20점

주택임대차보호법상 '묵시적 갱신'에 관하여 약술하시오.

1. 의의

주택임대차의 묵시적 갱신이란 일정한 요건을 갖추면 임대차계약이 갱신되도록 하는 것이며, 종전과 동일한 조건으로 다시 임대차한 것으로 간주되는 것을 말한다(동법 6조).

2. 요건

(1) 임대인의 경우

임대인이 임대차기간이 끝나기 6개월 전부터 2개월 전까지의 기간에 임차인에게 갱신거절의 통지를 하지 않거나 계약조건을 변경하지 않으면 갱신하지 않는다는 뜻의 통지를 하지 않았을 것(동법 6조 1항).

(2) 임차인의 경우

1) 임차인이 임대차기간이 끝나기 2개월 전까지 임대인에 대하여 갱신거절의 통지를 하지 않았을 것(1항)

2) 그러나 임차인이 2기의 차임액에 달하도록 연체하거나 그 밖에 임차인으로서의 의무를 현저히 위반한 경우에는 묵시적 갱신을 주장할 수 없다(3항).

3. 효과

(1) 주택임대차기간이 만료된 때의 전 임대차와 동일한 조건으로 다시 임대차한 것으로 본다. 다만, 이 경우 존속기간은 2년으로 본다.

(2) 다만 임차인은 언제든지 임대인에게 계약해지를 통지할 수 있으며, 임대인이 그 통지를 받은 날부터 3개월이 지나면 계약해지의 효력이 발생된다.

(3) 편면적 강행규정

이 법에 위반된 약정으로서 임차인에게 불리한 것은 그 효력이 없다(동법 10조).

문제 25

▶ 2021년 약술형문제 20점

상가건물 임대차보호법상 임차인의 계약갱신요구권에 관하여 설명하시오

1. 보호되는 상가의 범위

이 법은 사업자등록의 대상이 되는 건물의 임대차(임대차 목적물의 주된 부분을 영업용으로 사용하는 경우를 포함한다)에 대하여 적용한다. 다만, 대통령령으로 정하는 보증금액을 초과하는 임대차에 대하여는 적용되지 아니하다.

2. 요건

상가임차인이 임대차기간이 만료되기 6개월 전부터 1개월 전까지 사이에 계약갱신을 요구할 수 있는 권리를 말한다. 이 경우 임대인은 정당한 사유 없이 거절하지 못한다.

3. 임대인의 정당한 거절 사유

(1) 임차인이 3기의 차임액에 해당하는 금액에 이르도록 차임을 연체한 사실이 있는 경우

1) 상가건물 임대차보호법(이하 '상가임대차법'이라고 한다) 제10조의8은 임대인이 차임연체를 이유로 계약을 해지할 수 있는 요건을 '차임연체액이 3기의 차임액에 달하는 때'라고 규정하였다. 반면 임대인이 임대차기간 만료를 앞두고 임차인의 계약갱신 요구를 거부할 수 있는 사유에 관해서는 '3기의 차임액에 해당하는 금액에 이르도록 차임을 연체한 사실이 있는 경우'라고 문언을 달리하여 규정하고 있다(상가임대차법 제10조 제1항 제1호).

2) 임대차기간 중 어느 때라도 차임이 3기분에 달하도록 연체된 사실이 있다면 임차인과의 계약관계 연장을 받아들여야 할 만큼의 신뢰가 깨어졌으므로 임대인은 계약갱신 요구를 거절할 수 있고, 반드시 임차인이 계약갱신요구권을 행사할 당시에 3기분에 이르는 차임이 연체되어 있어야 하는 것은 아니다(대판 2021. 5. 13. 선고 2020다255429).

(2) 서로 합의하여 임대인이 임차인에게 상당한 보상을 제공한 경우

(3) 임차인이 임대인의 동의 없이 목적 건물의 전부 또는 일부를 전대한 경우 등

4. 계약갱신의 효과

(1) 임차인의 계약갱신요구권은 최초의 임대차기간을 포함한 전체 임대차기간이 10년을 초과하지 아니하는 범위에서만 행사할 수 있다.

(2) 갱신되는 임대차는 전 임대차와 동일한 조건으로 다시 계약된 것으로 본다. 다만, 차임과 보증금은 상가건물임대차보호법 제11조에 따른 범위에서 증감할 수 있다.

(3) 동법에서 기간을 정하지 않은 임대차는 그 기간을 1년으로 간주하지만(제9조 제1항), 대통령령으로 정한 보증금액을 초과하는 임대차는 위 규정이 적용되지 않으므로(제2조 제1항 단서), 원래의 상태 그대로 기간을 정하지 않은 것이 되어 민법의 적용을 받는다. 민법 제635조 제1항, 제2항 제1호에 따라 이러한 임대차는 임대인이 언제든지 해지를 통고할 수 있고 임차인이 통고를 받은 날로부터 6개월이 지남으로써 효력이 생기므로, 임대차기간이 정해져 있음을 전제로 기간 만료 6개월 전부터 1개월 전까지 사이에 행사하도록 규정된 임차인의 계약갱신요구권(상가임대차법 제10조 제1항)은 발생할 여지가 없다(대판 2021. 12. 30. 선고 2021다233730).

문제 26
▶ 2019년 약술형문제 20점

권리금의 의의와 임차인의 권리금 회수기회 보호규정에 관하여 설명하시오.

1. 권리금의 의의

(1) 권리금이란 임대차 목적물인 상가건물에서 영업을 하는 자 또는 영업을 하려는 자가 영업시설 비품, 거래처, 신용, 영업상의 노하우, 상가건물의 위치에 따른 영업상의 이점 등 유형 무형의 재산적 가치의 양도 또는 이용대가로서 임대인, 임차인에게 보증금과 차임 이외에 지급하는 금전 등의 대가를 말한다(동법 10조의3 1항).

(2) 권리금의 회수방법

1) 권리금이 임차인으로부터 임대인에게 지급된 경우에, 그 유형·무형의 재산적 가치의 양수 또는 약정기간 동안의 이용이 유효하게 이루어진 이상 임대인은 그 권리금의 반환의무를 지지 아니하며,

2) 다만 임차인은 당초의 임대차에서 반대되는 약정이 없는 한 임차권의 양도 또는 전대차의 기회에 부수하여 자신도 그 재산적 가치를 다른 사람에게 양도 또는 이용케 함으로써 권리금 상당액을 회수할 수 있을 것이고,

3) 임대인의 사정으로 중도 해지됨으로써 약정기간 동안의 그 재산적 가치를 이용케 해주지 못하였다는 등의 특별한 사정이 있을 때에만 임대인은 그 권리금 전부 또는 일부의 반환의무를 진다고 할 것이다(대법원 2001. 4. 10. 선고 2000다59050).

2. 임차인의 권리금 회수보호

(1) 동법상 임차인의 권리금보호 규정

1) 임대인의 방해행위 금지

임대인은 임대차기간이 끝나기 6개월 전부터
① 임차인이 주선한 신규임차인이 되려는 자에게 권리금을 요구하거나 임차인이 주선한 신규임차인이 되려는 자로부터 권리금을 수수하는 행위
② 임차인이 주선한 신규임차인이 되려는 자로 하여금 임차인에게 권리금을 지급하지 못하게 하는 행위
③ 임차인이 주선한 신규임차인이 되려는 자에게 현저히 고액의 차임과 보증금을 요구하는 행위
④ 정당한 사유 없이 임대인이 임차인이 주선한 신규임차인이 되려는 자와 임대차계약의 체결을 거절하는 등의 행위를 하여서는 안된다.

2) 위반의 효과
① 임대인이 방해행위 금지규정을 위반하여 임차인에게 손해를 발생하게 한 때에는 그 손해를 배상할 책임이 있다. 이 경우 그 손해배상액은 신규임차인이 임차인에게 지급하기로 한 권리금과 임대차

종료 당시의 권리금 중 낮은 금액을 넘지 못한다(3항).
② 이러한 손해배상청구권은 임대차가 종료한 날부터 3년 이내에 행사하지 아니하면 시효의 완성으로 소멸한다.

(2) 기타 판례

상가임대차법 제10조 제2항에 따라 최초의 임대차기간을 포함한 전체 임대차기간이 5년을 초과하여 임차인이 계약갱신요구권을 행사할 수 없는 경우에도 임대인은 같은 법 제10조의4 제1항에 따른 권리금 회수기회 보호의무를 부담한다고 보아야 한다.

3. 적용의 배제

다만, 제10조제1항(계약갱신요구거절) 각 호의 어느 하나에 해당하는 사유가 있는 경우에는 그러하지 아니하다. 즉 임차인이 3기의 차임액에 해당하는 금액에 이르도록 차임을 연체한 사실이 있는 경우, 임차인이 거짓이나 그 밖의 부정한 방법으로 임차한 경우 등이다.

문제 27

▶ 2024년 케이스문제 40점

갑은 자신 소유의 X상가건물에서 음식점을 운영해 오다가 2008. 5. 6. 병에게 X건물을 매도하면서, 병으로부터 X건물을 보증금 3,000만원, 월 차임 200만원, 계약기간 2008. 6. 5.부터 1년으로 정하여 임대차계약을 체결하였다. 이후 갑과 병의 임대차계약은 묵시적으로 갱신되어 왔다. 을은 2023. 5. 11. 병으로부터 X건물을 매수하고 소유권이전등기를 마친 후, 2024. 1. 24 갑에게 2024. 6. 4.자로 X건물에 대한 임대차가 종료됨을 통지하였다. 다음 물음에 답하시오.

물음 1 을의 임대차 종료 통지에 대하여 갑은 임대차계약의 갱신을 요구하였다. 이와 관련하여 상가건물임대차보호법상 계약갱신요구권을 약술하고, 갑의 계약갱신요구의 인정여부, 갑과 을의 임대차계약의 존속여부에 관하여 검토하시오. (20점)

물음 2 갑은 2024. 3. 9. 정과 X건물에 관하여 5,000만원의 권리금계약을 체결한 다음, 2024. 3. 22. 을에게 신규 임차인으로 정을 주선하며 임대차계약 체결을 요구하였다. 그러나 을은 자신이 X건물에서 직접 샌드위치 가게를 운영할 계획이라는 이유로 갑의 요구를 거절하였다. 임대인의 권리금 회수기회 보호제도에 관하여 약술하고, 갑의 권리금회수방안에 관하여 검토하시오. (20점)

물음 1

1. 문제의 소재

갑은 2008. 6. 5.부터 병과 임대차계약을 체결한 후 묵시적 갱신을 계속하여 왔다. 을이 2024. 1. 24 갑에게 2024. 6. 4.자로 X건물에 대한 임대차가 종료됨을 통지한 것은 갑의 임대차기간이 10년이 지난 후이다. 이런 경우에 갑에게 계약갱신요구가 인정되는지가 쟁점이라 하겠다.

2. 계약갱신요구권

(1) 의의

상가 임대차기간이 끝나기 6개월 전부터 1개월 전까지 임대인은 갱신거절을 통지함으로써 임대차를 종료시킬 수 있다. 그런데 임차인이 위 기간 내에 계약갱신을 요구하면 임대인은 정당한 사유없이 거절하지 못한다(상가임대차보호법 10조).

(2) 임대인의 갱신거절 사유

1) 임차인이 3기의 차임액에 해당하는 금액에 이르도록 차임을 연체한 사실이 있는 경우
2) 임차인이 거짓이나 그 밖의 부정한 방법으로 임차한 경우
3) 서로 합의하여 임대인이 임차인에게 상당한 보상을 제공한 경우
4) 그 밖에 임차인이 임차인으로서의 의무를 현저히 위반하거나 임대차를 계속하기 어려운 중대한 사유가 있는 경우 등

(3) 효력

1) 갱신되는 임대차는 전 임대차와 동일한 조건으로 다시 계약된 것으로 본다. 다만, 차임과 보증금 증감은 제한이 있다(동법 10조 3항).

2) 임차인의 계약갱신요구권은 최초의 임대차기간을 포함한 전체 임대차기간이 10년을 초과하지 아니하는 범위에서만 행사할 수 있다(동법 10조 2항).

3. 사안에의 적용

을이 2024. 1. 24 갑에게 2024. 6. 4.자로 X건물에 대한 임대차가 종료됨을 통지한 것은 갑의 임대차 기간이 10년이 지난 후이다. 임차인의 계약갱신요구권은 최초의 임대차기간을 포함한 전체 임대차기간이 10년을 초과하지 아니하는 범위에서만 행사할 수 있으므로 갑의 계약갱신요구는 인정될 수 없다. 따라서 2024. 6. 4.자로 갑의 X건물에 대한 임대차는 종료되므로 갑과 을의 임대차는 존속할 수 없다.

물음 2

1. 문제의 소재

기간경과로 갑의 계약갱신요구가 인정되지 않는 상태에서 갑의 권리금회수가 보장되는지가 관건이다. 이하 권리금 회수기회 보호제도에 관하여 약술하고, 갑의 권리금회수방안에 관하여 검토한다.

2. 권리금

(1) 권리금의 개념

1) 권리금이란 임대차 상가건물에서 영업을 하는 자 또는 영업을 하려는 자가 유형·무형의 재산적 가치의 양도 또는 이용대가로서 임대인, 임차인에게 보증금과 차임 이외에 지급하는 금전 등의 대가를 말한다(상가임대차보호법 10조의3).

2) 권리금 계약이란 신규임차인이 되려는 자가 임차인에게 권리금을 지급하기로 하는 계약을 말한다.

(2) 권리금의 효력

권리금은 임대차가 종료하더라도 임대인에게 그 반환을 청구하지 못한다. 다만 임대인의 사정으로 임대차계약이 중도에 해지되는 것과 같은 특별한 사정이 있는 때에는 잔존기간에 상응하는 금액의 반환을 청구할 수 있다(판례).

3. 권리금의 회수기회 보장

(1) 임대인은 다음의 행위 등을 함으로써 임차인이 권리금을 지급받는 것을 방해하여서는 안된다.

1) 임차인이 주선한 신규임차인이 되려는 자에게 권리금을 요구하거나 임차인이 주선한 신규임차인이 되려는 자로부터 권리금을 수수하는 행위

2) 임차인이 주선한 신규임차인이 되려는 자로 하여금 임차인에게 권리금을 지급하지 못하게 하는 행위

3) 그 밖에 정당한 사유 없이 임대인이 임차인이 주선한 신규임차인이 되려는 자와 임대차계약의 체결을 거절하는 행위 등(동법 10조의4 1항 본문)

(2) 적용의 배제

1) 임대인에게 계약갱신요구 거절 사유가 있을 때에는 그 적용이 배제된다(동법 10조의4 1항 단서).

2) 임차인이 주선한 신규임차인이 되려는 자가 보증금 또는 차임을 지급할 자력이 없는 경우 등 일정한 경우에는 그 적용을 배제할 정당한 이유가 있다(동법 10조의4 2항).

3) 임차인의 계약갱신요구권 행사기간이 만료한 경우 그 배제 여부

임차인의 계약갱신요구권은 상가임차인에게 최소한의 영업기간을 보장하기 위해서 임차인의 주도로 임대차계약의 갱신을 달성하려는 것이고, 같은 법 제10조의4는 임대차계약이 종료된 경우에도 상가 임차인이 권리금을 회수할 수 있도록 보장하기 위해 임대인에게 권리금 회수기회 보호의무를 부과하는 것으로서, 두 조항의 취지와 내용은 다르며, 같은 법 제10조의4는 임차인의 계약갱신요구권 행사기간의 만료를 권리금 회수기회 보호의무의 예외사유로 정하고 있지 않은 점에 비추어 보면, 임차인이 10년의 기간경과로 계약갱신요구권을 행사할 수 없는 경우에 임대인은 같은 법 제10조의4 제1항에 따른 권리금 회수기회 보호의무를 부담한다(대판 2019. 5. 16. 2017다225312, 225329).

4. 사안의 경우

물음1)에서 10년 기간의 경과로 갑의 계약갱신요구는 인정되지 않는다. 계약갱신요구가 인정되지 않는 경우에는 원칙적으로 임차인의 권리금회수를 법에서 보호하지 않는다. 그러나 계약갱신요구권 행사기간의 만료를 권리금 회수기회 보호의무의 예외사유로 법에서 정하고 있지 않은 점에 비추어 보면 갑은 권리금을 회수할 수 있다.

문제 28

주택임대차보호법상 주택임차권의 승계를 약술하시오.

1. 의의

주택 임차인이 사망한 경우에 임대인은 그를 이유로 계약을 해지할 수 없는데, 임차권은 상속된다고 보는 것이 통설이다. 문제는 상속권이 없는 사실혼 배우자와 동거를 하다가 사망한 경우의 사실혼 배우자의 지위이다. 주택임대차보호법은 사실혼 배우자를 보호하기 위한 규정을 두고 있다.

2. 승계인

1) 임차인이 상속인 없이 사망한 경우

그 주택에서 가정공동생활을 하던 사실상의 혼인 관계에 있는 자가 임차인의 권리와 의무를 승계한다(동법 9조 1항).

2) 임차인에게 상속인이 있는 경우

① 사망 당시 상속인이 그 주택에서 가정공동생활을 하고 있지 아니한 경우 : 그 주택에서 가정공동생활을 하던 사실상의 혼인 관계에 있는 자와 2촌 이내의 친족이 공동으로 임차인의 권리와 의무를 승계한다(동법 9조 2항). 따라서 상속인이 2촌 이내의 친족이 아니면 사실혼 배우자만이 임차권을 승계한다.

② 사망 당시 상속인이 그 주택에서 가정공동생활을 하고 있는 경우 : 상속인만이 임차권을 승계한다.

3. 승계의 효과

1) 임대차 관계에서 생긴 채권·채무는 임차인의 권리의무를 승계한 자에게 귀속된다(동법 9조 4항). 따라서 임대차기간 동안의 사용수익권 외에 임대차 종료시의 보증금반환채권도 승계인에게 귀속한다. 한편 차임지급의무도 승계인에게 귀속한다.

2) 임차권의 승계대상자가 그 승계를 원하지 아니하는 때에는 임차인이 사망한 후 1개월 이내에 임대인에게 반대의사를 표시함으로써 승계를 포기할 수 있다(동법 9조 3항).

제6절 도급

문제 01

도급에서 완성물의 소유권 귀속을 약술하시오.

1. 소유권 귀속에 관한 특약이 있는 경우

도급계약에 기하여 유형물을 완성한 때에 특약이 있으면 그에 의한다.

(1) 도급인 명의로 건축허가를 받아 그 명의로 소유권보존등기를 하기로 한 때

(2) 또는 공사기성고 비율에 따라 상당액의 공사대금이 이미 지급된 경우 등에는 완성된 건물을 원시적으로 도급인에게 귀속시키기로 하는 묵시적 합의가 있는 것으로 본다(대판 1996.9.20., 96다24804).

2. 특약이 없는 경우

(1) 제작물이 동산인 경우

완성물의 소유권은 일단 수급인에게 속하고 인도에 의해 소유권이 이전된다.

(2) 제작물이 부동산인 경우

1) 수급인이 자기의 노력과 출재로 완성한 건물의 소유권은 도급인과 수급인 사이의 특약에 의하여 달리 정하거나 기타 특별한 사정이 없는 한 수급인에게 귀속된다(대판 1990. 2. 13. 선고 89다카11401).

2) 다만 판례는 특약의 범위를 넓게 보아 구체적인 사안에서는 도급인이 신축건물의 소유권을 원시취득한다고 판단한 경우가 적지 않다.

3) 수급인의 보수청구권 확보
   ① 유치권
   주택건물의 신축공사를 한 수급인이 그 건물을 점유하고 있고 또 그 건물에 관하여 생긴 공사금 채권이 있다면, 수급인은 그 채권을 변제받을 때까지 건물을 유치할 권리가 있다고 할 것이고, 이러한 유치권은 수급인이 점유를 상실하거나 피담보채무가 변제되는 등 특단의 사정이 없는 한 소멸되지 않는다(대판 1995.9.15. 95다16219).

② 수급인의 저당권설정청구권

　　부동산공사의 수급인은 전조의 보수에 관한 채권을 담보하기 위하여 그 부동산을 목적으로 한 저당권의 설정을 청구할 수 있다(666조).

③ 동시이행항변권으로 달성 가능하다.

문제 02

▶ 2013년 약술형문제 20점

수급인이 재료의 전부를 조달하여 '완성한 물건의 소유권귀속'에 관하여 약술하시오.

1. 원칙

소유권 귀속에 관한 특약이 있는 경우에는 그에 따른다. 묵시적 약정도 인정된다.

2. 약정이 없는 경우

(1) 일반적으로 자기의 노력과 재료를 들여 건물을 건축한 사람은 그 건물의 소유권을 원시취득한다(대판 1992. 3. 27. 선고 91다34790).

(2) **도급인이 재료의 전부 또는 주요부분을 공급한 경우**

도급인이 재료의 전부 또는 주요부분을 공급한 경우에는 도급인에게 소유권이 귀속하는 것이 원칙이다.

3. 수급인이 재료의 전부 또는 주요부분을 공급한 경우

(1) 수급인에게 소유권이 귀속한다.

(2) 특약이 있는 때에는 그 건물의 소유권은 원시적으로 도급인에게 귀속한다.
 1) 도급인 명의로 건축허가를 받아 그 명의로 소유권보존등기를 하기로 한 때 또는 공사기성고 비율에 따라 상당액의 공사대금이 이미 지급된 경우 등에는 완성된 건물을 원시적으로 도급인에게 귀속시키기로 하는 묵시적 합의가 있는 것으로 본다(대판 1996.9.20., 96다24804).

 2) 건축업자가 타인의 대지를 매수하여 그 대금을 지급하지 아니한 채 그 위에 자기의 노력과 재료를 들여 건물을 건축하면서 건축허가 명의를 대지소유자로 한 경우에는, 그 목적이 대지대금 채무를 담보하기 위한 경우가 일반적이라 할 것이고, 이 경우 완성된 건물의 소유권은 건물을 건축한 채무자가 원시적으로 취득하고, 채권자 명의로 소유권보존등기를 마침으로써 담보 목적의 범위 내에서 채권자에게 그 소유권이 이전된다(대판 1992.8.18. 91다25505).

 3) 건물 신축공사에 있어서 그 건축허가 명의가 도급인측으로 되어 있고, 공사도급계약상 도급인이 공사대금을 미지급할 때에는 그 미지급한 금액에 대하여 완성된 건물로 대물변제하거나 또는 수급인에게 그 건물 소유권에 대한 가등기를 하여 주기로 하는 등 도급인이 완성된 건물의 소유권을 취득함을 전제로 한 약정이 있다면 수급인이 그의 노력과 재료를 들여 위 공사를 80% 가량 진행하고 중단할 당시 사회통념상 독립된 건물의 형태를 갖추고 있었다 하더라도 그 건물의 원시적 소유권은 그 인도 여부나 공사대금의 지급 여부에 관계없이 도급인에게 귀속시키기로 합의한 것이다(대판 1992. 3. 27. 선고 91다34790).

문제 03

제작물공급계약에 대해 약술하시오.

1. 의의

당사자의 일방이 상대방의 주문에 따라서 전적으로 또는 주로 자기 소유의 재료를 사용하여 만든 물건을 공급하고 이에 대하여 보수를 받는 약정을 말한다. 이에는 물건의 제작(도급)과 공급(매매)의 두 요소가 포함된다.

2. 법적 성질

그 제작의 측면에서는 도급의 성질이 있고 공급의 측면에서는 매매의 성질이 있어 이러한 계약은 대체로 매매와 도급의 성질을 함께 가지고 있는 것으로서, 적용법률은 계약에 의하여 제작 공급하여야 할 물건이 대체물인 경우에는 매매로 보아서 매매에 관한 규정이 적용된다고 할 것이나, 물건이 특정의 주문자의 수요를 만족시키기 위한 부대체물인 경우에는 당해 물건의 공급과 함께 그 제작이 계약의 주목적이 되어 도급의 성질을 띠는 것이다(대법원 1996. 6. 28. 선고 94다42976).

3. 완성된 제작물의 소유권 귀속

완성된 제작물이 부대체물이라서 제작물공급계약이 도급계약의 성질을 갖는 경우에 완성된 물건의 소유권 귀속이 문제된다.

(1) 소유권 귀속에 관한 특약이 있는 경우

도급계약에 기하여 유형물을 완성한 때에 특약이 있으면 그에 의한다.

1) 도급인 명의로 건축허가를 받아 그 명의로 소유권보존등기를 하기로 한 때

2) 또는 공사기성고 비율에 따라 상당액의 공사대금이 이미 지급된 경우 등에는 완성된 건물을 원시적으로 도급인에게 귀속시키기로 하는 묵시적 합의가 있는 것으로 본다(대판 1996.9.20., 96다24804).

(2) 특약이 없는 경우

1) 제작물이 동산인 경우

완성물의 소유권은 일단 수급인에게 속하고 인도에 의해 소유권이 이전된다.

2) 제작물이 부동산인 경우

수급인이 자기의 노력과 출재로 완성한 건물의 소유권은 도급인과 수급인 사이의 특약에 의하여 달리 정하거나 기타 특별한 사정이 없는 한 수급인에게 귀속된다(대판 1990. 2. 13. 선고 89다카11401). 다만 판례는 특약의 범위를 넓게 보아 구체적인 사안에서는 도급인이 신축건물의 소유권을 원시취득 한다고 판단한 경우가 적지 않다.

3) 수급인의 보수청구권 확보
    ① 유치권
        주택건물의 신축공사를 한 수급인이 그 건물을 점유하고 있고 또 그 건물에 관하여 생긴 공사금 채권이 있다면, 수급인은 그 채권을 변제받을 때까지 건물을 유치할 권리가 있다고 할 것이고, 이러한 유치권은 수급인이 점유를 상실하거나 피담보채무가 변제되는 등 특단의 사정이 없는 한 소멸되지 않는다(대판 1995.9.15. 95다16219).
    ② 수급인의 저당권설정청구권
        부동산공사의 수급인은 전조의 보수에 관한 채권을 담보하기 위하여 그 부동산을 목적으로 한 저당권의 설정을 청구할 수 있다(666조).
    ③ 동시이행항변권으로 달성 가능하다.

문제 04

▶ 2020년 케이스 문제 40점

2018. 10. 10. 갑은 그 소유의 X토지 위에 특수한 기능과 외관을 가진 Y단독주택을 신축하기로 건축업자 을과 약정하면서, 같은 날 계약금의 명목으로 총 공사대금의 10%만 지급하였고, 나머지 공사대금은 완공 이후에 갑의 검수를 거친 뒤 지급하기로 하였다. 그런데 Y단독주택에 관한 건축허가와 소유권보존등기는 갑명의로 하기로 을과 약정하였다. 다음 물음에 답하시오.

물음 1 Y단독주택을 신축하기 위하여 갑과 을 사이에 체결된 계약의 법적 성질을 설명하고, Y단독주택이 완성된 경우 그 소유권이 누구에게 귀속하는지에 관하여 설명하시오. (20점)

물음 2 Y단독주택이 약정한 공사기간 내에 완성되어 갑에게 인도되었으나 2020. 5. 6. 그 주택의 붕괴가 우려되는 정도의 하자가 발견된 경우, 갑은 을을 상대로 계약을 해제할 수 있는지 여부와 Y단독주택의 철거 및 신축에 필요한 비용에 상응하는 금액을 손해배상으로 청구할 수 있는지 여부에 관하여 설명하시오. (20점)

물음 1

1. 문제의 소재

갑은 그 소유의 X토지 위에 특수한 기능과 외관을 가진 Y단독주택을 신축하기로 건축업자 을과 약정하였다. 이러한 계약의 법적 성질과 소유권 귀속의 문제를 검토한다.

2. 제작물공급계약

(1) 의의

제작물공급계약은 당사자의 일방이 상대방의 주문에 따라서 자기의 소유에 속하는 재료를 사용하여 만든 물건을 공급할 것을 약정하고, 이에 대하여 상대방이 대가를 지급하기로 약정하는 계약이다.

(2) 법적 성질

제작 공급하여야 할 물건이 대체물인 경우에는 매매에 관한 규정이 적용되지만, 특정의 주문자의 수요를 만족시키기 위한 부대체물인 경우에는 그 제작이 계약의 주목적이 되어 도급의 성질을 가지게 된다(판례).

(3) 사안의 경우

Y단독주택은 특수한 기능과 외관을 가진 부대체물이므로 토지 소유자 갑과 건축업자 을 사이의 계약은 도급에 해당한다.

3. 도급에 있어서 완성물의 소유권 귀속

(1) 도급인이 재료의 전부 또는 주요부분을 공급한 경우

1) 도급인에게, 수급인이 제공한 때에는 수급인에게 각각 소유권이 귀속한다(판례).

2) 다만 수급인이 자기의 노력과 재료를 들여 건물을 완성하더라도, 완성된 건물의 소유권을 도급인에게 귀속시키기로 하는 특약이 있는 때에는, 그 건물의 소유권은 원시적으로 도급인에게 귀속한다(판례).

3) 도급인 명의로 건축허가를 받아 그 명의로 소유권보존등기를 하기로 한 때에는 신축건물의 소유권은 도급인에게 원시적으로 귀속된다(판례).

(2) 사안의 경우

수급인 을이 자기의 노력과 재료를 들여 건물을 완성하였지만 도급인 갑명의로 건축허가를 받아 소유권보존등기를 하기로 하는 등 완성된 건물의 소유권을 도급인 갑에게 귀속시키기로 합의한 경우이므로 그 건물의 소유권은 도급인 갑에게 원시적으로 귀속된다.

물음 2

1. 문제의 소재

도급계약에 따라 완공된 Y단독주택에 붕괴가 우려되는 정도의 하자가 발견된 경우에 수급인 을의 담보책임의 내용이 문제된다.

2. 수급인의 담보책임

(1) 도급인의 계약해제권

도급인이 완성된 목적물의 하자로 인하여 계약의 목적을 달성할 수 없는 때에는 계약을 해제할 수 있다. 그러나 완성된 목적물이 건물 기타 토지의 공작물인 경우에는 해제할 수 없다(668조).

(2) 도급인의 손해배상청구권

1) 하자가 중요한 경우

도급인은 하자의 보수에 갈음하여 또는 보수와 함께 손해배상을 청구할 수 있다. 건물에 중대한 하자가 있어서 보수가 불가능하고 다시 건축할 수밖에 없는 경우에는 건물을 철거하고 다시 건축하는데 드는 비용 상당액을 손해배상으로 청구할 수 있다(판례).

2) 하자가 중요하지 아니하면서 보수에 과다한 비용을 요할 때

하자의 보수나 하자의 보수에 갈음하는 손해배상을 청구할 수 없고 그 하자로 인하여 입은 손해의 배상만 청구할 수 있다.

3) 제척기간

토지, 건물 기타 공작물의 수급인은 목적물 또는 지반공사의 하자에 대하여 인도 후 5년간 담보의 책임이 있다. 그러나 목적물이 석조, 석회조, 연와조, 금속 기타 이와 유사한 재료로 조성된 것인 때에는 그 기간을 10년으로 한다(671조).

(3) 사안의 경우

1) 건물이 완성되었으므로 아무리 중대한 하자가 있더라도 도급인 갑은 계약을 해제할 수 없다.

2) 갑은 을에게 붕괴우려가 있는 주택을 철거하고 신축하는데 드는 비용을 손해배상으로 청구할 수 있다. 갑은 2019년 완공한 건물의 하자를 2020. 5. 6. 발견하였으므로 5년이 지나지 않았다. 따라서 갑의 권리행사는 가능하다.

행정사 2차 민법 계약법 "판례 및 핵심이론"

문제 05

▶ 2023년 케이스문제 20점

승강기 제조업자인 甲은 乙 소유의 X신축건물에 특유한 승강기를 제작·설치하는 계약을 乙과 체결하였다. 이 계약의 법적 성질은 무엇이며, 만일 승강기가 완성되어 설치되었다면 그 승강기의 소유권은 누구에게 귀속하는지에 관하여 설명하시오.

1. 계약의 법적 성질

(1) 제작물 공급계약이란 당사자의 일방이 상대방의 주문에 따라 자기 소유의 재료를 사용하여 제작물을 제작(도급)하고 그 물건을 공급(매매)하는 형태로서 도급과 매매가 혼합된 형태이다.

(2) 법적 성질

제작물공급계약의 적용 법률은 계약에 의하여 제작 공급하여야 할 물건이 대체물인 경우에는 매매로 보아서 매매에 관한 규정이 적용된다고 할 것이나, 물건이 특정의 주문자의 수요를 만족시키기 위한 부대체물인 경우에는 당해 물건의 공급과 함께 그 제작이 계약의 주목적이 되어 도급이 된다(판례).

(3) 사안의 경우

승강기 제조업자인 甲은 X신축건물에 특유한 승강기를 제작·설치하였으므로 이 계약의 법적 성질은 제작물공급계약이다.

2. 완성물의 소유권 귀속

(1) 도급계약에 기하여 유형물을 완성한 때에 특약이 있으면 그에 의한다.

1) 도급인 명의로 건축허가를 받아 그 명의로 소유권보존등기를 하기로 한 때

2) 또는 공사기성고 비율에 따라 상당액의 공사대금이 이미 지급된 경우 등에는 완성된 건물을 원시적으로 도급인에게 귀속시키기로 하는 묵시적 합의가 있는 것으로 본다(대판 1996.9.20., 96다24804).

(2) 특약이 없는 경우

1) 제작물이 동산인 경우

완성물의 소유권은 일단 수급인에게 속하고 인도에 의해 소유권이 이전된다.

2) 제작물이 부동산인 경우

① 수급인이 자기의 노력과 출재로 완성한 건물의 소유권은 도급인과 수급인 사이의 특약에 의하여 달리 정하거나 기타 특별한 사정이 없는 한 수급인에게 귀속된다(대판 1990. 2. 13. 선고 89다카11401).

② 다만 판례는 특약의 범위를 넓게 보아 구체적인 사안에서는 도급인이 신축건물의 소유권을 원시취득한다고 판단한 경우가 적지 않다.

3. 사안의 경우

갑은 승강기 제작업자이므로 그의 재료로 승강기를 제작한 승강기는 갑의 소유가 된다. 동산의 경우에는 물권적 합의와 인도가 소유권변동의 요건인데 승강기가 설치되었다면 승강기 소유권은 을에게 있다고 보아야 할 것이다.

문제 06

수급인의 담보책임에 대해 약술하시오.

1. 서론

(1) 의의

1) 완성된 목적물 또는 완성전의 성취된 부분에 하자가 있는 때에는 수급인이 도급인에게 부담하는 책임을 말한다.

2) 도급은 유상계약이지만, 매도인의 담보책임에 관한 규정(567조)을 준용하지 않고, 수급인의 담보책임에 관한 특별규정을 두고 있다. 도급은 '일을 제대로 완성하지 못한 것'이 하자의 주된 내용이기 때문이다.

(2) 법적 성질

수급인의 담보책임은 유상계약의 등가성 유지를 위한 법정·무과실책임이다.

2. 담보책임의 발생요건

(1) 목적물에 하자가 있을 것

완성된 목적물이나 완성 전 성취된 부분에 하자가 있는 경우에 발생한다. 여기서 하자란 통상 또는 계약에 의해 정해진 일정한 성상을 갖지 않거나 수급인이 보증한 성질을 구비하지 못해 불완전한 점이 있는 것을 말한다.

(2) 담보책임 면책사유가 없을 것(672조)

1) 담보책임 면제의 특약이 없을 것

수급인의 담보책임에 관한 규정은 강행규정이 아니므로, 당사자 간 면책특약은 유효하다. 그러나 담보책임이 없음을 약정한 경우에도 알고 고지하지 아니한 사실에 대하여는 그 책임을 면하지 못한다(672조).

2) 하자가 도급인이 제공한 재료의 성질 또는 도급인의 지시에 기인한 경우가 아닐 것

다만 수급인이 그 재료 또는 지시의 부적당함을 알고 도급인에게 고지하지 아니한 때에는 담보책임이 면제되지 않는다(669조).

3. 담보책임의 내용

(1) 하자보수청구권

1) 요건

완성된 목적물 또는 완성전의 성취된 부분에 하자가 있는 때에는 도급인은 수급인에 대하여 상당한 기간을 정하여 그 하자의 보수를 청구할 수 있다. 그러나 하자가 중요하지 않고 그 보수에 과다한

비용을 요할 때에는 하자로 인한 손해배상만을 청구할 수 있다(667조 1항).

2) 동시이행

도급인은 하자의 보수가 끝날 때까지 하자 및 손해에 상응하는 금액만큼 보수지급을 거절할 수 있다. 즉 하자보수와 보수지급은 동시이행관계에 있기 때문이다.

(2) 손해배상청구권

1) 보수에 필요한 비용

① 하자가 중요한 경우에는 비록 보수에 과다한 비용이 필요하더라도 보수에 갈음하는 비용, 즉 실제로 보수에 필요한 비용이 모두 손해배상에 포함된다.

② 나아가 완성된 건물 기타 토지의 공작물에 중대한 하자가 있고 이로 인하여 건물 등이 무너질 위험성이 있어서 보수가 불가능하고 다시 건축할 수밖에 없는 경우에는, 특별한 사정이 없는 한 건물 등을 철거하고 다시 건축하는 데 드는 비용 상당액을 하자로 인한 손해배상으로 청구할 수 있다(대판 2016. 8. 18. 선고 2014다31691, 31707).

2) 하자보수를 청구할 수 없는 경우

① 하자보수에 갈음하는 손해배상(보수에 필요한 비용)을 청구할 수는 없고, 하자로 인하여 입은 손해(교환가치의 차액 즉 가치감소액)만을 청구할 수 있다.

② 교환가치의 차액을 산출하기가 현실적으로 불가능한 경우의 통상의 손해는 하자 없이 시공하였을 경우의 시공비용과 하자 있는 상태대로의 시공비용의 차액이라고 봄이 상당하다(대판 1998. 3. 13. 선고 97다54376).

3) 확대손해

① 이는 하자담보책임을 넘어서 수급인이 도급계약의 내용에 따른 의무를 제대로 이행하지 못함으로 인하여 도급인의 신체·재산에 발생한 손해에 대한 배상으로서 양자는 별개의 권원에 의하여 경합적으로 인정된다.

② 액젓 저장탱크의 제작·설치공사 도급계약에 의하여 완성된 저장탱크에 균열이 발생한 경우, 보수비용은 민법 제667조 제2항에 의한 수급인의 하자담보책임 중 하자보수에 갈음하는 손해배상이고, 액젓 변질로 인한 손해배상은 위 하자담보책임을 넘어서 수급인이 도급계약의 내용에 따른 의무를 제대로 이행하지 못함으로 인하여 도급인의 신체·재산에 발생한 손해에 대한 배상으로서 양자는 별개의 권원에 의하여 경합적으로 인정된다(대판 2004. 8.20. 2001다70337).

4) 정신적 손해

하자 있는 목적물을 사용함으로 인하여 발생하는 정신적 고통으로 인한 손해는 수급인이 그러한 사정을 알았거나 알 수 있었을 경우에 한하여 특별손해로서 배상받을 수 있다(대판 1997. 2. 25. 선고 96다45436).

(3) 계약해제권

1) 요건
'완성'된 목적물의 하자로 인하여 계약의 목적을 달성할 수 없는 경우이어야 한다(668조). 완성 전의 성취된 부분에 하자가 있는 때에는 해제권이 인정되지 않는다.

2) '건물, 기타 토지의 공작물인 경우'의 해제권 제한
① 완성된 목적물이 '건물, 기타 토지의 공작물인 경우'에는 아무리 중대한 하자가 있어도 담보책임을 이유로 해제권을 행사할 수 없고, 단지 하자보수나 손해배상을 청구하는 것으로 만족할 수밖에 없다.
② 수급인의 채무불이행이 있는 경우 : 건물이 완성하면 채무불이행을 이유로는 도급계약을 해제할 수 없지만, 건물 완성 전에 채무불이행사유가 있으면 도급계약을 해제할 수 있다.
③ 수급인의 채무불이행으로 인하여 중도에 해제된 경우의 효과 : 공사가 상당한 정도로 진척되어 그 원상회복이 중대한 사회경제적 손실을 초래하고 + 완성된 부분이 도급인에게 이익이 되는 경우에는 미완성 부분에 대해서만 실효된다. 도급인은 기성고비율에 의한 보수를 지급하여야 한다(대판 1992.3.31. 91다42630).

(4) 담보책임의 존속기간
① 법정기간 : 담보책임의 존속기간은 원칙적으로 1년의 제척기간에 걸리지만, 예외적으로 토지의 공작물은 5년, 그 공작물이 석조나, 석회조, 연와조, 금속, 기타 이와 유사한 재료로 된 것은 10년, 지반공사는 5년이다. 물론 당사자 간의 특약으로 단축할 수 있다.
② 기산점 : 담보책임의 기산점은 매매와 달리 원칙적으로 목적물의 인도시를 기준으로 한다. 따라서 목적물의 인도를 요하는 경우에는 '인도받은 날'로부터 기산하고, 목적물의 인도를 요하지 않는 경우에는 '일을 종료한 날'로부터 기산하며, 목적물이 멸실 또는 훼손된 때에는 '멸실 또는 훼손된 때'로부터 기산한다.

문제 07

도급에서의 위험부담에 대해서 약술하시오.

1. 쟁점

도급에서 위험부담의 문제는 수급인의 일을 완성할 의무가 수급인의 책임없는 사유로 불능이 되어 소멸한 경우에 도급인의 보수지급의무는 어떻게 되는가 하는 것이다.

2. 제작물의 완성 전에 목적물이 멸실된 경우

(1) 재제작이 가능한 경우

일을 완성하기 전에 목적물이 멸실되더라도 수급인은 다시 그 물건을 완성하여야 할 채무가 있다. 수급인은 재제작에 들어가는 비용을 보수증액의 형태로 도급인에게 요구할 수도 없다.

(2) 재제작이 불가능한 경우(일의 완성이 불가능한 경우)

1) 양 당사자의 귀책사유 없는 경우 : 채무자(수급인)가 위험부담(537조)

제작 중이던 물건이 수급인의 귀책사유 없이 멸실되고 그 물건의 재제작이 사회통념상 불가능하게 된 경우, 수급인은 자신의 채무를 면하지만 지출한 비용은 물론이고 보수도 청구할 수 없다.

2) 그러나 도급인에게 책임이 있는 경우

도급인의 귀책사유나 도급의 수령지체 중에 급부불능이 된 때에는 반대급부의 위험을 채권자(도급인)가 부담하므로 수급인은 보수청구권을 잃지 않는다(538조). 하지만 일을 완성하기 전에 목적물의 멸실로 수급인이 면하게 된 노력이나 비용은 도급인에게 상환하여야 한다(538조 2항).

3. 제작물의 완성 후 인도 전에 목적물이 멸실된 경우

(1) 제작물공급계약에서 보수의 지급시기에 관하여 당사자 사이의 특약이나 관습이 없으면 도급인은 완성된 목적물을 인도받음과 동시에 수급인에게 보수를 지급하는 것이 원칙이고, 이때 목적물의 인도는 완성된 목적물에 대한 단순한 점유의 이전만을 의미하는 것이 아니라 도급인이 목적물을 검사한 후 그 목적물이 계약내용대로 완성되었음을 명시적 또는 묵시적으로 시인하는 것까지 포함하는 의미이다(대판 2006. 10. 13. 선고 2004다21862). 이에 따르면 검수가 끝난 때 위험이 이전된다고 보아야 할 것이다.

(2) 따라서 점유이전 후 검수 전에 완성물이 쌍방의 귀책사유없이 수급인의 의무가 이행불능이 되면 수급인은 도급인에게 보수를 청구하지 못한다(537조).

행정사 2차 민법 계약법 "판례 및 핵심이론"

문제 08

▶ 2014년 케이스문제 40점

甲은 자신의 토지 위에 5층짜리 상가건물을 신축하기 위하여 乙과 공사기간 1년, 공사대금 30억 원으로 하는 도급계약을 체결하였다. 각각의 독립된 질문에 대하여 답하시오.

물음 1 건축에 필요한 재료의 전부를 제공한 乙이 완공기한 내에 약정한 내용대로 상가건물을 완공하였으나 그 인도기일 전에 강진(强震)으로 인하여 상가건물이 붕괴된 경우, 甲과 乙의 법률관계를 논하시오. (20점)

물음 2 乙이 공사일정에 맞춰 기초공사를 마쳤으나 일부 경미한 하자가 발견된 상태에서 甲이 같은 토지 위에 10층짜리 주상복합건물을 대체 신축할 목적으로 위 도급계약을 해제한 경우, 甲과 乙의 법률관계를 논하시오. (20점)

물음 1

1. 문제의 소재

건물도급계약에 있어서 수급인 을이 건물을 완공하였으나 인도기일 전에 강진으로 건물이 붕괴된 경우에 그 위험을 누가 부담하여야 하는지가 문제된다.

2. 도급에서의 위험부담

(1) 의의

도급계약은 쌍무계약이므로 위험부담의 일반법리가 원칙적으로 적용된다.

(2) 일의 완성 전에 목적물이 멸실된 경우

1) 일의 완성이 불가능한 경우
   ① 당사자 쌍방의 귀책사유가 없는 경우
      수급인의 완성의무는 소멸하며, 이와 견련관계에 있는 보수도 청구하지 못한다(537조).
   ② 도급인에게 귀책사유가 있는 경우
      도급인의 귀책사유로 불능이 되거나 도급인의 수령지체 중에 불능이 된 경우에는, 수급인은 보수를 청구할 수 있고, 다만 수급인이 면하게 된 노력이나 비용은 도급인에게 상환하여야 한다(538조).

2) 일의 완성이 가능한 경우
   수급인은 여전히 일을 완성할 의무를 진다. 도급은 일의 완성을 목적으로 하기 때문이다.

(3) 일의 완성 후에 목적물이 멸실된 경우

1) 위험이전시기
이는 어느 시점에서 위험이 도급인에게 이전하느냐에 따라 달라진다. 부동산매매의 경우에는 매수인이 인도를 받거나, 등기를 한 때에 위험이 매수인에게 이전한다고 보는 것이 보통이다.

2) 도급의 경우
목적물의 인도는 완성된 목적물에 대한 단순한 점유의 이전만을 의미하는 것이 아니라 도급인이 목적물을 검사한 후 그 목적물이 계약내용대로 완성되었음을 명시적 또는 묵시적으로 시인하는 것까지 포함하는 의미이다(판례).

3. 사안에의 적용
건물이 완공된 후 인도 전에 당사자 쌍방의 귀책사유 없이 건물이 멸실된 경우이다. 따라서 수급인이 위험을 부담하므로 수급인 을은 자신의 채무를 면하지만 지출한 비용은 물론이고 공사대금도 청구할 수 없다.

물음 2

1. 쟁점의 정리
도급계약을 체결한 후에 도급인의 사정변경으로 그 일의 완성이 필요 없게 되었을 때 도급인이 일방적으로 계약을 해제하는 것이 적법한지가 문제된다.

2. 갑의 해제의 적법성 여부

(1) 일의 완성 전의 도급인의 계약 해제
1) 수급인이 일을 완성하기 전에는 도급인은 손해를 배상하고 도급계약을 해제할 수 있다(673조). 도급인이 계약체결 후 사정변경이 생겨 그 일의 완성이 무의미하게 된 경우를 고려한 규정이다. 이는 담보책임과는 관계없는 도급의 특유한 법정해제권이다. 다만 수급인이 일을 완성하기 전에 한해 해제할 수 있다.

2) 일부 경미한 하자를 이유로 하는 계약 해제는 부적법하다. 계약 목적 달성이 불가능하지 않기 때문이다.

(2) 효과
1) 도급인은 계약을 해제하더라도 수급인에게 그 손해를 배상하여야 한다.

2) 손해배상은 수급인이 이미 지출한 비용과 일을 완성하였더라면 얻었을 이익(총제작비-이미 지출한 비용-추후 소요될 비용)을 합한 금액을 전부배상한다.

3) 이에 의하여 해제한 이상 특별한 사정이 없는 한 도급인은 수급인에 대한 손해배상에서 과실상계를 주장할 수 없다(판례).

3. 사안에의 적용

(1) 건물이 완공되기 전에 갑이 해제를 한 것은 적법하다. 다만 갑은 을에게 수급인이 이미 지출한 비용과 일을 완성하였더라면 얻었을 이익을 배상해 주어야 한다.

(2) 도급인은 수급인에 대한 손해배상에서 과실상계를 주장할 수 없다(판례).

제7절 여행

문제 01
▶ 2019년 약술형문제 20점

여행주최자의 의무와 담보책임에 대해서 약술하시오.
혹은 甲은 2019년 8월 중순경 乙여행사와 여행기간 5박 6일, 여행지 동남아 X국으로 정하여 기획여행계약을 체결하였다. 이 계약에서 여행주최자 乙의 의무와 담보책임을 설명하시오.

1. 여행계약의 의의

여행계약은 당사자 한쪽이 상대방에게 운송, 숙박, 관광 또는 그 밖의 여행 관련 용역을 결합하여 제공하기로 약정하고 상대방이 그 대금을 지급하기로 약정함으로써 효력이 생긴다(674조의 2).

2. 여행주최자의 보호의무

(1) 여행업자는 기획여행계약의 상대방인 여행자에 대하여 기획여행계약상의 부수의무로서, 여행자의 생명·신체·재산 등의 안전을 확보하기 위하여 합리적 조치를 취할 신의칙상의 주의의무를 진다.

(2) 여행업자가 내국인의 국외여행시에 그 인솔을 위하여 두는 같은 법 제16조의3 소정의 국외여행인솔자는 여행업자의 여행자에 대한 이러한 안전배려의무의 이행보조자로서 당해 여행의 구체적인 상황에 따라 여행자의 안전을 확보하기 위하여 적절한 조치를 강구할 주의의무를 진다(대판 1998.11.24. 98다25061).

3. 여행주최자의 담보책임

민법은 개별 규정을 두고 있다.

(1) 시정청구권 및 대금감액청구권(674조의 6)

1) 여행에 하자가 있는 경우에는 여행자는 여행주최자에게 하자의 시정 또는 대금의 감액을 청구할 수 있다. 다만, 그 시정에 지나치게 많은 비용이 들거나 그 밖에 시정을 합리적으로 기대할 수 없는 경우에는 시정을 청구할 수 없다.

2) 그 시정 청구는 상당한 기간을 정하여 하여야 한다. 다만, 즉시 시정할 필요가 있는 경우에는 그러하지 아니하다.

(2) 손해배상청구권

여행자는 시정 청구, 감액 청구를 갈음하여 손해배상을 청구하거나 시정 청구, 감액 청구와 함께 손해배상을 청구할 수 있다.

(3) 계약해지권(674조의7)

1) 여행자는 여행에 중대한 하자가 있는 경우에 그 시정이 이루어지지 아니하거나 계약의 내용에 따른 이행을 기대할 수 없는 경우에는 계약을 해지할 수 있다.

2) 계약이 해지된 경우에는 여행주최자는 대금청구권을 상실한다. 다만, 여행자가 실행된 여행으로 이익을 얻은 경우에는 그 이익을 여행주최자에게 상환하여야 한다.

3) 여행주최자는 계약의 해지로 인하여 필요하게 된 조치를 할 의무를 지며, 계약상 귀환운송 의무가 있으면 여행자를 귀환운송하여야 한다. 이 경우 상당한 이유가 있는 때에는 여행주최자는 여행자에게 그 비용의 일부를 청구할 수 있다.

(4) 담보책임의 존속기간(674조의 8)

따른 권리는 여행 기간 중에도 행사할 수 있으며, 계약에서 정한 여행 종료일부터 6개월 내에 행사하여야 한다.

4. 편면적 강행규정

여행주최자의 의무 및 담보책임에 관한 규정을 위반하는 약정으로 여행객에게 불리한 것은 효력이 없다(674조의9).

문제 02

여행계약의 종료에 대해서 약술하시오.

1. 여행 개시 전의 계약 해제

여행자는 여행을 시작하기 전에는 언제든지 계약을 해제할 수 있다. 다만, 여행자는 상대방에게 발생한 손해를 배상하여야 한다(674조의 3).

2. 부득이한 사유로 인한 계약 해지(674조의 4)

(1) 부득이한 사유가 있는 경우에는 각 당사자는 계약을 해지할 수 있다. 다만, 그 사유가 당사자 한쪽의 과실로 인하여 생긴 경우에는 상대방에게 손해를 배상하여야 한다.

(2) 제1항에 따라 계약이 해지된 경우에도 계약상 귀환운송의무가 있는 여행주최자는 여행자를 귀환운송할 의무가 있다.

(3) 제1항의 해지로 인하여 발생하는 추가 비용은 그 해지 사유가 어느 당사자의 사정에 속하는 경우에는 그 당사자가 부담하고, 누구의 사정에도 속하지 아니하는 경우에는 각 당사자가 절반씩 부담한다.

3. 담보책임에 기한 계약 해지

(1) 여행자는 여행에 중대한 하자가 있는 경우에 그 시정이 이루어지지 아니하거나 계약의 내용에 따른 이행을 기대할 수 없는 경우에는 계약을 해지할 수 있다.

(2) 계약이 해지된 경우에는 여행주최자는 대금청구권을 상실한다. 다만, 여행자가 실행된 여행으로 이익을 얻은 경우에는 그 이익을 여행주최자에게 상환하여야 한다.

(3) 여행주최자는 계약의 해지로 인하여 필요하게 된 조치를 할 의무를 지며, 계약상 귀환운송 의무가 있으면 여행자를 귀환운송하여야 한다. 이 경우 상당한 이유가 있는 때에는 여행주최자는 여행자에게 그 비용의 일부를 청구할 수 있다.

제8절 현상광고

문제 01

대한민국 산하 지방경찰청 수사본부가 1998년 7월경 탈옥수인 갑을 수배하면서, '1998. 7. 21.부터 검거 시까지 제보로 검거되었을 때 소정의 절차를 거쳐 신고인 또는 제보자에게 현상금 5000만원을 지급한다'는 내용의 현상광고를 하였다. A는 1999. 1. 8. 갑이 어느 호프집에 있는 것을 발견하고, 관할 경찰서에 갑의 소재를 제보하였다. 관할 경찰서는 그 제보에 따라 출동하여 갑의 신원을 확인하였으나 갑이 이를 거절하자, 그 신원확인을 위하여 그를 형사기동대 차에 태워 파출소까지 임의동행 형식으로 연행하였다. 그 10분 후 파출소에 도착하여 차에서 내리는 순간 갑이 감시하던 경찰관을 밀치고 도주해 버렸다. A는 국가를 상대로 현상광고에 의한 5천만원 보수금의 지급을 청구하였다. 이에 대해 국가는 갑을 검거한 것이 아니라는 이유로 그 지급을 거절한 것이다. A는 보수금을 받을 수 있는가?

1. 쟁점

쟁점은 두 가지이다. 현상광고의 효력의 발생에 관해 조건을 붙일 수 있는가? 와 다른 하나는 검거의 의미이다.

2. 현상광고를 계약으로 볼 때의 법적 성질

(1) 요물계약

현상광고는 지정행위를 완료하여야 성립하는 요물계약이다.

(2) 편무계약

계약이 성립하면 광고자만이 보수지급의무를 부담하는 편무계약이다.

(3) 유상계약

지정행위를 완료하면 재산의 출연이 있으므로 유상계약이다.

3. 현상광고와 조건

(1) 민법 제675조에 정하는 현상광고라 함은, 광고자가 어느 행위를 한 자에게 일정한 보수를 지급할 의사를 표시하고 이에 응한 자가 그 광고에 정한 행위를 완료함으로써 그 효력이 생기는 것으로서, 그 광고에 정한 행위의 완료에 조건이나 기한을 붙일 수 있다.

(2) '검거'라 함은, 수사기관이 범죄의 예방·공안의 유지 또는 범죄수사상 혐의자로 지목된 자를 사실상 일시 억류하는 것으로서, 반드시 형사소송법상의 현행범인의 체포·긴급체포·구속 등의 강제처분만을 의미하지는 아니하고 그보다는 넓은 개념이라고 보아야 한다.

(3) 경찰이 탈옥수 소외인을 수배하면서 '제보로 검거되었을 때에 신고인 또는 제보자에게 현상금을 지급한다.'는 내용의 현상광고를 한 경우, 현상광고의 지정행위는 소외인의 거처 또는 소재를 경찰에 신고 내지 제보하는 것이고 소외인이 '검거되었을 때'는 지정행위의 완료에 조건을 붙인 것인데, 제보자가 소외인의 소재를 발견하고 경찰에 이를 신고함으로써 현상광고의 지정행위는 완료되었고, 그에 따라 경찰관 등이 출동하여 소외인이 있던 호프집 안에서 그를 검문하고 나아가 차량에 태워 파출소에까지 데려간 이상 그에 대한 검거는 이루어진 것이므로, 현상광고상의 지정행위 완료에 붙인 조건도 성취되었다.

4. 사안의 경우

1) 현상광고는 광고에 응한 자가 지정행위를 완료함으로써 효력이 생기는 것이지만, 현상광고도 법률행위이므로 그 효력의 발생을 일정한 조건에 의존케 할 수 있는 점에서 특별히 문제될 것이 없다. 즉 사안에서 A가 제보를 함으로써 일단 현상광고는 성립하지만, 이것이 그 효력을 발생하기 위해서는 정지조건인 '검거'가 성취된 것을 전제로 하는 것이다.

2) 다른 하나는 검거의 의미를 형사소송법상의 의미보다는 넓게 해석한 점이다. 사안에서는 국가의 감시 소홀로 갑이 도주를 한 것이므로, 다시 말해 그러한 과실이 없었다면 검거가 실현되었을 것이라는 점에서도 그 결론은 타당한 것으로 생각된다.

3) 따라서 A는 보수금을 받을 수 있다.

제9절 위임

문제 01
▶ 2013년 약술형문제 20점

위임의 효력에 대해서 약술하시오.
혹은 위임계약에서 수임인의 의무에 관하여 약술하시오.

1. 위임의 의의

(1) 위임은 당사자 일방이 상대방에 대하여 사무의 처리를 위탁하고 상대방이 이를 승낙함으로써 그 효력이 생긴다(680조).

(2) **법적 성질**

1) 위임은 낙성·불요식계약이다.

2) 민법상의 위임은 무상을 원칙으로 하며, 이때에는 편무계약이 된다. 그러나 특약으로 보수를 지급할 수 있는데, 이때에는 유상·쌍무계약이 된다.

2. 수임인의 의무

(1) **위임사무 처리의무**

1) 수임인은 위임의 본지에 따라 선량한 관리자의 주의로써 위임사무를 처리하여야 한다(681조).

2) 수임인은 위임인의 승낙이나 부득이한 사유없이 제삼자로 하여금 자기에 갈음하여 위임사무를 처리하게 하지 못한다(682조 1항).

(2) **부수적 의무**

1) 보고의무

   수임인은 위임인의 청구가 있는 때에는 위임사무의 처리상황을 보고하고 위임이 종료한 때에는 지체 없이 그 전말을 보고하여야 한다(683조).

2) 취득물 등의 인도 이전의무

수임인은 위임사무의 처리로 인하여 받은 금전 기타의 물건 및 그 수취한 과실을 위임인에게 인도하여야 하고, (684조), 수임인이 위임인을 위하여 자기의 명의로 취득한 권리는 위임인에게 이전하여야 한다(684조).

3) 금전소비의 책임

수임인이 위임인에게 인도할 금전 또는 위임인의 이익을 위하여 사용할 금전을 자기를 위하여 소비한 때에는 소비한 날 이후의 이자를 지급하여야 하며 그 외의 손해가 있으면 배상하여야 한다(685조).

3. 위임인의 의무

(1) 보수지급의무

1) 민법상의 위임은 무상이 원칙이므로 수임인은 보수를 청구할 수 없는 것이 원칙이지만, 특약이 있는 경우에는 보수청구권이 있다.

2) 판례
① 보수 지급에 관한 명시적인 특약이 없더라도 사회통념상 보수를 지급하는 것이 일반적으로 인정될 때(변호사 등)에는 무보수의 특약이 없는 한 보수 지급의 묵시적 약정이 있는 것으로 보아야 한다(판례).
② 약정보수액이 부당하게 과다할 때는 신의성실의 원칙상 상당하다고 인정되는 범위 내의 보수액만을 청구할 수 있다고 하여 변호사, 세무사, 부동산중개수수료 등의 보수액 감액을 인정한다.

(2) 보수의 지급시기

수임인이 보수를 받을 경우에는 위임사무를 완료한 후가 아니면 이를 청구하지 못한다. 그러나 기간으로 보수를 정한 때에는 위임 사무를 완료하더라도 그 기간이 경과한 후에 이를 청구할 수 있다(686조 2항).

(3) 위임의 중도 종료의 경우-위험부담의 특칙

수임인의 책임 없는 사유로 인하여 위임이 종료된 때에는 수임인은 이미 처리한 사무의 비율에 따른 보수를 청구할 수 있다(686조 3항). 이는 위험부담의 법리의 예외에 해당한다.

(4) 비용선급청구권과 비용상환청구권

1) 위임사무의 처리에 비용을 요하는 때에는 위임인은 수임인의 청구에 의해 이를 선급해야 한다(687조).

2) 수임인이 위임사무의 처리에 관하여 필요비를 지출한 때에는 위임인에 대하여 지출한 날 이후의 이자를 청구할 수 있다(688조 1항).

(5) 채무대변제, 담보제공청구권

수임인이 위임사무의 처리에 필요한 채무를 부담한 때에는 위임인에게 자기에 갈음하여 이를 변제하게 할 수 있고, 그 채무가 변제기에 있지 않은 때에는 상당한 담보를 제공하게 할 수 있다(688조 2항).

(6) 손해배상청구권

수임인이 위임사무의 처리를 위하여 과실 없이 손해를 받은 때에는 위임인에 대하여 그 배상을 청구할 수 있다(688조 3항).

문제 02

갑과 을은 인접지역에서 각각 과수원을 운영하고 있다. 갑은 몸이 좋지 않아 병원에 입원하게 되었다. 을은 갑의 과수원에 살충제를 살포하였고, 그 비용으로 80만원(을 자신의 인건비 50만원과 살충제 재료비 30만원)이 들었다. 갑이 병원에 입원하기 전 을에게 살충제를 뿌려줄 것을 부탁하였고 을이 설명서를 오독해 잘못된 비율로 배합한 살충제를 뿌림으로써 갑의 과실의 수확량이 줄어들었다고 가정할 때, 갑과 을의 법률관계를 논하시오. (20점)

1. 쟁점

갑과 을의 계약관계의 성질을 밝히고, 갑의 손해에 대해서 배상을 청구하는 근거로 채무불이행책임과 불법행위책임을 검토할 수 있다. 또한 비용 80만원에 대한 상환청구가 가능한지를 검토한다.

2. 손해배상의 근거

(1) 위임계약

위임은 당사자 일방이 상대방에 대하여 사무의 처리를 위탁하고 상대방이 이를 승낙함으로써 그 효력이 생긴다(680조). 갑과 을 사이에는 살충제의 살포에 관해 위임계약이 성립한 것으로 볼 수 있다. 이 경우 을은 수임인으로서 선량한 관리자의 주의로써 위임사무를 처리하여야 한다(681조).

(2) 채무불이행 책임

채무자가 채무의 내용에 좇은 이행을 하지 아니한 때에는 채권자는 손해배상을 청구할 수 있다. 그러나 채무자의 고의나 과실없이 이행할 수 없게 된 때에는 그러하지 아니하다(390조). 을은 수임인으로서 선량한 관리자의 주의로써 위임사무를 처리하여야 하는데, 이를 위반하여 갑에게 손해를 준 것이므로, 갑은 위임계약상의 채무불이행으로 인한 손해배상을 청구할 수 있다.

(3) 불법행위책임

고의 또는 과실로 인한 위법행위로 타인에게 손해를 가한 자는 그 손해를 배상할 책임이 있다(750조) 한편 을의 과실 있는 행위로 갑이 손해를 입은 것이기도 하므로, 갑은 불법행위를 이유로 손해배상을 청구할 수도 있다.

(4) 양자의 관계

양 청구는 경합한다(판례).

3. 비용상환청구권

(1) 보수청구권

위임은 무상계약이 원칙이어서 특별한 약정이 없으면 보수를 청구할 수 없으므로, 을의 인건비 50만원은 청구할 수 없는 것이 원칙이다.

(2) 비용상환청구권

문제는 살충제 재료비 30만원이다. 수임인이 지출한 필요비는 이를 위임인에게 청구할 수 있는데(688조 1항), 수임인의 이러한 필요비 상환청구권은 수임인이 위임의 본지에 따라 위임사무를 처리한 것을 전제로 하는 것이므로, 사안에서처럼 을에게 과실이 있는 때에는 그 적용이 없다고 할 것이다. 다만 살충제의 살포로 이익을 본 범위에서는 갑에게 부당이득의 반환을 청구할 여지는 있다.

4. 결론

1) 을이 설명서를 오독해 잘못된 비율로 배합한 살충제를 뿌림으로써 갑의 과실의 수확량이 줄어들었다면 갑은 손해배상을 청구할 수 있다. 이는 채무불이행 또는 불법행위를 근거로 할 수 있으며 양 책임은 경합한다.

2) 갑은 을에게 인건비 50만원은 청구할 수 없고 살충재 재료비 30만원도 청구할 수 없다.

제10절 조합

문제 01 ▶ 2014년 약술형문제 20점

조합채무에 대한 조합원의 책임 범위에 대하여 약술하시오.

1. 조합채무의 합유

조합이란 2인 이상이 서로 출자하여 공동사업을 경영할 것을 약정함으로써 성립하는 계약이다(703조). 조합은 권리능력이 없으므로 조합원의 출자 기타 조합재산은 조합원의 합유로 한다(704조). 따라서 조합채무는 전 조합원에게 합유적으로 귀속하며 조합재산으로 책임을 진다. 동시에 조합채무는 각 조합원의 채무이기도 하므로 각 조합원은 개인재산으로도 책임을 져야 한다.

2. 조합채무에 대한 책임

(1) 조합재산에 의한 공동책임

1) 조합의 채권자는 채권 전액에 관해 조합재산으로부터 변제를 청구할 수 있다.

2) 조합의 채권자는 조합원 모두를 상대로 하여 채권액 전부에 관한 이행의 소를 제기하고, 그 판결에 기해 조합재산에 대해 강제집행하게 된다.

(2) 각 조합원 개인재산에 의한 책임

1) 원칙

① 분할채무
각 조합원은 지분의 비율에 따라 또는 균일적으로 변제를 하는 것이지 채무 전부나 연대채무를 지는 것이 아니다. 공동책임과 개별책임은 병존적이므로 조합의 채권자는 처음부터 개별책임을 물을 수도 있다.

② 조합원의 탈퇴
탈퇴한 조합원은 탈퇴시부터 조합원으로서의 지위를 상실하지만 탈퇴 전의 조합채무에 대해서는 여전히 책임을 부담한다.

2) 조합원의 손실부담액을 아는 경우

① 각 조합원은 손실부담의 비율에 따라 조합채무를 부담한다.
② 이익 또는 손실에 대하여 분배의 비율을 정한 때에는 그 비율은 이익과 손실에 공통된 것으로 추정한다(711조 2항).

3) 조합원의 손실부담액을 알지 못하는 경우

조합채권자가 그 채권발생 당시에 조합원의 손실부담의 비율을 알지 못한 때에는 각 조합원에게 균분하여 그 권리를 행사할 수 있다(712조).

4) 무자력자가 있는 경우

조합원 중에 변제할 자력 없는 자가 있는 때에는 그 변제할 수 없는 부분은 다른 조합원이 균분하여 변제할 책임이 있다(712조).

문제 02

2인조합에서 1인 탈퇴의 법률관계를 약술하시오.

1. 조합의 종료

(1) 2인 조합에서 조합원 1인이 탈퇴하면 조합관계는 종료되지만 특별한 사정이 없는 한 조합이 해산되지 아니하고, 조합원의 합유에 속하였던 재산은 남은 조합원의 단독소유에 속하게 되어 기존의 공동사업은 청산절차를 거치지 않고 잔존자가 계속 유지할 수 있다.

(2) 2인 조합에서 조합원 1인이 탈퇴한 경우 조합재산의 귀속관계(=남은 조합원의 단독 소유) 및 그 조합재산이 부동산인 경우 잔존 조합원의 단독 소유로 하는 내용의 등기를 하여야 소유권 변동의 효력이 발생한다(대판 2011. 1. 27. 선고 2008다2807).

2. 금전반환

(1) 2인 조합에서 조합원 1인이 탈퇴하는 경우, 탈퇴자와 잔존자 사이에 탈퇴로 인한 계산을 함에 있어서는 특단의 사정이 없는 한 민법 제719조 제1항, 제2항의 규정에 따라 '탈퇴 당시의 조합재산상태'를 기준으로 평가한 조합재산 중 탈퇴자의 지분에 해당하는 금액을 금전으로 반환하여야 할 것이고,

(2) 이러한 계산은 사업의 계속을 전제로 하는 것이므로 조합재산의 가액은 단순한 매매가격이 아닌 '영업권의 가치를 포함하는 영업가격'에 의하여 평가하되,

(3) 당해 조합원의 지분비율은 조합청산의 경우에 실제 출자한 자산가액의 비율에 의하는 것과는 달리 '조합내부의 손익분배 비율'을 기준으로 계산하여야 하는 것이 원칙이다.

3. 상계

2인 조합에서 조합원 1인이 탈퇴하는 경우, 조합의 탈퇴자에 대한 채권은 잔존자에게 귀속되므로 잔존자는 이를 자동채권으로 하여 탈퇴자에 대한 지분 상당의 조합재산 반환채무와 상계할 수 있다(대판 2006. 3. 9. 선고 2004다49693,49709).

문제 03

갑, 을, 병 세 사람은 각자 재산을 출연하여 자동차 정비업소를 공동으로 경영하기로 하는 조합을 결성하였다. 이를 토대로 하여 아래 각 문항에 대하여 답하시오.

물음 1 업무집행자인 갑이 정으로부터 조합 운영자금 6000만원을 차용하였다. 이 경우 갑, 을, 병은 정에게 어떠한 책임을 지는가?

물음 2 정은 갑에게 조합채권과는 별도로 개인적으로 1억원의 대여금채권을 가지고 있다. 그런데 갑은 조합에 대한 지분 이외에는 다른 재산이 없다. 정은 어떠한 방법으로 개인적인 채권을 회수할 수 있는가?

물음 1

1. 조합채무

(1) 조합재산에 의한 조합원 모두의 공동책임

조합이 타인으로부터 빌린 금전 등의 조합채무는 조합원 모두의 합유에 속한다(704조). 즉 조합채무는 조합원의 지분비율에 따라 나뉘는 분할채무가 아니라 조합원 모두가 공동으로 채무를 부담하고 조합재산으로 그 책임을 지게 된다.

(2) 각 조합원 개인 재산에 의한 개별책임

조합은 법인격이 없으므로 조합의 채무라는 것도 결국은 각 조합원의 채무가 되는 것이므로 각 조합원은 조합채무에 대해 책임을 부담하고 이 때에는 각 조합원의 개인재산으로 그 책임을 지게 된다.

(3) 양자의 관계

채권자는 조합의 전자를 먼저 행사하고 조합재산이 부족한 때 후자를 행사하는 것이 보통이지만 양자 사이에 선후관계가 없으므로 채권자는 어느 쪽을 먼저 행사하든 그의 자유에 속한다.

2. 사안의 경우

(1) 조합의 채무는 조합원 모두의 합유로 귀속되므로, 갑, 을, 병은 모두 조합재산으로써 그 책임을 진다.

(2) 한편 갑, 을, 병 각자는 개별 책임도 부담하고, 정이 이들의 손실 부담의 비율을 알지 못한 때에는, 균분하여 각자가 2000만원씩 분할 책임을 물을 수 있고, 이에 대해서는 개인 재산으로써 그 책임을 부담한다. 요컨대 정은 갑, 을, 병 모두에 대한 집행권원으로써 조합재산인 자동차 정비업소에 대해 집행을 하거나, 갑, 을, 병 각자가 대해 개별 책임을 물을 수 있다.

물음 2

1. 정은 갑에 대한 개인적인 채권으로써 갑 개인의 재산이 아닌 조합재산에 대해 집행할 수는 없다.

2. 다만 조합재산에 대한 갑의 지분에 대해서는 압류할 수 있고, 이 경우 갑이 장래에 받을 이익배당 및 지분환급 청구권에 대해 그 효력이 미친다(714조).

3. 한편 판례는 조합원의 탈퇴로 인해 지분환급을 받을 권리를 재산권의 일종으로 보아 채권자대위권의 객체로 인정하므로, 갑이 조합을 탈퇴할 수 없는 특별한 사유가 없는 한, 정은 갑의 조합 탈퇴의 의사표시를 대위행사함으로써 상술한 효과를 얻을 수 있다(판례).

문제 04

A, B, C는 재산을 출자하여 유통도매업을 하기로 하고, A는 사무실로 쓸 조그만 X건물을 제공하고, B, C는 금전을 출연하였다. 그런데 업무집행자를 따로 정하지는 않았다.

물음 1 이 경우에 A, B가 그 사무실이 부적당하다고 생각하여 C의 동의 없이 제3자인 D와 X건물과 D의 다른 건물의 교환계약을 체결하고 그에 관하여 소유권이전등기를 하였다면, 이 소유권이전은 유효한가?

물음 2 설문의 경우에 이들이 유통도매업을 하다가 자금이 부족하여 E로부터 금전을 빌리려고 한다. 그 때에는 누가 어떤 형식으로 하여야 하며, 그렇게 한 경우에 금전을 빌려준 E는 누구에게 어떤 청구를 할 수 있는가? (20점)

물음 1

1. 논점의 정리

이 물음을 해결하려면 먼저 A, B, C가 행한 행위의 성질을 규명해야 한다. 그 다음에는 A, B가 D와 X건물의 교환계약을 체결한 뒤 소유권이전을 해 준 것이 유효한지를 살펴보아야 한다. 만약 A, B, C의 행위가 조합계약인 경우에는 합유재산의 처분의 문제로 논의되어야 한다.

2. 조합의 의의와 성립요건

(1) 조합은 2인 이상이 서로 출자하여 공동사업을 경영할 것을 약정함으로써 성립한다. 그리하여 조합이 성립하려면 우선 ① 2인 이상의 당사자가 있어야 한다. 그리고 ② 공동사업의 경영을 약정하여야 한다. 사업의 종류나 성질에는 제한이 없다. 그 밖에 ③ 모든 당사자가 출자의무를 부담하여야 한다. 당사자 중 일부가 출자의무를 부담하지 않으면 조합이 아니다. 출자의 종류나 성질에는 제한이 없다. 따라서 금전뿐만 아니라 물건이나 노무도 출자의 목적이 될 수 없다.

(2) 사안의 경우

A, B, C는 유통도매업을 하기로 약정하였다. 그리고 그들은 모두 건물 또는 금전의 출자의무를 부담하고 있다. 이와 같이 3인의 당사자가 공동사업의 경영을 약정하고, 당사자 모두가 출자의무를 부담하고 있으므로, 그들의 행위는 조합을 성립시키는 합의이다. 그 약정은 조합계약의 일부를 구성한다.

3. X건물의 소유권 이전이 유효한지 여부

(1) 쟁점

우선 X건물이 조합재산인지, 그리고 그 소유권이전이 유효한지 문제된다. 이 문제를 해결하려면 먼저 조합재산의 처분에 관하여 정리하여야 한다.

(2) 조합재산과 처분

1) 조합재산

조합은 단체성이 약하기는 하지만 단체로서 독자적으로 경제활동을 하며, 따라서 조합 자신의 재산 즉 조합재산을 가진다. 조합재산은 조합원이 출자한 재산, 출자청구권, 조합의 업무집행으로 취득한 재산, 조합재산에서 생긴 재산, 조합의 채무 등으로 구성된다.

2) 조합재산의 합유관계

민법은 '법률의 규정 또는 계약에 의하여 수인이 조합체로서 물건을 소유하는 때에는 합유로 한다'고 규정한다. 그리고 제272조 내지 제274조에서 합유의 구체적인 법률관계를 정하고 있다. 그런데 민법은 다른 한편으로 제704조에서 조합재산은 조합원의 합유라고 규정하고, 별개의 특별규정도 두고 있다. 이들 중 제706조는 제272조와 내용상 충돌되어 문제이다.

3) 합유물의 처분

① 조문의 충돌

제272조에 의하면 합유물의 처분 변경에는 합유자 전원의 동의가 있어야 한다. 그런데 다른 한편으로 조합의 업무집행방법을 규정하는 제706조에 의하면, 업무집행자가 따로 없는 경우에는 조합업무의 집행은 조합원의 과반수로써 결정하고, 업무집행자가 있고 그 수가 2인 이상인 때에는 그들의 과반수로써 결정하고, 조합의 통상사무는 각 조합원 또는 각 업무집행자가 단독으로 할 수 있다. 여기서 합유물의 처분 변경이 조합의 통상사무가 아니고 특별사무라면 거기에는 서로 충돌하는 두 규정이 적용되게 되어 문제이다.

② 판례

조합재산의 처분 변경에 관한 행위는 다른 특별한 사정이 없는 한 조합의 특별사무에 해당하며, 따라서 업무집행자가 없는 경우에는 원칙적으로 조합원의 과반수로써 결정하고, 업무집행조합원이 수인 있는 경우에는 업무집행조합원의 과반수로써 결정할 것이라고 한다. 결국 현재의 판례는 업무집행조합원이 있든 없든 제706조 제2항을 적용하는 입장이다.

③ 사안의 경우

X건물은 조합원이 출자한 것으로서 조합재산에 해당한다. 그리하여 X건물은 조합원인 A, B, C가 합유하게 된다. 판례에 의하면, 조합계약에 관한 규정은 제271조 이하의 규정에 대하여 특별규정이고, 합유물의 처분은 조합의 특별사무라고 파악하므로, 사안의 X건물의 처분에는 제706조가 우선적용된다. 한편 사안의 경우에는 업무집행자가 따로 정하여져 있지 않으므로 조합업무의 집행은 조합원의 과반수로써 결정하여야 한다. 그 결과 사안에서 A, B가 X건물을 처분한 것은 3인의 조합원 중 2인이 결정한 것이어서 유효하다.

물음 2

1. 논점의 정리

쟁점은 두 가지이다. 하나는 조합이 금전을 빌리는 경우에 그 주체와 형식이 어떻게 되는가이고, 다른 하나는 조합이 금전을 빌린 경우에 그 책임의 귀속자가 누구인가이다. 전자는 조합의 업무집행 중 대외관계에 관한 것으로서 조합대리의 문제이다. 그리고 후자는 조합채무의 귀속과 책임의 문제이다. 둘을 나누어 살펴보기로 한다.

2. 조합의 금전대차의 주체와 형식

(1) 조합대리

1) 조합은 법인격이 없음은 물론 단체성도 약해서 대외관계에서 조합 자신의 명의로 행위를 할 수 없으며, 조합원 전원의 이름으로 하여야 한다. 그런데 이는 매우 번잡하여 실제에서는 대리의 방법을 이용하고 있다. 조합의 업무를 집행하는 조합원은 그 업무집행의 대리권 있는 것으로 추정한다(709조). 따라서 업무집행자가 정해지지 않은 때에는 각 조합원이, 업무집행자가 정해진 때에는 그가 대리권이 있는 것으로 추정된다.

2) 조합대리에 있어서는 본인에 해당하는 모든 조합원을 위한 것임을 표시하여야 하나, 반드시 조합원 전원의 성명을 제시할 필요는 없고, 상대방이 알 수 있을 정도로 조합을 표시하는 것으로 충분하다(판례).

3) 사안의 경우

사안에 있어서 조합 자신의 명의로 금전대차를 할 수는 없다. 조합은 법인격이 없기 때문이다. 그리하여 A, B, C는 공동 명의로 금전대차를 하거나 또는 A, B, C 중 1인이 다른 조합원들을 대리하여 금전대차를 할 수 있다. 후자의 경우에 가령 A가 대리를 하면 반드시 조합원 B, C 모두를 표시할 필요는 없고, 상대방인 E가 조합원을 대리하는 것을 알 정도로 표시하면 된다. 예컨대 조합의 대표자 A라는 방식으로 표시할 수 있다.

3. 조합의 금전대차에 있어서 책임의 귀속자

(1) 조합채무에 대한 책임

조합의 채무는 각 조합원의 채무와는 구별되어 모든 조합원에 합유적으로 귀속된다. 그리고 그에 대하여 조합재산이 책임을 진다. 그런가 하면 각 조합원도 그에 대하여 책임을 져야 한다. 이 두 책임은 어느 것이 우선하지 않고 병존적이다. 따라서 채권자는 각 조합원에게 청구할 수 있다.

1) 조합재산에 의한 공동책임

조합의 채권자는 채권 전액에 관하여 조합재산으로부터 청구할 권리가 있다.

2) 조합원의 개인재산에 의한 책임

각 조합원은 조합채무에 관하여 분할채무를 부담한다. 즉 손실부담의 비율이 미리 조합계약에서 정해져 있었으면 그에 따라서 채무를 부담하고, 그 비율이 정해지지 않은 때에는 같은 비율로 채무를 부담한다. 조합채권자는 그 채권발생 당시에 조합원의 손실부담의 비율을 알지 못한 때에는 각 조합원에게 균분하여 그 권리를 행사할 수 있다(712조). 그리고 조합원 중에 변제자력이 없는 자가 있는 때에는, 그 변제할 수 없는 부분은 다른 조합원이 균분하여 변제할 책임이 있다(713조).

(2) 사안의 경우

E에 대한 채무는 조합의 채무이며, 그 채무는 모든 조합원이 준합유한다. 그리고 그에 대하여는 조합재산과 조합원의 개인재산으로 책임을 진다. 그 결과 우선 E는 채권 전액에 대하여 조합재산으로부터 청구할 권리가 있다. 그런가 하면 A, B, C가 조합채무에 관하여 분할채무를 부담하므로 E는 A, B, C에게 이행을 청구할 수 있다. A, B, C에게 청구할 수 있는 금액은 A, B, C의 손실부담의 비율이 조합계약에서 정해져 있었으면 그 비율로 부담하는 분할채무액만큼이고, 그 비율이 정해져 있지 않으면 같은 비율로 부담하는 분할채무액만큼이다.

문제 05

갑과 을은 음식점 동업계약을 체결하면서 각각 현금 1억원씩 투자하였고 음식점 운영으로 발생된 수익금은 50 : 50으로 나누어 분배하기로 하였다. 을은 음식점의 운영방식 등에서 갑과 대립하던 중 위 동업계약에서 탈퇴하였다. 을의 탈퇴로 인한 갑과 을의 법률관계와 위 음식점에 식자재를 납품해 온 병이 갑에 대하여 대금채무의 이행을 청구할 수 있는지에 관하여 검토하시오. (20점)

1. 을의 탈퇴로 인한 갑과 을의 법률관계

(1) 조합계약

갑과 을의 동업계약은 2인 이상이 서로 출자하여 공동사업을 경영할 것을 약정함으로써 성립하는 조합계약이다.

(2) 조합탈퇴

1) 조합계약으로 조합의 존속기간을 정하지 아니하거나 조합원의 종신까지 존속할 것을 정한 때에는 각 조합원은 언제든지 탈퇴할 수 있다. 그러나 부득이한 사유없이 조합의 불리한 시기에 탈퇴하지 못한다.

2) 조합의 존속기간을 정한 때에도 조합원은 부득이한 사유가 있으면 탈퇴할 수 있다.

3) 임의탈퇴는 업무집행자가 있더라도 조합원 전원에 대하여 탈퇴의 의사표시를 하여야 하지만 조합계약에서 탈퇴의사의 표시방법을 따로 정하는 특약은 유효하다(대판 1997. 9.9. 96다16896).

4) 탈퇴자와 잔존자 사이의 탈퇴로 인한 계산은 특별한 사정이 없는 한 '탈퇴 당시의 조합재산상태'를 기준으로 평가한 조합재산 중 탈퇴자의 지분에 해당하는 금액을 금전으로 반환하여야 하고, 조합원의 지분비율은 '조합 내부의 손익분배 비율'을 기준으로 계산하여야 하나, 당사자가 손익분배의 비율을 정하지 아니한 때에는 각 조합원의 출자가액에 비례하여 이를 정하여야 한다(대판 2008. 9. 25. 선고 2008다41529).

(3) 2인 조합에서 1인의 임의탈퇴

1) 남은 조합원이 종전 조합의 사업을 계속하기를 원하는 경우에는 1인의 임의탈퇴가 허용된다.

2) 조합은 해산되고 조합재산은 남은 조합원의 단독 소유가 되며 탈퇴로 인한 지분계산을 하게 될 뿐이다(판례). 따로 해산, 청산절차가 필요하지 않다.

(4) 사안에의 적용

을의 탈퇴로 인해 조합관계는 종료되지만 조합은 해산되지 아니하고 조합원의 합유에 속하였던 재산은 갑의 단독소유에 속하게 되어 기존의 공동사업은 청산절차를 거치지 않고 갑이 계속 유지할 수 있다. 이 때 갑과 을은 탈퇴로 인한 계산을 하여야 한다.

2. 병이 갑에 대하여 대금채무의 이행을 청구할 수 있는지 여부

(1) 조합원의 탈퇴

1) 탈퇴한 조합원은 탈퇴시부터 조합원의 지위를 상실하지만 탈퇴 전의 조합채무에 대해서는 여전히 책임을 부담한다.

2) 2인 조합관계에서 1인이 탈퇴하면 조합원들의 합유에 속한 조합재산은 남은 조합원에게 귀속하게 되므로, 이 경우 조합채권자는 잔존 조합원에게 여전히 조합채무 전부에 대한 이행을 청구할 수 있다(판례).

(2) 사안에의 적용

조합채권자 병은 잔존 조합원 갑에게 식자재 대금채무 전부에 대한 이행을 청구할 수 있다.

문제 06

▶ 2022년 케이스문제 20점

甲과 乙은 공동사업을 경영할 목적으로 각각 5천만원씩을 출자하기로 하는 민법상 조합계약을 체결하면서 A조합을 설립하였다. 이후 乙은 A조합의 업무집행조합원으로서 丙으로부터 1억원의 조합운영자금을 차용하였는데, 그 후 乙은 교통사고로 사망하였다. 이러한 경우에 A조합의 존속여부 및 甲이 丙에게 부담하는 조합채무의 범위에 관하여 설명하시오. (단, 乙에게는 상속인이 없음을 전제로 함)

1. 쟁점의 정리

업무조합원 을의 사망이 조합에 미치는 영향이 먼저 문제되고, 조합채권자 병에게 갑이 부담하는 조합채무의 범위가 문제된다.

2. 을의 사망으로 인한 A조합의 존속 여부

(1) 조합계약

갑과 을의 동업계약은 2인 이상이 서로 출자하여 공동사업을 경영할 것을 약정함으로써 성립하는 조합계약이다.

(2) 조합 탈퇴

1) 조합원은 사망, 파산, 성년후견의 개시, 제명으로 탈퇴된다.

2) 조합원의 사망

조합에 있어서 조합원의 1인이 사망한 때에는 민법 제717조에 의하여 그 조합관계로부터 당연히 탈퇴하고 특히 조합계약에서 사망한 조합원의 지위를 그 상속인이 승계하기로 약정한 바 없다면 사망한 조합원의 지위는 상속인에게 승계되지 아니한다(대판 1987.6.23. 86다카2951).

(3) 2인 조합에서 1인의 사망

2인 조합에서 조합원 1인이 탈퇴하면 조합관계는 종료되지만 특별한 사정이 없는 한 조합이 해산되지 아니하고, 조합원의 합유에 속하였던 재산은 남은 조합원의 단독소유에 속하게 되어 기존의 공동사업은 청산절차를 거치지 않고 잔존자가 계속 유지할 수 있다.

(4) 사안에의 적용

을의 사망으로 인해 조합관계는 종료된다. 조합원의 합유에 속하였던 재산은 갑의 단독소유에 속하게 되어 기존의 공동사업은 청산절차를 거치지 않고 갑이 계속 유지할 수 있다.

3. 甲이 丙에게 부담하는 조합채무의 범위

(1) 조합원의 탈퇴

2인 조합관계에서 1인이 탈퇴하면 조합원들의 합유에 속한 조합재산은 남은 조합원에게 귀속하게 되므로, 이 경우 조합채권자는 잔존 조합원에게 여전히 조합채무 전부에 대한 이행을 청구할 수 있다(판례).

(2) 사안에의 적용

채권자 병은 잔존 조합원 갑에게 대여금 1억원 전부에 대한 이행을 청구할 수 있다.

제11절 화해

문제 01

화해계약과 착오에 대해서 약술하시오.

1. 화해의 의의

(1) 화해의 요건

1) 화해는 당사자가 상호 양보하여 당사자 간의 분쟁을 종지할 것을 약성함으로써 그 효력이 생긴다(731조).

2) 분쟁이 있는 것을 전제로 하여 당사자의 상호양보가 있어야 한다. 일방만이 양보하는 것은 화해가 아니다. 당사자가 자유롭게 처분할 수 없는 분쟁은 화해의 대상이 될 수 없다.

3) 화해는 처분행위의 성질을 갖기 때문에 화해의 당사자는 처분능력 또는 처분권한을 가지고 있어야 한다.

(2) 화해의 창설적 효력

화해계약은 당사자 일방이 양보한 권리가 소멸되고 상대방이 화해로 인하여 그 권리를 취득하는 효력이 있다(732조). 화해의 효과는 다툼의 대상이었던 법률관계를 확정하는 것이다. 이로써, 당사자는 화해계약에 따라 권리를 취득하고 종전의 법률관계를 주장하지 못한다.

2. 화해와 착오

(1) 원칙

상호양보를 한 사항 자체에 관한 것에 착오가 있었더라도 이를 이유로 하여 취소하지 못한다(733조 본문). 애초에 사실이 합의의 내용과 다르다는 것이 나중에 밝혀지더라도 이에 구속을 받겠다는 의사를 가지고 합의하였기 때문이다.

(2) 예외

1) 당사자의 자격에 관한 착오

그가 당연히 당사자라고 생각하고 화해계약을 하였으나 그가 당사자가 아닌 경우이다. 교통사고에서

운전자를 상대로 합의하였으나 그가 동승자인 경우가 이에 해당한다.

2) 분쟁 이외의 사항에 관한 착오
① 의의 : 당연하다고 전제해서 분쟁의 대상으로 삼지 않았는데 거기에 착오가 있는 것을 말한다. 즉 분쟁의 전제 또는 기초가 된 사항으로서 다툼이 없는 사실로 양해된 사항을 말한다(판례).
② 의사는 환자가 의료과실로 사망한 것으로 알고서 유족과 합의하였는데 부검결과 사인이 다른 지병 때문으로 밝혀진 경우에는 의사는 착오를 이유로 취소할 수 있다(판례).

3. 화해와 후발손해

다만 당사자가 후발손해를 예상하였더라면 사회통념상 그 합의금액으로는 화해하지 않았을 것이라고 보는 것이 상당할 만큼 그 손해가 중대한 것일 때에는 당사자의 의사가 이러한 손해에 대해서까지 그 배상청구권을 포기한 것이라고 볼 수 없으므로 다시 그 배상을 청구할 수 있다고 보아야 한다(판례).

행정사 2차 민법 계약법 "판례 및 핵심이론"

문제 02

갑은 을에게 200만원이 받을 채권이 있다고 주장하는데 을은 100만원의 채무만이 있다고 주장한다. 갑과 을은 금액을 150만원으로 하기로 합의를 보았다.

물음 1 후일 갑이 200만원의 차용증을 발견한 바, 갑은 착오를 이유로 이를 취소할 수 있는가?

물음 2 갑의 채권이 소멸시효가 완성된 채권임이 밝혀졌다면 을은 착오를 이유로 취소할 수 있는가?

물음 3 을이 사기를 당하여 150만원에 합의를 하였다면 을은 사기를 이유로 이를 취소할 수 있는가?

물음 1

1. 화해의 성립요건

(1) 분쟁의 존재

1) 분쟁이 있는 것을 전제로 한다.

2) 당사자가 자유롭게 처분할 수 없는 분쟁(친자관계 존부 등의 신분행위)은 화해의 대상이 될 수 없다.

(2) 당사자의 상호양보

상호양보란 쌍방이 불이익을 부담하는 것을 말한다. 일방만이 양보하는 것은 화해가 아니다.

(3) 당사자의 자격

화해는 처분행위의 성질을 갖기 때문에 화해의 당사자는 처분능력 또는 처분권한을 가지고 있어야 한다.

(4) 분쟁을 끝내는 합의

이는 나중에 사실과 다르다는 것이 드러나도 구속된다는 뜻이다. 착오를 이유로 화해계약을 취소하는 것이 허용되지 않는 이유이다.

2. 화해계약의 창설적 효력

1) 화해계약은 당사자 일방이 양보한 권리가 소멸되고 상대방이 화해로 인하여 그 권리를 취득하는 효력이 있다(732조).

2) 화해의 효과는 다툼의 대상이었던 법률관계를 확정하는 것이다. 그리하여 화해계약이 성립하면 당사자 사이에 다투던 법률관계가 그 계약 내용에 따라 확정되는데 이를 창설적 효력이라고 한다. 이로써, 당사자는 화해계약에 따라 권리를 취득하고 종전의 법률관계를 주장하지 못한다.

3. 사안의 경우

갑과 을이 금액을 150만원으로 합의를 보았다면 화해계약이 성립된 것이므로 설령 이와 다른 증거가 나오더라도 착오를 이유로 취소할 수 없다.

물음 2

1. 쟁점

화해계약은 착오를 이유로 하여 취소하지 못하지만, 화해당사자의 자격 또는 화해의 목적인 분쟁 이외의 사항에 착오가 있는 때에는 취소할 수 있다(733조). 사안의 경우가 이에 해당하는지가 쟁점이다.

2. 분쟁 이외의 사항에 관한 착오

1) 의의 : 당연하다고 전제해서 분쟁의 대상으로 삼지 않았는데 거기에 착오가 있는 것을 말한다. 즉 분쟁의 전제 또는 기초가 된 사항으로서 다툼이 없는 사실로 양해된 사항을 말한다(판례).

2) 예를 들면 의사는 환자가 의료과실로 사망한 것으로 알고서 유족과 합의하였는데 부검결과 사인이 다른 지병 때문으로 밝혀진 경우에는 의사는 착오를 이유로 취소할 수 있다(판례).

3. 사안의 경우

갑과 을은 쌍방 모두 채권의 존재에 대해서는 다투지 않았다. 이는 분쟁 이외의 사항에 관한 착오이다. 그런데 갑의 채권이 소멸시효가 완성된 채권임이 밝혀졌다면 을은 갚을 채무가 없으므로 착오를 이유로 위 화해계약을 취소할 수 있다.

물음 3

1. 쟁점

화해계약은 착오를 이유로 하여 취소하지는 못하지만, 사기나 강박을 이유로는 취소할 수 있는지가 쟁점이다.

2. 판례

733조의 규정에 의하면, 화해계약은 화해당사자의 자격 또는 화해의 목적인 분쟁 이외의 사항에 착오가 있는 경우를 제외하고는 착오를 이유로 취소하지 못하지만, 화해계약이 사기로 인하여 이루어진 경우에는 화해의 목적인 분쟁에 관한 사항에 착오가 있는 때에도 110조에 따라 이를 취소할 수 있다고 할 것이다(판례).

3. 사안의 경우
따라서 을은 사기를 이유로 150만원에 대한 화해계약을 취소할 수 있다.

문제 03
▶ 2016년 케이스문제 20점

가해자 갑과 피해자 을 쌍방의 과실로 교통사고가 발생하였음에도, 갑은 자신의 과실만으로 인해 그 교통사고가 발생한 것으로 잘못 알고 치료비 명목의 합의금에 관하여 을과 화해계약을 체결하였다. 이러한 경우에 갑은 위 화해계약을 취소할 수 있는지 설명하시오.

1. 논점의 제기

화해계약은 착오에 의한 취소를 인정되지 않지만, 분쟁의 목적 이외의 사항에 관하여 착오가 있음을 이유로는 취소할 수 있다. 사안이 이에 해당하는지가 문제된다.

2. 화해계약

(1) 의의

화해는 당사자가 상호 양보하여 분쟁을 종지할 것을 약정하는 계약을 말한다(731조).

(2) 요건

1) 분쟁의 존재

2) 당사자의 상호양보

화해는 처분행위이므로, 화해의 당사자는 처분권한을 가지고 있어야 한다.

3) 분쟁을 끝나는 합의

합의내용이 나중에 사실과 다르다는 것이 드러나도 문제삼지 않겠다는 것을 말한다.

(3) 효력

1) 창설적 효력

화해계약은 당사자 일방이 양보한 권리가 소멸되고 상대방이 화해로 인하여 그 권리를 취득하는 창설적 효력이 있다.

2) 화해와 착오취소와의 관계

① 화해계약은 착오를 이유로 하여 취소하지 못한다.
② 그러나 화해당사자의 자격 또는 화해의 목적인 분쟁 이외의 사항에 착오가 있는 때에는 취소할 수 있다. 화해의 목적인 분쟁 이외의 사항이란 분쟁의 대상이 아니라 분쟁의 전제 또는 기초가 된 사항으로서 쌍방 당사자가 예정한 것이어서 상호 양보의 내용으로 되지 않고 다툼이 없는 사실로 양해된 사항을 말한다(판례).

3. 사안에의 적용

교통사고가 갑의 전적인 과실로 발생하였다는 사실은 쌍방 당사자 사이에 다툼이 없어 양보의 대상이 되지 않았던 사실로서 분쟁 이외의 사항이고, 갑은 여기에 착오가 있는 경우이므로, 갑은 을과의 화해 계약을 착오를 이유로 취소할 수 있다.

www.epasskorea.com

|저|자|소|개|

이동건

약력
- 고려대학교 법과대학 법학과 졸업

現)
- 이패스코리아 행정사 민법 총칙, 민법 계약법 강의
- 이패스노무사 공인노무사 민법 강의
- 이패스코리아 세무사 민법 강의
- 이패스코리아 금융분야 자격시험 자본시장법 강의
- 이패스코리아 증권투자권유자문인력, 파생상품투자권유자문인력, 펀드투자권유자문인력, 투자자산운용사. 은행FP 등 금융자격증 관련 법률 강의

저서
- 한권으로 끝내는 노무사 민법 (이패스코리아)
- 기출문제와 함께 보는 노무사 민법 조문 (이패스코리아)
- 공인노무사 1차 객관식 민법 (이패스코리아)
- 행정사 1차 민법총칙 (이패스코리아)
- 행정사 1차 객관식 민법총칙 (이패스코리아)
- 행정사 2차 민법 계약법 (이패스코리아)

행정사 2차 민법 계약법 "판례 및 핵심이론"

개정1판 1쇄 인쇄 | 2025년 2월 7일
개정1판 1쇄 발행 | 2025년 2월 21일

지 은 이 이 동 건
발 행 인 이 재 남
발 행 처 (주)이패스코리아
　　　　　[본사] 서울시 영등포구 경인로 775 에이스하이테크시티 2동 1004호
　　　　　[학원] 서울시 종로구 청계천로 35 관정빌딩 6층
전　　화 02-722-1148 팩스 070-8956-1148
홈 페 이 지 www.epass-adm.com
이 메 일 edu@epasskorea.com
등 록 번 호 제318-2003-000119호(2003년 10월 15일)

※ 잘못된 책은 교환해 드립니다.
※ 이 책은 저작권법에 의해 보호를 받는 저작물이므로 무단전재와 복제를 금합니다.
본교재의 저작권은 이패스코리아에 있습니다.